复旦大学文学翻译研究中心　主办

复旦谈译录 |第三辑

TRANSLOGOPOEIA：
A FUDAN JOURNAL
OF TRANSLATION STUDIES III

陶　磊　主编

范若恩　戴从容　副主编

上海三联书店

目　录

"中国翻译史研究"专栏

主持人的话

王宏志

从本辑开始，我会在《复旦谈译录》主持一个专栏——"中国翻译史研究"。

毫无疑问，翻译史研究今天已成为翻译研究的一个主力部分，越来越多学者参与其中。应该同意，香港中文大学"翻译研究中心"在这方面扮演过一定的推动角色：从2006年第二届"译学新芽"会议开始，我们便以"中国翻译史"为主题，今年是第九届了；另外还有暑期班、期刊、丛书、研究项目、国际学术会议等活动，一直得到不少国内外中国翻译史研究者的大力支持。而且，在过去的十年里，翻译研究中心自2010年开始出版的《翻译史研究》更是唯一专门刊登中国翻译史研究论文的定期刊物。但很感遗憾的是，翻译研究中心决定停刊，《翻译史研究（2018）》是最后一辑。

在这样的背景下，对于《复旦谈译录》主编戴从容及陶磊邀约主持"中国翻译史研究"专栏，我是十分荣幸和感激的。《复旦谈译录》是复旦大学"文学翻译研究中心"主持的刊物，忝为中心荣誉主任的我，热切希望能为《复旦谈译录》略尽绵薄之力。

《复旦谈译录》"中国翻译史研究"专栏大概每辑发表二至四篇论文，园地公开，字数不限，唯一的标准就是学术水平。愿意赐稿者烦请一式二份寄送 fudantranslation@fudan.edu.cn 及 translationhistory@cuhk.edu.hk。

《复旦谈译录》（第三辑）"中国翻译史研究"专栏刊登三篇论文。

第一篇梅欧金（Eugenio Menegon）的《十八世纪北京的传教士翻译活动》是一篇译文，原文为"Beijing as a Missionary Translation Center in the Eighteenth Century"，发表于香港中文大学翻译系2019年6月13日至15日高端学术工作坊"跨越边界：翻译研究中的汉学"（Crossing Borders：Sinology in Translation Studies）。会议论文集将由我和伦敦大学荣休教授 Tim Barrett 编辑出版，现征得梅欧金同意，先行翻译发表。

梅欧金现任教于波士顿大学历史系，主要研究范围为17世纪以来中外关系史，尤其专攻西方来华传教士在中外交流史上的角色和贡献。2009年由哈佛大学出版社出版的 *Ancestors, Virgins, and Friars：Christianity as a Local Religion in Late Imperial China*，获2011年度"列文森奖"（Joseph Levenson Book Prize in Chinese Studies）——这被誉为国际范围内中国研究领域学术著作的最高奖项之一，嘉奖"对中国历史、文化、社会和经济之研究做出最大贡献"的英文著作。《十八世纪北京的传教士翻译活动》来自梅欧金即将完成的专著《清代北京日常生活与权力网络：十八世纪清宫里的欧洲人》（*Daily Life and Networks of Power in Qing Beijing：Europeans at the Imperial Court in the Long Eighteenth Century*），该书利用大量原始史料，重构十八世纪北京传教士翻译活动的"物质性"（materiality），考察一些鲜为人知的历史人物及其关系网络，探讨他们所选用的原始材料和活动地点，并分析文本和书籍的流通和传播情况，以及促进或阻碍翻译进行的经济因素，尤其深入讨论那永福（Josef Maria Pruggmayr da S. Teresa, 1713—1791）的个案。

第二篇《"奉天承运，皇帝敕谕英吉利国王知悉"——乾隆致英国国王乔治三世的三道敕谕及其翻译问题》，充分利用东印度公司档案、美国康奈尔大学"查尔斯·沃森典藏"（Charles W. Wason Collection）及《英使马戛尔尼访华档案史料汇编》等原始资料，处理英国马戛尔尼使团来华后，乾隆向使团所发的三道敕谕。首先厘清一些史实上的问题，例如乾隆颁发敕谕的日期、敕谕的不同版本等；然后重点讨论三道敕谕的翻译问题，包括不同的译本、译本与原敕谕的异同、产生的效果等；另外又详细分析一份非常重要，但却几乎完全没有人提及的文书：马戛尔尼使团回到英国后，英国国王乔治三世给乾隆的一封信。乾隆就是在收到这封信后匆忙在让位前颁下第三道敕谕。除交代原信的内容，展示英国在使团来访后的对华态度外，还讨论经由小斯当东在没有人帮忙下翻译出来的中文译本。这是我快要完成的一本有关马戛尔尼使团翻译问题的专著中的一章。

第三篇《日本江户兰学翻译中的汉文与汉学》的作者徐克伟，是日本关西大学外语学部博士、北京大学博士后，现任教于中国农业大学人文与发展学院，主要研究范围为江户西学、近代中日语言文化交流史。该文利用大量日本原始文献以及日本学者的研究成果，讨论日本江户时期兰学翻译对传统汉文与汉学资源的参考与批判。

　　《复旦谈译录》（第三辑）"中国翻译史研究"专栏得到梅欧金及徐克伟惠赐大作，还有负责翻译梅欧金论文的帅司阳（香港中文大学翻译系博士候选人），我在这里再一次表示衷心感谢，更期望往后得到更多广大学者和读者的支持和认同。

十八世纪北京的传教士翻译活动

梅欧金[*] 著

帅司阳[**] 译

引 言

近年来，学者对清王朝初创期以及康熙、雍正、乾隆三朝多有关注。相关研究重新审视并修正了过往对这一时期宫廷生活与满汉关系的认识。笔者正在撰写的专著《清代北京日常生活与权力网络：十八世纪清宫里的欧洲人》（*Daily Life and Networks of Power in Qing Beijing：Europeans at the Imperial Court in the Long Eighteenth Century*）便是受到这些研究的启发。此外，该书还借助前人从大量欧亚宫廷研究中总结出的范式，尝试不再以皇帝和君权为中心，而是更近距离地审视清代宫廷生活中的边缘人物，考察他们如何在帝王的影子下生存，探究清代北京城与宫廷中的日常生活机制。

---

[*] 梅欧金（Eugenio Menegon），波士顿大学（Boston University）历史系中国史与世界史副教授、波士顿学院耶稣会高等研究所（Institute for Advanced Jesuit Studies, Boston College）兼任研究员，主要研究方向包括明清中西关系史、中国宗教与基督教在华传播史、东亚科技史等。

[**] 帅司阳，香港中文大学翻译系博士候选人。研究方向：中国翻译史。

来自欧洲的天主教传教士（主要是耶稣会士和教廷传信部的神父）常年在宫里担任艺术家、匠师和科学家。他们以西方语言写成的报告，记录了18世纪北京宫廷里的底层生活。为了保住自身在北京的位置以及传教团在中国各省的传教事业，这些在朝中任职的欧洲人游走于不同派系之间，加入由各种赞助人和组织（尤其是钦天监和内务府及其下属司、院）构成的关系网络。在清代中前期，他们作为政客的影响力随着政局变化而消长。相比王朝日渐衰败的晚清，他们在这一时期更加重视与内廷保持密切的关系。深入这些欧洲人所处的皇宫边缘地带，可以让我们一窥清代宫廷生活的内在结构，包括各类宫中人员（比如太监、工匠、佣人和侍卫）的生存环境。他们留下的记录，揭示了清代宫廷不仅是皇帝意志的延伸，还是各路历史人物进行权力交易的场所。这些交易组织化程度低，且较为隐蔽。交易者的目的是为了在宫中、在北京及其周边地区谋求各种各样政治、文化和经济方面的利益。笔者希望通过收集和解读这些实证材料，分析清代宫廷生活的非正式机制以及传教士的日常政治、经济活动，从而完善我们对清代政治文化和中西关系的认识。

本文是笔者对欧洲人在清代北京生活经历研究的一部分。这本论文集的主题是"跨越边界：翻译研究中的汉学"（Crossing Borders：Sinology in Translation Studies），其目标在于"探讨翻译研究与汉学之间的密切关系，从而更深入地认识中国著作如何经由汉学家的翻译，实现跨越文化和语言边界的传播"[1]。因此，在本文中，笔者将集中讨论广义的清代

---

[1] 此处原文以斜体表示强调，译文采用着重符号突出显示，下同。本文原发表于香

北京"传教士翻译活动",这既是当时在京欧洲人日常活动的一部分,也是他们的长期目标之一。本文的要旨在于简要重构18世纪北京传教士翻译活动的"物质性"(materiality)。为此,文章将考察一些鲜为人知的历史人物及其关系网络,探讨他们所选用的原始材料和活动地点,并分析文本和书籍的流通和传播情况,以及促进或阻碍翻译进行的经济因素。这些传教士的翻译活动跨越了国界,将清廷和中国士人圈子与罗马、巴黎、伦敦、里斯本、圣彼得堡和柏林的欧洲宫廷及学者联系在一起。通过本文的研究,笔者希望呈现其发展过程和历史脉络,并初步解释推动其发展的多重原因。

本文首先简要概括北京传教士的多种身份,以及他们如何维持自身的传教事业。随后,文章会把重点转到翻译上,探讨他们进行翻译活动所必要的物质条件;着重考察其院(即"四堂")的藏书情况,以及传教士通过当地书市和城中熟人获取书籍的途径。本文会接着简要分析翻译所必需的知识因素。这里借助有关北堂法国耶稣会士的最新研究,并进一步考察传教士译者的语言能力和学术兴趣,还有欧洲的目标读者群的兴趣。作为参照,本文会展示一个经过笔者初步研究形成的个案,详述一名传信部传教士在北京的翻译活动。他的译作虽然从未出版,但却以出人意料的方式流通。最后,笔者将简要评价北京传教士的翻译活动,作为本文的结论。

港中文大学翻译系在2019年6月13日至15日举办的高端学术工作坊"跨越边界:翻译研究中的汉学"(Crossing Borders : Sinology in Translation Studies),这段引文来自会议简介。会议论文集将由巴瑞特(T. H. Barrett)、王宏志编辑出版。——译者注

一、北京天主教传教士及其传教事业的物质条件

1644年后，在华天主教传教团的长上们很快便接受了满人在战争中获胜的事实，并意识到只有加入新政权才能生存下去，传教士们纷纷向清王朝效忠，并为其提供科学技术方面的服务，从而得到清廷的直接保护。也正是在1644年，中国天主教发展史和中西关系史都进入了一个新时期。这主要归功于德国耶稣会天文学家汤若望（Johann Adam Schall von Bell, 1591—1666）及其合作者，他们凭借科学知识在北京获得官职。如果说在晚明时期，中西科学交流的主要媒介是江南士大夫，北京朝廷并没有直接参与其中，那么随着清王朝的建立，耶稣会士便正式成为帝国官僚体制中的重要成员。他们不仅凭借科学家的身份，参与宫廷生活，还成为清廷与欧洲各国之间的重要外交媒介。他们主动为清廷提供有关欧洲政治和文化的信息，同时也将中国的相关信息提供给欧洲国家；有时还为清廷充当译员，甚至代表清廷参与外交谈判。耶稣会士通过扮演这些角色在中国建立了稳固的根基。他们不但能够依靠皇室的赞助，发挥一定影响力，还与新生的满人政权建立紧密的关系，而代价则是要放弃与地方士大夫群体的重要联系。

康熙年间，天主教在华传教规模有所扩张。在这一时期，北京的天主教信徒快速增长，并在1700年达到顶峰。1668年，杨光先（1597—1669）引发的历狱和朝廷对天主教的镇压刚结束，耶稣会长上安多（Antoine Thomas, 1644—1709）就有些过于热情地宣称，北京约有教徒一万人，其中包括不少宦官以及一些同情天主教的官员和王公贵族 [1]。

---

[1] ARSI, *Japonica Sinica* 150, f. 134v : "nunc in hac Urbe circiter 10 millia

1700年，耶稣会已经在北京建立了三座大教堂。这些教堂及其周边建筑成为北京天主教群体的活动中心。18世纪30年代，教廷传布信仰圣部（Sacra Congregatio de Propaganda Fide，简称"传信部"[Propaganda]）的传教团又在北京修建了一座小教堂，从而打破耶稣会的垄断。这四座教堂，尤其是几座较大的耶稣会教堂，不仅是宗教场所，还是耶稣会和传信部华北传教团的后勤保障基地。它们为外国传教士和中国神父提供住所；堂内有丰富的中西文藏书，存放着教理著作的木刻板，有的还配备小型印刷机。教堂设有药房和药草种植园，堂外环绕着驴棚、马厩，还有饲养各种家畜的圈舍。教堂周边有各种工坊，这些工坊经过特殊改造后可以满足传教士们临时或长期的需求，如进行科学观测、实验和绘画，或者制造玻璃、机械和钟表。换句话说，这些教堂成为传播欧洲宗教与世俗知识的多功能中心，而这些知识都需要通过翻译才能传达给中国的读者。[1]

Christianorum numerantur"。参看：Joseph Dehergne, "La mission de Pékin à la veille de la condamnation des rites," in *Neue Zeitschrift für Missionswissenschaft*, 9, 2, 1953, pp.91—108；Joseph Dehergne, "La mission de Pékin vers 1700. Étude de géographie missionnaire," in *Archivum Historicum Societatis Iesu*, 22, 1953, pp.314—338；Joseph Dehergne, "La mission de Pékin vers 1700. Addenda," in *Archivum Historicum Societatis Iesu*, 24, 1955, pp.291—294。

[1] 笔者另有专文从空间和物质层面探讨北京天主教社区，即将发表。见：Eugenio Menegon, "Revisiting the Four Churches：Urban and Suburban Life and Networks of European Missionaries and Christian Converts in Qing Beijing," in Daniel Greenberg and Yoko Hara eds., *From Rome to Beijing：Sacred Spaces in Dialogue*, Leiden：Brill. Forthcoming；相关近期研究又见：Wang Lianming, *Jesuitenerbe in Peking：Sakralbauten und Transkulturelle Räume, 1600—1800*, Heidelberg：Universitätsverlag Winter GmbH, 2019, 该书的第三章与这一话题极为相关；Alan Richard Sweeten, *China's Old Churches：The History, Architecture, and Legacy of Catholic Sacred Structures in Beijing, Tianjin, and Hebei Province*, Leiden：Brill, 2020。

二、翻译的原文本：北京传教士的藏书

耶稣会士从一开始便意识到世俗知识的重要性。他们明白只有依靠这些知识，才能在中国士人圈子中获得一席之地。于是，他们大量翻译欧洲的科学、哲学、伦理学和宗教学著作，并借此与中国士大夫结交。在这一策略中，书籍是不可或缺的要素。因此，策略的实施通常分为两步：首先，在各大图书馆收集欧洲著作，作为参考书和科学知识的来源；然后将这些欧洲著作翻译成汉语或者满文，在中国出版流通。由于书籍的流通并不局限于传教士的活动范围，所以，从晚明时期的利玛窦（Matteo Ricci, 1552—1610）开始，耶稣会士就普遍采取"印刷传教"的方式，在传播教义的同时，也广泛传播欧洲的世俗知识。这得益于中国广阔而活跃的图书市场以及便利的雕版印刷技术。

清王朝建立后，耶稣会士进入北京宫廷，形成一个服务于清廷的重要欧洲学者群体。他们绝大部分的科学技术都集中于钦天监，而钦天监的一项重要工作便是编订中文历书，这需要大量参考书，包括天文和数学方面的著作及图表。由此可以推断，传教士从事翻译活动所需的藏书分布也很集中。近年来，高华士（Noël Golvers）通过研究首次详细重现了他所说的"中国西学图书馆"（libraries of Western learning for China）。正如他指出的那样："除澳门外，耶稣会在中国藏书最丰富的图书馆就在北京。"也正是因为这一点，高华士用了很大的篇幅来叙述这些图书馆的历史。[1] 下文将概述他的部分研究成果。

---

[1] Noël Golvers, *Libraries of Western Learning for China*：*Circulation of Western*

北京规模最大的西文藏书位于耶稣会总院（Jesuit College）。该院的前身是1601年利玛窦在宣武门附近创立的会院，后来成为葡萄牙耶稣会中国副省区的总部。利玛窦的继任者们扩建了原本狭小的建筑，并将其升格为总院。"总院"是耶稣会赋予麾下重要机构的特殊级别，总院可以合法获得资金支持，而一般的会院则不行。耶稣会总院最初俗称"西堂"，18世纪30年代后改称"南堂"，而当时传信部传教团建立的新教堂则继承了"西堂"的名号。南堂高大的教堂建筑四周环绕着总院的院舍，其中包括一间相当大的图书馆。这间图书馆是南堂最古老的建筑，那里曾是院内最早的礼拜堂，由利玛窦从晚明时期的一座小楼改建而来。从17世纪末到18世纪，这间厅堂的四面墙壁下方都排满书柜，中间的空地上则摆放了几张书桌，供人阅读、研习和写作。墙壁上方挂着北京神父[1]们的画像，这些画像是奉康熙帝（1654—1722；1661—1722在位）敕令绘制的。此外，墙上还挂着一些悼词，纪念那些曾在院内生活过的已故传教士。截至18世纪，这间图书馆可能有4000到5000部藏书。这些书的收集历经多年，收集者除了许多普通的耶稣会士外，还有一些常驻欧洲的总务长，以及那些返欧募款招新的中国省区总务长。在众多收集者中，贡献最大的是金尼阁（Nicolas Trigault, 1577—1628）。此外，在18世纪，欧洲国家也曾直接运书到南堂。例如，葡萄牙国王若昂五世（João V, 1689—1750；1706—1750在位）便曾出资在欧洲

Books between Europe and China in the Jesuit Mission（ca. 1650—ca. 1750）, Vol. 2, Leuven：Ferdinand Verbiest Institute, 2013, p.97.

[1] 北京神父（Beijing Fathers），指清代北京的天主教传教士，尤其是那些在朝廷里任职的传教士。——译者注

各地采购书籍，并通过海运辗转送往中国，沿途经过里斯本和位于低地国家的奥斯坦德。俄国圣彼得堡皇家学院则通过这两地有声望的德国和葡萄牙学者向总院赠送自己的出版物（专著和期刊）。还有其他赞助人也捐赠了不少图书。南堂藏书虽然以欧洲著作为主，但也藏有一些中文书。而且，堂内保存的耶稣会中国副省区档案中，也有不少手稿是以中欧多语写成的。[1]

葡萄牙耶稣会传教团的另一处藏书位于"东堂"。与南堂相比，东堂的藏书规模要小很多。东堂始建于1655年，又于1692年重建，当时的正式名称是"圣约瑟会院"（Residence of St.Joseph）。这座会院的选址不但便于传教士接触城中教徒，还临近观象台，方便部分传教士去那里工作。院内设有药物实验室，所以很可能藏有医药学和天文学方面的书籍。此外，该院也存有自己专属的手稿档案。[2]

第三处藏书位于法国耶稣会士主持的"救世主会院"（Residence of the Holy Savior），俗称"北堂"。1702年，康熙帝将皇城内的一块地皮赐给法国传教士，后者在那里建立了北堂。根据史料记载，北堂藏书主要分为中文藏书和西文藏书两部分。此外，还有少量藏书位于堂内的数学仪器"博物馆"（或"陈列室"）。北堂甚至还设立了一项数额可观的基金，专门用于维护藏书和在北京采购书籍。北堂图书馆最重要的藏书由三部分构成，分别是：17世纪80年代耶稣会"皇家数学家"从法国带来的书籍；傅圣泽（Jean François Foucquet, 1665—1741）在中国收集的约300部西文书刊和至少1200本中文线

---

[1] Noël Golvers, *Libraries of Western Learning for China*, vol. 2, pp.100—168.

[2] Ibid, pp.169—177.

装书（这些书最初收藏于傅圣泽在北京的寝室，其中一部分在他离开中国后被运回了欧洲）；以及历年来从欧洲寄来的书籍，这些书籍主要用于科学研究，同时也让传教士及时了解"中国礼仪之争"在欧洲的最新进展。1720年，朝鲜使臣李器之（1690—1722）在知名满语译者巴多明神父（Dominique Parennin, 1665—1741）的陪同下参观了北堂图书馆。他在记录中称，馆内有上万卷皮面精装书。这里的"上万卷"是虚数，大约表示有几千本西式图书。根据记录，巴多明还向李器之展示了一部三卷本的药典。这并不令人意外，毕竟这位耶稣会士之所以出名，是因为曾将一部解剖学著作译成满文。根据宋君荣（Antoine Gaubil, 1689—1759）1732年编订的书目，当时北堂的藏书中包含期刊（尤其是科学期刊）、耶稣会出版物、启迪心智的读物、科技专著、游记、地图集、蚀刻版画和宗教绘画集、教会法典、教会史和世俗历史著作、神学论著、经籍注本、一些早期教父的著作、语言学著作和词典。到18世纪晚期，北堂的藏书量还在增加。例如，1774年，时任法国国务大臣亨利·贝尔坦（Henri Léonard Jean Baptiste Bertin, 1720—1792）就曾赠送一批书给北堂的钱德明神父（Joseph-Marie Amiot, 1718—1793），其中包括植物学、医药学和化学方面的著作。[1]

---

[1] Joseph Dehergne, "La bibliothèque des Jésuites français de Pékin au premier tiers du XVIIIe siècle," in *Bulletin de l'École française d'Extrême-Orient*, 56, 1, 1969, pp.125—150 ; Noël Golvers, *Libraries of Western Learning for China*, vol. 2, pp.178—249. 有关北堂图书基金的研究，参看：Joseph Dehergne, "Les biens de la maison française de Pékin en 1776—1778," *Monumenta Serica*, 20, 1961, p.249. 有关北堂中文藏书的研究，参看：Ad. Dudink, "The Chinese Christian Books of the Former Beitang Library," in *Sino-Western Cultural Relations Journal*, 26, 2004, pp.46—59。有

第四处藏书曾经保存于海淀的传信部驻院，18世纪30年代后转移到西直门附近的西堂。目前，我们对这批藏书的了解还十分有限。已知的一些书籍（主要是有关神学、敬礼、数学和应用艺术的书）大多是康熙年间来访的几位圣座特使（尤其是1720年来华的嘉乐 [Carlo Ambrogio Mezzabarba, 1685—1741]）留下的。还有一些是由教区神父马国贤（Matteo Ripa，1682—1746）、遣使会神父德理格（Teodorico Pedrini, 1671—1746）及其继任者们买来的。[1]

关傅圣泽藏书的研究，参看：Noël Golvers, *Libraries of Western Learning for China*, vol. 2, pp.192—194；Nicolas Standaert, "Jean-François Foucquet's Contribution to the Establishment of Chinese Book Collections in European Libraries：Circulation of Chinese Books," *in Monumenta Serica*, 63, 2, 2015, pp.361—424。宋君荣的书目，参见：Joseph Dehergne, "La bibliothèque des Jésuites français de Pékin au premier tiers du XVIIIe siècle," pp.125—150；Noël Golvers, *Libraries of Western Learning for China*, vol. 2, pp.199—204。有关朝鲜使臣名单见：Lim Jongtae, "'Postponed Reciprocity'：How Did a Korean Traveler Portray His Encounter with the Westerners in Early Eighteenth-Century Beijing？" in *Horizons. Seoul Journal of Humanities*, 1, 2, 2010, pp.183—184；Noël Golvers, *Libraries of Western Learning for China*, vol. 2, pp.194—195。朝鲜使臣相关原始文献：李颐命：《与西洋人苏林戴进贤》，收《疎斋集》卷19：*Database of Korean Classics*（http：//db.itkc.or.kr）。贝尔坦寄给钱德明的书目见：Noël Golvers, *Libraries of Western Learning for China*, vol. 2, pp.214—217。

[1] Noël Golvers, *Libraries of Western Learning for China*, vol. 2, pp.308—309。Noël Golvers, "Western Books for China: How Did the Jesuits in the China Mission (17th and 18th Century) Acquire Their Books, and What Was the Role of Their 'Book Agents' in Europe," in Li Wenchao ed., *Leibniz and the European Encounter with China: 300 Years of "Discours sur la Théologie Naturelle des Chinois"*, Stuttgart: Franz Steiner Verlag, 2017, pp.147—166。笔者在传信部档案中找到一些有关北京传信部教士藏书的零散记录。例如，夏真多（Giacinto Giordano, 1693—1736）在一封信中提到，德理格不让他使用嘉乐留下的书籍。见 APF, SOCP, vol. 36（1732—1734），f. 483r："德理格把嘉乐蒙席留下的书全拿走了，一本也没留给我俩 [传信部传教士夏真多和康和子（Carlo Orazi da Castorano, 1673—1755）]，我们怎么求他都没有用。这让我非常痛苦。因为在这个国家，每本书对我们来说都很珍贵。只有这些书才能让我们避免在无所事事中变得麻木。"

在这些藏书的基础上,北京传教士从1600年开始开展学术工作,一直持续到19世纪初。这些工作包括将欧洲著作翻译成中文和满文,同时将满汉著作译成多种欧洲语言。高华士的研究详细描述了北京传教士获取西文图书的各种途径,却较少谈到他们如何获取翻译所需的中文和满文书籍。事实上,要进一步了解北京传教士翻译活动的历史脉络,便需要探讨南堂在北京城的地理位置,以及传教士获取汉文及满文书的途径。南堂建筑群靠近宣武门,离西单也不远。西单曾是北京最大的商业街,贯穿整个内城。1684年后,宣武门以南成为外城人口最密集的地区,备受汉族士人喜爱。许多文人和官员在那一带定居。专为各省举子提供食宿的地方会馆中,也有好几家把总部设在那里。当时,那一带被称为"宣南士乡",意思是"宣武门以南的士人之乡"。不远处就是当时重要的书市——琉璃厂,那里至今仍开着很多书店、印刷店和古董店。再往南一些,到南横街附近,也有不少士人居住[1]。总而言之,不管是有意还是无意,南堂实际上占据了北京城的一个枢纽位置。它坐落在内城最重要的路口,紧邻皇权和官僚系统的核心,靠近钦天监官署,与内城的旗人社会融为一体。同时,它离外城最好的书市、最大的汉族士人和官僚聚居区也只有一步之遥。[2]

另外,还有资料表明,传教士可以通过北京本地的书商订购中文书籍。这些资料主要与北堂的法国耶稣会士有关。

---

[1] Luca Gabbiani, *Pékin à l'ombre du Mandat Céleste. Vie quotidienne et gouvernement urbain sous la dynastie Qing*(*1644—1911*), Paris: Éditions de l'École des Hautes Études en Sciences Sociales - EHESS, 2011, "sub Xuanwu"; Wang Lianming, *Jesuitenerbe in Peking*, Chapter 3. 又见侯仁之、岳升阳:《北京宣南历史地图集》,北京:学苑出版社,2009年。

[2] 参见 Eugenio Menegon, "Revisiting the Four Churches," forthcoming。

例如，傅圣泽的档案中存有一份《西河沿世业堂胡氏书铺书单》，这个书铺就位于北京城中，靠近前门。[1]1711年，傅圣泽还整理了几份购书账单，所购书目包括经籍注本和有关《易经》的著作。这些书，有的被傅圣泽自己的作品引为参考，还有不少送到传信部图书馆（Propaganda Library）。今天，它们都收藏在梵蒂冈宗座图书馆（Vatican Library，全称Bibliotheca Apostolica Vaticana）。[2]不过，普通书店虽然可以买到儒家典籍、注本、中文字典和语言学著作，却几乎买不到大内修书处印行的书刊。这些书一般是非卖品，因此在市面上非常少见，需要通过熟人才能获得。方济各会传教士康安当（Antonio Sacconi, 1741—1785）便曾致信他在罗马的上级——传信部秘书长斯特法诺·波吉亚蒙席（Mgr. Stefano Borgia, 1731—1804），波吉亚是著名的藏书家和东方文物收藏家。康安当在信中告诉他，中国神父刘必约（1718—1786）无法在北京找到一部"有关满族起源"的书，因为该书是奉乾隆帝（1711—1799；1735—1796在位）敕令编撰的（这里所指的并不是出版于1777年的《满洲源流考》，或许另有其书？）。康安当还提到，满文书一般都是非卖品，或者只有满人才有资格购买，而且法律严禁寄往国外。[3]不过，对于人脉更广也更为博学的宫廷传教士们来说，这都不是问题。他们可以动用朝中关系来获得这些稀有书籍。比如，1778年，前耶稣会士

---

[1] 《西河沿世业堂胡氏书铺书单》, in BAV, *Borgia cinese* 357.1, ms., 20 fols.；参看：Nicolas Standaert, "Jean-François Foucquet's Contribution," pp.361—424。

[2] Nicolas Standaert, "Jean-François Foucquet's Contribution," pp.363—367.

[3] APF, SOCP vol. 61（1777—1779）, Antonio Maria Sacconi di Osimo to PF Secretary [Stefano Borgia], Quang-ping-fu, Pecheli, 9 September 1775, f. 356v.

贺清泰（Louis Poirot, 1735—1813；之所以称他为"前耶稣会士"，是因为耶稣会在欧洲和中国的组织已经分别于1773年和1775年就地解散了）就曾在写给传信部的信中提到，自己为了讨好路易十六（Louis XVI, 1754—1793；1774—1791在位）的国务大臣贝尔坦，将几套满汉文版的《圣祖仁皇帝庭训格言》寄到巴黎，并附上一份意大利文译本（*Aphorisms from the Familiar Instructions*）[1]。

综上所述，北京的宫廷传教士坐拥大量西文、中文和满文书籍。这些书，有的是历代传教士收集而来，藏于会院；有的则是通过北京的书商采购，或者通过朝中熟人获得的。以上便是他们在北京展开翻译活动的现实基础和前提条件。接下来，本文将结合案例，详述北京传教士的翻译活动。

三、北京传教士面向中欧的翻译活动

最近，吴蕙仪在有关18世纪法国耶稣会士在华翻译活动的研究中强调，需要"重构翻译行为的过程，包括对译本有所影响的外部环境和偶然因素"。这极为重要。她提出如下问题："译者是否独自在房间里翻译？是否有中国人从旁协助？

---

[1] APF, SOCP vol. 62（1780—1781）, Poirot to PF, 4 November 1778, 39r："我花了一些功夫，把《圣祖仁皇帝庭训格言》的满汉文本翻译了出来，并送了一份给他 [贝尔坦]。"笔者另有专文讨论贺清泰的译本，并指出他所使用的原文具体版本出自大内修书处。参看：Eugenio Menegon, "Kangxi and Tomás Pereira's Beard. An Account from Sublime Familiar Instructions, in Chinese and Manchu with Three European Versions." *Chinese Heritage Quarterly*, 25, March 2011, http：//www. chinaheritagequarterly.org/scholarship.php？ searchterm=025_beard.inc&issue=025。

在翻阅中文植物志时，是否会去寻找实物进行比对？译本的目标读者又是谁？"[1]吴蕙仪的著作分析了法国耶稣会士来华前后接受的语言教育，并详细考察了殷弘绪（François Xavier Dentrecolles, 1664—1741）的法文译作。她的研究极具启发性，在方法论上也有独到的见解。本文无意重复她复杂的论点，但会在必要时加以引用。与她的研究不同，下文将聚焦于北京（这也是笔者当前研究的重点），将其视为传教士翻译活动的发生地，并尝试将宫廷传教士的特殊身份与其翻译活动联系起来。[2]

四、宫廷传教士的语言能力

要研究北京传教士的翻译活动，首先需要考察他们的语言能力。罗马耶稣会档案馆（Archivum Romanum Societatis Iesu, 简称 ARSI）中有一份未署名的拉丁文手稿，题为《对北京宫廷里的法国神父的评估》（*Iudicium de PP Gallis in Palatio Pekini*，下文简称《评估》）。这份手稿写于18世纪20年代中后期，标题则是后来加上去的。借助这份文件，我们可以探讨传教士语言能力的问题。这份手稿列出了当时主要的宫廷传教士，其中不仅包括法国神父，还有一些隶属于葡萄牙耶稣会中国副省区的传教士（笔者已将这份手稿转录、翻译，见

---

[1] Wu Huiyi, *Traduire la Chine au XVIIIe siècle. Les jésuites traducteurs de textes chinois et le renouvellement des connaissances européennes sur la Chine (1687— ca. 1740)*, Paris : Honoré Champion, 2017, pp.52—53.

[2] 殷弘绪在搬到北京前，曾在中国各省（尤其是江西省）生活。他在北堂度过了人生的最后22年（1719—1741）。

附录）。[1]

《评估》可能是中国传教团的一位长上为罗马的总会长写的，目的是评估传教团成员的各项能力，评估对象不仅包括宫廷传教士，也有在北京的其他耶稣会士。评估标准主要有三方面，分别是：（1）是否精于"宫廷事务"（经营朝中人脉，提供科学艺术方面的服务）；（2）当地天主教社区教牧工作的完成情况；（3）语言能力。本文着重关注第三方面[2]。《评估》中有不少条目下都醒目地将被评估人的满文水平标注为"不懂满文""已经学了一段时间满文"或"能读懂一定程度的满文"。相应的，他们的中文口语水平（官话或北京方言）则被标注为"有一定说汉语的天赋""汉语说得还不错"或"没有汉语天赋"。以著名耶稣会科学家、钦天监监正戴进贤神父（Ignaz Kögler, 1680—1746）为例，评估写道："他虽然学术天分极高，但却没有相应的汉语天赋。因为他不太会说汉语，而且有口吃，所以，在没有助手和翻译的情况下，他几乎什么也做不了。"只有一位耶稣会士被誉为语言天才，那就是巴多明：

> 巴多明神父非常机敏，能够灵活地处理 [各项] 事务。他的汉语和满语都说得极好。无论是皇帝、皇子还是各级官员都认识他，并对他心怀敬意和欣赏。

---

[1] 该文件现存于：ARSI, *Japonica Sinica* 184, f. 20r.。

[2] 高华士的相关研究还考察了在华传教士的语言干扰和混杂等问题。之所以会产生这样的问题，是因为传教士将自身的欧洲多语种背景带到了满汉语主导的语言环境中。见：Noël Golvers, "'Sprach-Not' as Part of the Existential Situation of European Jesuit Missionaries in China (17th—18th Cent.)." In Davor Antonucci & Pieter Ackerman eds., *Chinese Missionary Linguistics*, Leuven: Ferdinand Verbiest Institute, 2017, pp.93—107.

我们的宗教事业在北京和广东取得的成果都应归功于巴神父。正是他的辛勤劳作、文章著述和宗教热忱，才让这一切得以实现。他被公认为在华传教团和欧洲人的支柱。去年，他花费大量精力写成多部满文著作，向满人宣扬 [我们的] 宗教，并取得了丰硕的成果。

前文提到的朝鲜使臣李器之曾于1720年见过名单中提到的几位传教士（白晋 [Joachim Bouvet, 1656—1730]、雷孝思 [Jean Baptiste Regis, 1663—1738] 和殷弘绪）。他的记录印证了《评估》中对传教士语言能力的评价。根据李的记载，他曾通过朝鲜译官与这几位传教士交谈，但很快感到沟通困难。他写道："西洋人汉语甚龃龉，多未晓。"[1] 当然，他所说的主要是汉语口语和口头交流的问题。吴蕙仪曾指出，传教士在来华的第一个百年里，编订了不少中文教材。这些教材大都侧重日常生活和教牧工作中用到的语言，其内容是非常实用的（包括生字表、词汇、语法和会话等）[2]。但另一方面，我们也注意到前几代耶稣会士对儒家典籍同样抱有深厚的兴趣。这主要是受罗明坚（Michele Ruggieri, 1543—1607）和利玛窦的影响，尤其是后者，影响更大。这些耶稣会士学习汉语是从熟读"四书"开始的，这也是当时中国学生典型的汉语学习模式。事实上，法国耶稣会学者马若瑟（Joseph Henry-Marie de Prémare, 1666—1736）就曾批评过18世纪传教士学习中文的方法。他写道："很多初到中国的传教士最渴望拥有的就是一部字典，

---

[1]　李器之语。转引自：Wu Huiyi, *Traduire la Chine au XVIIIe siècle*, pp.124—125。

[2]　Wu Huiyi, *Traduire la Chine au XVIIIe siècle*, pp.126—127.

就好像没有别的方法可以学习中文一样。相应地，他们花大量时间仔细抄写自己遇到的各种词汇。这些时间如果用来熟读和背诵'四书'，会对他们更有帮助。"[1]

五、北京传教士翻译活动的演变：以法国耶稣会士为例

书面文本的翻译是另一个问题。我们知道，有不少耶稣会士都曾尝试将中文典籍译成法文。他们的翻译活动非常复杂，历经三个发展阶段：第一阶段是17世纪90年代到1700年，这时传教士开始研究与"中国礼仪之争"相关的重要概念；第二阶段是1700年到1707年，"圣座特使"铎罗（Charles-Thomas Maillard de Tournon，1668—1710）访华，引发激烈争辩；随后进入第三阶段，即1717年到1720年，法国耶稣会士中的索隐派传教士开始翻译《易经》并出版大量相关著作。在这之后，直到18世纪末，传教士的翻译活动便主要集中于汉学、历史、经济、文学和科学领域，同时还避免翻译与神学和宗教直接相关的著作。[2]

上文所述的翻译和研究活动并不限于北京，因为也有一些法国耶稣会士驻在其他省份。实际上，对于索隐派传教士来说，

---

[1] Joseph Henri de Prémare, *The Notitia Linguae Sinicae of Premare*, translated by J.G. Bridgman. Canton：The office of Chinese Repository, 1847, p.vii；参看：Knud Lundbaek, *Joseph de Prémare (1666—1736)—Chinese Philology and Figurism*, Aarhus：Aarhus University Press, 1991, p.70.

[2] Wu Huiyi, *Traduire la Chine au XVIIIe siècle*, chapter 2, "Traduire a l'age des controverses."

北京的环境并不理想。在这里，他们的神学理念遭到质疑，白晋所倡导的《易经》研究也不大受欢迎。然而，由于在18世纪10年代康熙帝直接介入了耶稣会士与罗马教廷的神学讨论，北京仍不失为翻译和争论的中心之一。罗马教廷禁止中国礼仪的谕令引起了中国人的普遍反对，驻在各省的法国耶稣会士因此遭受苦难。但在北京的法国耶稣会学者，仍得以在一种类似"象牙塔"的环境下继续活动。他们借助丰富的藏书，大量出版中国哲学、儒学、满文语法、钱币学和数学等方面的译作和研究。通过这些作品，北京的法国耶稣会士间接参与了欧洲本土有关基督宗教普世价值的讨论。他们的著作刺激了有神论者与无神论者之间的争论，导致启蒙思想家普遍反对教会。这一结果显然是耶稣会士们始料不及的。1735年，杜赫德（Jean-Baptiste Du Halde, 1674—1743）在巴黎出版《中华帝国全志》（*Description géographique, historique, chronologique, politique et physique de l'empire de la Chine et de la Tartarie chinoise*），标志着法国传教士的翻译活动达到顶峰。《全志》收录了不少北京神父的译作，有的地方可以看出编得很匆忙。[1]

1720年后，随着嘉乐使团的失败，中国礼仪问题变得不再那么重要。1722年，康熙帝驾崩，雍正帝（1678—1735；1722—1735在位）采取新措施。先于1724年下令禁教，并将大部分驻在各省的传教士流放到广东，紧接着又于1732年将

---

[1] Wu Huiyi, *Traduire la Chine au XVIIIe siècle*, chapter 3, "La traduction comme refutation". 有关《全志》对这场争论的潜在影响，参看：Isabelle Landry-Deron, *La preuve par la Chine. La "Description" de J.B. du Halde, jésuite, 1735*, Paris：Éditions de l'École des Hautes Études en Sciences Sociales, 2002。特别是书中有关法国耶稣会士汉籍翻译的章节，其内容具有开拓性意义。

他们驱逐到澳门。随后，教宗在1742年下令禁止讨论中国礼仪，这使得传教士翻译活动的历史语境发生改变。北京传教士逐渐意识到自己不得不在有争议的宗教议题上保持沉默，因此转向研究和翻译科学、历史学以及民族学方面的著作。这与当时欧洲世俗学者的学术兴趣（年代学、宗教学以及对一切中国器物的追捧，这些器物的风格后来被称为"中国风"[chinoiserie]）不谋而合；与欧洲学界对医学、植物学、矿物学和化学等实用领域的关注也相当一致。和之前一样，这些汉籍翻译活动又是在"象牙塔"中进行的。在相对冷清的北京会院中，传教士们足不出户，仅靠院内所藏的中文、满文和西文书来做研究。因为这时他们已经无法公开游历各省，进行实地考察了。[1] 在北京的法国耶稣会士（巴多明、雷孝思、马若瑟、冯秉正 [J. F. M. A. de Moyriac de Mailla, 1669—1748]、孙璋 [Alexandre de la Charme, 1695—1767]、宋君荣和钱德明等）写下许多著作，讲述18世纪20年代末到60年代末的中国历史。其中不少是未刊手稿，但也有几部最终得以出版，并在法国和其他国家的知识界广泛传播。这些著作，有的是被收录在杜赫德的《全志》中，有的则出版单行本。比如冯秉正对满汉文版《通鉴纲目》的翻译，这部大型译作（共13卷）完成于18世纪40年代，但直到18世纪70年代（1777—1785）才以

---

[1] Wu Huiyi, *Traduire la Chine au XVIIIe siècle*, chapter 4, "Curiosité et utilité : Traduire les animaux, les plantes, les minéraux et les 'arts'"。传教士对中国历史著作的翻译，大多以明代和清初编纂的纲鉴体史书为底本。相关研究参看：Nicolas Standaert, "Jesuit Accounts of Chinese History and Chronology and Their Chinese Sources," in *East Asian Science, Technology, and Medicine*, 35, 2012, pp.11—88 ; Nicolas Standaert, *The Intercultural Weaving of Historical Texts: Chinese and European Stories about Emperor Ku and His Concubines*, Leiden : Brill, 2016。

《中国通史》(*Histoire générale de la Chine, ou Annales de cet Empire, traduites du Tong-Kien-Kang-Mou*) 为题出版面世。[1]

　　我们现在回到吴蕙仪提出的问题："译者是否独自在房间里翻译？是否有中国人从旁协助？在翻阅中文植物志时，是否会去寻找实物进行比对？译本的目标读者又是谁？"近几十年的相关研究，已经揭示了耶稣会士的译作在欧洲有哪些目标读者以及意料之外的读者；同时也在某种程度上说明，对当时文化交流内容起决定性作用的是传教士的汉籍翻译活动（即前文所说"象牙塔式"或"书斋式"的翻译活动），而不是他们的实验科学。不过，我们目前仍对耶稣会士与中国学者之间的合作所知甚少，尤其是北京的耶稣会士。那么，译者究竟是不是独自在房间里翻译呢？我们知道，在传教士的翻译过程中，经常有满汉学者为他们解答各种具体问题，并为他们推荐书籍。但是，我们并不知道这些学者是谁，只有少数例外。进一步研究或许能找到更多相关信息，但可能性不大。[2]

---

[1]　Nicolas Standaert, *The Intercultural Weaving of Historical Texts*, "Jesuit Accounts of Chinese History and Chronology," pp.116—163。参看：Jean-Baptiste Du Halde, *Description géographique, historique, chronologique, politique, et physique de l'empire de la Chine et de la Tartarie chinoise, enrichie des cartes générales et particulières de ces pays, de la carte générale & des cartes particulières du Thibet, & de la Corée, & ornée d'un grand nombre de figures et de vignettes gravées en taille-douce*, Paris：P.G. Lemercier, 1735；Joseph-Marie-Anne de Moyriac de Mailla, *Histoire générale de la Chine, ou Annales de cet Empire, traduites du Tong-Kien-Kang-Mou … Rédigé par M. l'abbé Grosier, 13 vols.*, Paris, 1777—1785。

[2]　例如，最近相关研究揭示了耶稣会士钱德明与奉恩将军弘旿（1743—1811）的特殊友谊，以及二人在北京的学术往来。参看：Statman Alexander, "A Forgotten Friendship：How a French Missionary and a Manchu Prince Studied Electricity and Ballooning in Late Eighteenth Century Beijing," in *East Asian Science, Technology, and Medicine*, 46, 2017, pp.119—212。

六、传信部传教士在北京：另一种语境下的翻译活动

上文借助前人研究，回顾了北京耶稣会士在翻译方面的成就，重点呈现法国耶稣会士的翻译活动，但没有论及葡萄牙耶稣会中国副省区的传教士。对于后者，还应另作专文讨论。本节将集中探讨一个具体个案，该个案是笔者近期研读北京传信部传教士相关档案资料的成果。这批资料体量很大，目前存于罗马万民福音部档案馆（Archives of the Congregation for the Evangelization of the Peoples，下文简称"传信部档案"）。

首先，大体上说，法国耶稣会士从事翻译大多是为了出版。然而，还有许多18世纪的传教士，他们的译作只留下手稿，散布在欧洲各地的档案馆中。这些译文之所以没有出版，大多数情况下并不是因为译者找不到编辑或者出版商。事实上，这些译文大多并不以出版为目的，而是为了向教廷报告中国时事，解释有关中国礼仪的问题；或者是方便教廷审查汉语宗教文本，还有的是为了给准备来华的欧洲传教士提供学习材料。

传信部档案中就有不少资料是以中文写成，并配有意大利语译文。[1] 罗马的其他档案馆中也存有类似的资料，不少与传信部在华传教团有关，也与本文主题关系密切。如前文所述，这些资料并不以出版为目的，而是作为"情报"和内部报告提交给教廷的。传信部传教士分散在清帝国各地的传教团中，常驻北京的人数并不多，却很有影响力。总体来说，这些传教士

---

[1] 伍尔班大学汉学研究中心正在筹备出版一部附带注解的传信部中文档案资料目录。该目录由杜鼎克（Adrian Dudink）整理编订，马诺（Emanuele Raini）和赵宏涛负责编辑。笔者将撰写导言，介绍这批档案的历史。

重视中文的实用性。他们会学说北京方言，以便在宫里讲道或者担任匠师。但是，他们中极少有人对汉语书面语言的掌握能达到耶稣会士的水平。

不过，那永福（Josef Maria Pruggmayr da S. Teresa, 1713—1791）是个例外。那永福来自波西米亚，是跣足加尔默罗会的神父。他被传信部派遣来华传教，在清代北京生活了40多年，在传信部档案中留下许多书信和报告。[1] 那永福平时住在北京城外的小村庄海淀，靠近圆明园——那是乾隆帝的主要居所，他每年有9个月都住在园内。那永福在宫里教过一段时间音乐，不过，他漫长的一生中大多数时间都在北京城及其周边地区从事教牧工作。他曾是传信部在北京的教务副代办，且精通北京方言。下文将简要探讨那永福在北京完成的两部作品。这两部作品都与传教士汉籍翻译活动有关。首先是他在18世纪60年代末到80年代中期编订的大型意汉词典（对开本，548页，下文简称"那永福词典"）。这本词典是专为罗马传信部图书馆编的，现藏于梵蒂冈宗座图书馆。[2] 另一部是宗教哲学著作《性理真诠》的拉丁文节译本。该书原作由法国耶稣会士孙璋以中文撰写，共6卷，1753年在北堂出版。

前文提到，马若瑟曾批评传教士借助实用型工具书学习汉语口语的传统。那永福词典便继承了这一传统。词典的编纂工作可能开始于1767年。到1770年，大部分词条就已经编

---

[1]　有关那永福的研究，见：Fortunato Margiotti, "La Confraternita del Carmine in Cina（1728—1838）," in *Ephemerides Carmeliticae*, 14, 1963, pp.91—154。Óscar Ignacio Ahedo Aparicio, "Un carmelita descalzo misionero en China (1745—1791) [Josef Maria Pruggmayr a Sancta Theresia]," *Anuario de Historia de la Iglesia* 27, 2018, pp.351—376。

[2]　BAV, *Borgia cinese* 407.

写完成了。然而，直到1784年这部词典才最终修订完稿，寄往罗马 [1]。所以，那永福可能总共花了17年时间来编订和誊抄这部词典，供后来的北京传教士们使用。他至少誊抄了两版。其中较好的一版，最终在18世纪80年代末送到罗马传信部，成为传信部图书馆的藏书，现藏于梵蒂冈宗座图书馆。这一版词典中包含了55000个意大利语词条，每页约50个，分两栏排列。这些词条选自著名的意大利语词典《秕糠学会词典》（ *Vocabolario degli Accademici della Crusca* ；可能是1729到1738年间在佛罗伦萨出版的第4次增订版，共6卷；初版于1612年在威尼斯印行）。每个意大利语单词后面都给出对应的中文表达，以北方官话的罗马拼音写成（没有任何汉字），并标注五声。一般还附有意大利语和汉语罗马拼音写成的完整例句，以说明词语的用法。词典没有标题页，只有一篇两页长的"前言"，题为《给想要借助这部词典学习官话的读者的说明》（ *Avvertimenti agli Studenti della Lingua Mandarina, che vorranno impararla su questo Vocabolario* ，下文简称《说明》），可以看出是那永福的笔迹，但没有署名，也没有注明日期。在这篇《说明》中，那永福解释了汉语的五种声调（accento/tuono），以及这些声调在词典中是怎样标注的。他接着讲解了北京和北方官话的发音（parti boreali），并提醒读者词典中的汉语罗马拼音是以意大利语发音为基础的。他还为法国和葡萄牙的读者提供建议，教他们如何按照意大利语的语音系统来发音。《说明》最后指出，词典中的意大利语同义词之间采用相

---

[1] APF, SOCP, vol. 56（1770—1771），f. 34v ; APF, *Procura Cina*, box 17, Pruggmayr to Procurator Emiliano Palladini, 3 August 1770, f. 2v ; APF, SOCP, vol. 64（1785—1786），f. 511r.

互参照的机制，以避免中文翻译重复。[1]

那永福在寄往罗马的信函中将这部词典称为 *Calepino Italiano Cinese*（《意汉词汇》）[2]，并将其视为得意之作。他花了将近20年时间来编写这部词典，期间还为此与澳门的上级发生争论，因为后者认为没有必要编这么一部词典（尤其是远东教务代办帕拉迪尼 [Emiliano Palladini 1733—1793]，他对

---

[1] 那永福在这篇前言中写道："由于这是一部意汉词典，而且是专为意大利传教士编写的，所以我认为必须以意大利语的拼写方式来写中文词汇。因此，意大利人在诵读词典中的中文词语时，也必须使用意大利语的发音方式，就像他们在朗读意大利语书中的单词一样。"（"Questo vocabolario essendo Italiano-Cinese e propriamente composto per i missionari italiani, ho stimato di dover parimente servirmi della ortografia italiana, per scrivere le parole cinesi；onde l' Italiano leggendo le parole cinesi scritte in questo vocabolario, deve leggere, e pronunciarle, come leggendo un libro italiano, pronunciarebbe simili parole italiane."）以词典中的一个词条为例："Abbadessa：sieû taó niù hoéi cjàm."（即 "xiūdào nǚ huìzhǎng"，修道女会长）。很显然，那永福所使用的拼音系统与当代汉语拼音系统在注音方式上有很大差别。

[2] APF, SOCP, vol. 63（1782—1784），f. 224v. "Calepino" 一词，在意大利语中指任何词典或词汇书。它源自意大利词典编纂家安布罗斯·卡佩皮奥（Ambrogio Calepino, 1440—1510）的名字。卡佩皮奥于1502年出版了欧洲史上最著名、重印次数最多的拉丁文词典。那永福从北京写给传信部的许多书信中，都特别谈到自己的意汉词典。例如，在一封1718年9月17日写于北京的信中，他写道："今年，我终于完成了意汉词典，这花费了整整13年工夫。"（"avendo in questo anno, con lavoro di 13 anni, finalmente finito il Vocabulario Italiano-Cinese," 见：APF, SOCP vol. 62 [1780—1781], f. 646.）1784年10月23日，他又在给传信部部长枢机的信中说道："我从未向圣部 [传信部] 提及过出版这部词典的想法。……这部词典印出来该有多么庞大，现在光是手稿都已经写了三大本，还是只使用欧洲文字的情况下。为了编成这部词典，我花费了13年以上的时间。它收录了最新版《秕糠学会词典》中的所有动词，还有很多其他词汇，解释了这些词汇的各种意思，并提供了例句和固定表达。"（"mai ho scritto niente all Sacra Congregazione per la stampa di tal Vocabulario … quanto voluminoso riuscirebbe questo Calepino che scritto con sole lettere europee fa tre grandi volumi？ … In questo mio Vocabulario, in cui ho lavorato da 13 più anni, sono tutti i Verbi Italiani, e molti altri vocaboli dell' ultima Crusca, con tutti i loro diversi significati con varie frasi, e modi diversi di dire…"；见：APF, SOCP, vol. 64 [1785—1786], f. 499v.）

词典的实用性持怀疑态度）。借助那永福的书信，我们可以从物质史的角度细致考察这份词典抄本的成书过程，以此说明翻译并不是仅仅依靠译者的头脑就可以完成的。根据信中记录，那永福曾请求教务代办帮忙向广东外商采购优质的欧洲纸张，以便为罗马的图书馆誊写词典。他在信中解释道，这是因为"中国的纸张很薄。而且词典使用频率高，因此要用厚实耐用的纸张来誊写。否则就很容易损坏"。那永福还要求购买欧洲墨水，因为他觉得中国墨的颜色不够深。他请求代办为其报销花费；但同时也表示，如果报销不成，自己愿意承担这笔费用："这都是为了圣部和全体传教士的共同利益。"[1] 现存抄本的确使用了厚实的欧洲纸张，很好地经受住了时间的考验。纸上笔迹整齐，墨色清晰，且为黑色。因此，笔者猜测应该使用的是中国墨（由动物胶和煤灰制成），而非欧洲墨水（18世纪的欧洲铁胆墨水酸性很高，时间久了墨迹颜色往往偏红，有时还会腐蚀纸张表面）。

从那永福词典的流通史（笔者另有专文详述）[2]，可以看出它在当时的欧洲人眼中有多么珍贵。1790年，也就是那永福过世的前一年，他终于将词典的抄本寄到了澳门传信部教务代办马尔克尼（Giovanni Battista Marchini, 1757—1823）手

---

[1] APF, *Procura Cina*, box 17, Giuseppe Maria a Sancta Theresia Pruggmayr to Emiliano Palladini, 3 August 1770（received October 28, 1770）, f. 2v.

[2] Eugenio Menegon, "Shady dealers, Deceptive Linguists, and Industrious Missionaries : The Incredible Journey of a Manuscript Vocabulary between Beijing and Rome, 1760s—1820s," in Michela Bussotti, François Lachaud and Makino Motonori eds., *Empires et Interprètes. Maîtriser les langues, apprivoiser le monde : dictionnaires et outils multilingues d'Asie orientale-Interpreting Empires. Mastering Languages, Taming the World : Dictionaries and Multilingual Lexicons in East Asia*, Tokyo-Paris : Toyo Bunko & École française d'Extrême-Orient. Forthcoming.

中。1791年，这份抄本被送到罗马传信部图书馆。然而，它并没有在这里存放很久。1792年春，即将担任马戛尔尼使团副使的斯当东（George Leonard Staunton, 1737—1801）来到意大利，在那不勒斯中华书院聘得几位中国神父担任使团译员和汉语教师。途经罗马时，斯当东与传信部部长安东内里枢机（Leonardo Antonelli, 1730—1811）见面，并参观了传信部图书馆。安东内里向他展示了几部传教士编写的手抄本中文词典，其中就包括那永福的那一本。斯当东请求借走这些词典，供使团访华时使用。就这样，1793年那永福词典又经过英国回到了中国（甚至可能回到了北京）。斯当东的幼子小斯当东（George Thomas Staunton, 1781—1859）很可能也使用过这部词典。他曾在使团译员——尤其是李自标（1760—1828）的指导下学说汉语。李是使团中最出色的译员和向导，一路陪同使团到达北京。[1] 小斯当东在承德觐见乾隆帝时，直接用汉语与其对话，并以此闻名。后来，他成为英国最早的汉学家和中国通之一，曾于1810年将《大清律例》译成英文（1812年他的译本又被转译成意大利语）。[2] 马戛尔尼使团返回英国

---

[1] 有关李自标作为使团译员的活动，参看：Michele Fatica, "Gli alunni del Collegi-um Sinicum di Napoli, la missione Macartney presso l' Imperatore Qianlong e la richiesta di libertà di culto per i cristiani cinesi（1792—1793）," in S. M. Carletti, M. Sacchetti, e P.Santangelo eds., *Studi in onore di Lionello Lanciotti* vol. 2, Napoli：Istituto Universitario Orientale, 1996, pp.525—565；Henrietta Harrison, "A Faithful Interpreter？ Li Zibiao and the 1793 Macartney Embassy to China," in *The International History Review*, 41, 5, 2019, pp.1076—1091.

[2] Michele Fatica, "Gli alunni del Collegium Sinicum di Napoli," pp.525—565。有关斯当东《大清律例》英译本（1810）及意大利语转译本（1812），参看：Guido Abbattista, "Chinese Law and Justice：George Thomas Staunton（1781—1859）and the European Discourses on China in the Eighteenth and Nineteenth Centuries," in Guido Abbattista ed., *Law, Justice and Codification in Qing China. European and*

后，如约将词典送还给罗马的安东内里枢机。又过了几年，拿破仑（Napoléon Bonaparte，1769—1821）占领罗马，传信部遭到洗劫。那永福词典和许多其他珍贵手稿一起流落到私人收藏家手中，直到1811年，才最终被汉学家、词典编纂家蒙突奇（又译孟督及，Antonio Montucci，1762—1829）在柏林买下。1825年，蒙突奇在意大利退休后又将所有藏书卖给了教廷。就这样，那永福词典历经两次中欧往返，又回到最初的目的地，直到今天仍然保存在那里。自1811年被蒙突奇买下后，词典再次出现是在波吉亚博物馆（Borgiano Museum）的馆藏目录中。该馆记录显示，传信部神父拉斐尔·乌皮埃尔（Raffaele Umpierres，1788—？）曾在19世纪30年代借阅此书。乌皮埃尔曾在澳门任教务代办，后来成为罗马传信部传信学院的首位中文教师。笔者在传信部档案中见到另一部题为"意汉词典"（Dizionario Italiano e Cinese）的匿名手抄本（对开本，170页），似乎是那永福词典的缩写版，写于19世纪初，很可能是乌皮埃尔和他课上学生的手笔。[1]

18世纪70年代，那永福还不太情愿地接受了另一项任务，并因此耽误了编写词典的进度，那就是将耶稣会士孙璋的《性理真诠》译成拉丁文。孙璋来自法国，在北京生活了很多年（1729—1769）。1753年，他在北京出版《性理真诠》，全书共6卷（该书在1750年出版过一个中文缩略本，1757年译成满文），沿用利玛窦《天主实义》的模式，尝试批判宋明理

Chinese Perspectives：*Essays in History and Comparative Law*, Trieste：EUT-Edizioni Università di Trieste, 2017, pp.1—138。

[1] APF, SC, *Cina&Regni Adiacenti*, Miscellanea vol. 15。这份手稿中有一些内容与那永福词典抄本重合，包括那永福撰写的《说明》。

学中的哲学概念，并说明天主教与宋代以前的早期儒家思想之间存在共通之处。《性理真诠》出版几年后，引起传信部当局的注意，指示下属的在华传教士审查该书内容是否符合天主教教义。1769年，澳门传信部教务代办帕拉迪尼要求那永福设法获得该书，并将整本书翻译成拉丁文。这是因为传信部在北京的传教士中，只有那永福能够熟练阅读文言文。那永福克服困难，从北堂的法国耶稣会士那里取得一套《性理真诠》，并寄到澳门。[1] 但他拒绝翻译整本书，因为他认为这样做是没有必要的。相反，他提出只要翻译其中一卷就够了。那永福在1771年写给帕拉迪尼的信中说道：

> 现在，我必须提醒尊敬的神父阁下，这套遭到圣部 [传信部] 谴责的书共有6卷。其中前5卷集中批判近世中国文人 [2]，并借助早期经典 [儒家典籍] 来指出他们学说中的错误之处。这5卷中并没有提到天主教，也没有提到上帝。因此，不可能包含指控中所提到的内容。这部分内容应该集中于第6卷。这一卷讨论的是我们在中国宣扬的上帝圣法。因此，我只翻译了第6卷，也只有这一卷值得我们批判。另外5卷完全是在

---

[1] 这可能就是梵蒂冈宗座图书馆中收藏的那一部（BAV, *Borgia cinese* 362）。该版本于1753年在西安门附近的首善堂印制。这里的首善堂即皇城内的北堂，参看：Paul Pelliot, *Inventaire Sommaire des manuscrits et imprimés chinois de la Bibliotheque Vaticane-A Posthumous Work* by Paul Pelliot-Revised by Takata Tokio. Édited by Tokio Takata. Reference Series 1, Kyoto：Istituto Italiano di Cultura-Scuola di Studi sull' Asia Orientale, 1995, p.37.

[2] 此处原文为 "modern Chinese literati"，主要指的是宋明理学家。因为原文是原始史料，所以照字面直译。——译者注

处理中国哲学的问题，与[罗马方面]提出的[有关教义的]批评并无关联。所以，我没有翻译这5卷。这几卷只涉及中国哲学，即使翻译成拉丁文，欧洲哲学家们也很难读懂。而且，真要把这5卷全都译出来，至少也需要两到三年时间。[1]

恼怒的那永福把节译本的原件寄给帕拉迪尼，只留下部分草稿。他警告帕拉迪尼，如果包裹寄丢便再也没法补救了。到目前为止，笔者还没能找到这个译本。不过无论如何，通过那永福的著译活动，可以简要呈现北京传教士可能产出的翻译成果。那永福的个案为我们提供了一个窗口，让我们得以考察另一种注重汉语口语的翻译模式，与耶稣会士更为学术化的翻译方法形成对照：前者在需要实地宣教的传教士——尤其是耶稣会以外的传教士中极为普遍；而后者则注重研读典籍，以满汉双语写作，并将满汉文著作翻译成法语。借助那永福的通信，我们得以从一位非耶稣会传教士的视角出发，以微观史的方式，深入了解传教士群体内部的翻译政治。不过要说明的是，虽然那永福拥有的资源比耶稣会士少得多，但他也受益于传信部北京传教团为数不多的中西文藏书（很显然其中包括《秕糠学会词典》），且得益于北京活跃的书市，以及从北京一路延伸到罗马的学术网络。

---

[1] APF, *Procura Cina*, Box 17, Giuseppe Maria a Sancta Theresia Pruggmayr in Beijing to Emiliano Palladini, 2 October 1771, f. 1v.

七、结论

　　本文以教禁时期（1724—1848）的北京为中心，初步探讨了这一时期北京传教士的藏书流通情况，以及他们研习各类著作、开展翻译活动的过程。借助已出版和未刊的档案材料，本文不但关注较知名的耶稣会传教团，还论及相对规模较小且鲜为人知的传信部传教团——该传教团由教廷当局设立，从18世纪10年代起在北京活动。

　　在本文中，笔者借助高华士、钟鸣旦（Nicolas Standaert）、蓝莉（Isabelle Landry-Deron）和吴蕙仪等学者有关清代在华传教士藏书、书籍流通和翻译活动等方面的最新研究，进一步从多个方面探讨了清代北京传教士翻译活动的"物质性"。通过研究像那永福这样不知名的历史人物以及他所处的关系网络，我们得以了解传教士翻译活动所需要的物质条件，包括查阅中西文藏书、获取必需的书写用品以及资金支持。分析这些物质因素，有助于我们更全面地了解清代北京传教士的翻译活动及其历史脉络，而不再局限于当前对耶稣会士翻译活动的认识。

　　近期有关清代多语现象的研究还为我们提供了一个新的研究思路。清帝国幅员辽阔，语言众多，需要翻译和印行汉语、满语、蒙语、藏语和维吾尔语等各种语言的书刊。如今，清代翻译研究的兴起，让我们能够分析清廷赞助下的翻译活动与同时期在华欧洲人的翻译活动如何在北京产生交集。西方传教士不仅通晓汉语，还向欧洲输送了有关满语、蒙语和藏语的知识。我们知道，耶稣会士之所以重要，正是因为他们不但开创了欧洲汉学，还是满语和中亚研究的开拓者。以上文提到的孙璋为例，他曾在1758到1767年间编订了一部法、汉、蒙、满四语词典，这部词典至今仍存于北京。[1]

本文将翻译视为18世纪在京欧洲人和传教士生活中的日常活动和重要文化元素。通过探讨他们的翻译活动，笔者希望能够展现清代宫廷里欧洲人关系网络中出人意料的面向。不过，我们同时也应该认识到：在京欧洲人的社交、物质和思想活动并不局限在皇宫内部，而是遍布整个北京城，深入到北京的多民族社会和中国士人圈子之中；同时也连接着那些有兴趣通过翻译将中国展现给同时代人的欧洲学者群体。

---

[1] 参见：Mårten Söderblom Saarela, *The Early Modern Travels of Manchu. A Script and Its Study in East Asia and Europe*, Philadelphia：University of Pennsylvania Press, 2020.；NLC, de la Charme 1758—1767。

附　录

《对北京宫廷里的法国神父的评估》

"Iudicium de PP Gallis in Palatio Pekini", ARSI, *Japonica Sinica* 184, f. 20r.

　　这份文件的作者可能是北京传教团的一位长上，写作日期在1722年到1732年间。通过手稿在整本档案中的位置，以及文中所列耶稣会士的活动年代，可以推断这份文件应该写于18世纪20年代中后期。例如：这份手稿提到白晋还在世，而他去世的时间是1730年；手稿还提到广东仍有公开活动的天主教群体，这说明其写作年代应该早于1732年，因为那一年雍正帝将广东的传教士全部驱逐到了澳门。手稿的标题为《对北京宫廷里的法国神父的评估》，这是文书管理人员后来加上去的。事实上，这个标题并不能反映手稿的全部内容。因为手稿中列出的名单里，除几位法国传教士以外，还包含了一些葡萄牙耶稣会中国副省区的神父。笔者现将这份拉丁文手稿全文转录并翻译如下（仅作微调，以便阅读）。波士顿学院耶稣会资料馆的克劳德·帕维尔教授（Prof. Claude Pavur SJ）修正了下文中几处语言问题；吴蕙仪博士分享了有关这一历史时期的知识和相关史料信息，并为笔者提供了建议，特此致谢。

1. 拉丁文本

Iudicium de PP. Gallis in Palatio Pekini

PP. Dentrecolles et **de Rezende** nullum palatii rerum usum habent, cum Imperatoris servitio non sint additi, adjuvandis christianis utiliter et sancte incumbent. Huic operae et nos Sacerdotes incumbimus quantum patiuntur palatii negotia.

PP. Suarez et **Bouvet** rebus gestis illustres, nunc senectute fructi nihil firme possunt in palatio.

FF. Coadjutorum operas in palatio vix relligioni [sic] prodest, nisi habeant sacerdotem industrium interpretem.

P. Jacques parum adhuc in palatio cognitus; modicas admodum habet corporis vires. Nihil scit Tartarice, habitus mathematicus.

P. Andreas Pereyra parum adhuc in palatio cognitus, nihil scit Tartarice, habitus mathematicus.

P. Gaubil parum adhuc in palatio cognitus; ab aliquo tempore Tartaricae studet linguae; habitus mathematicus.

P. Fredelj. [sic] Nihil scit Tartarice, Sinice loquendi facilitate modica donatus, per se parum in palatio potest.

P. Selavisek [sic] Sinice sat bene loquitur, est musicus et mathematicus habitus, parum adhuc in palatio cognitus. Modicas habet corporis vires.

P. Kegler [sic] est Tribun. Mathematici praeses. In palatio cognitus quidem, sed quia ejus praeclare dotes in Sinicas dotes nondum fuere transformatae, quia parvam Sinice loquendi facilitatem est adeptus, quia habet linguam in sermone impeditam, parum potest nisi habeat adjutorem et interpretem. Cum factus est mandarinus; jussu Imperatoris datus est pro hoc negotio tractando adjutor et interpres P. Parennin.

P. Regis parva loquendi Sinice facilitate donatus. Vires corporis nullas fere habet, nihil firme nunc potest in palatio.

P. de Mailla Sinice facile loquitur ; Tartarice intelligit satis, palatii rerum usum habet non contemnendum in palatio sat cognitus.

P. Parennin in negotiis tractandi dexteritatem miram, in loquendo Sinice et Tartarice facilitatem habet incredibilem. Imperatori, regulis, mandarinis cognitus, dilectus est et estimatus. Quas Pekini et Cantone relligio [sic] habet relliquias [sic], eae P. Parennin labori, scriptis et zelo dedentur. Uno omnium ore habetur hic Europaearum et missionis columen. Ab uno imprimis anno multa Tartarice pro Tartaris de relligione [sic] scribit, idque magno cum fructu.

2. 译文

对北京宫廷里的法国神父的评估

[实际上还包含葡萄牙耶稣会中国副省区的传教士]

殷弘绪和**高嘉乐**（Fr. Charles de Rezende, 1664—1746）二

位神父没有参与宫廷事务。他们因为不用侍奉皇帝，便专注有效地以神圣的方式为教友提供帮助。我们 [其他] 神父在处理宫廷事务之余，只要时间允许，也会参与这项工作。

苏霖（Fr. Joseph Suarez,1656—1736）和**白晋**二位神父以 [过去的] 成就闻名于世。但是他们现在年事已高，因此无法长时间在宫里工作。

辅理修士弟兄（Brothers Coadjutors）在宫里的工作对我们的宗教事业毫无帮助，除非有位精力旺盛的神父给他们当翻译。

雅嘉禄神父（Fr. Charles-Jean-Baptist Jacques,1688—1728）在宫里没什么名气。他的身体状况一般，不懂满文。他是一名数学家。

徐懋德神父（Fr. André Pereyra, 1689—1743）在宫里没什么名气。他不懂满文，是一名数学家。

宋君荣神父在宫里没什么名气，他已经学了一段时间满文，是一名数学家。

费隐神父（Xavier-Ehrenbert Fridelli, 1673—1743）不懂满文。他有一定说汉语的天赋，[但是] 他在宫里只靠自己难有作为。

严嘉乐神父（Karel Slavicek, 1678—1735）汉语说得不错。他是音乐家兼数学家，目前在宫里没什么名气。他的身体非常健康。

戴进贤神父是钦天监监正。他在宫里小有名气。不过他虽然学术天分极高，但却没有相应的汉语天赋。因为他不太会说汉语，而且有口吃。所以，在没有助手和翻译的情况下，他几乎什么也做不了。他成为监正后，巴多明神父受命担任他的助手和翻译，协助他处理公务。

雷孝思神父没有说汉语的天赋。他现在身体很不好，在宫里无法完成任何重要工作。

冯秉正神父的汉语说得非常流利，并能读懂一定程度的满文。他对宫廷事务的熟悉程度不容小觑。他在宫里有一定名气。

巴多明神父非常机敏，能够灵活地处理 [各项] 事务。他的汉语和满语都说得极好。无论皇帝、皇子还是各级官员都认识他，并对他心怀敬意和欣赏。我们的宗教事业在北京和广东取得的成果，都应归功于巴神父。正是他的辛勤劳作、文章著述和宗教热忱，才让这一切得以实现。他被公认为在华传教团和欧洲人的支柱。去年，他花费大量精力写成多部满文著作，向满人宣扬 [我们的] 宗教，并取得了丰硕的成果。

参考文献

1. 引用档案缩写表

APF: *Archives of the Congregation for the Evangelization of the Peoples, or de Propaganda Fide*, Vatican City.

- *Series SOCP: Scritture originali della Congregazione Particolare dell'Indie Orientali e Cina.*
- *Series SC: Scritture riferite nei Congressi*, Cina & Regni Adiacenti.
- *Series Procura Cina*: in Macao, Canton & Hong Kong.

ARSI: *Archivum Romanum Societatis Iesu-Roman Archives of the Society of Jesus*, Rome.

- *Series Japonica Sinica.*

BAV: *Biblioteca Apostolica Vaticana*, Vatican City.

- *Collection Borgia cinese.*
- *Collection Borgia latino.*

NLC: 中国国家图书馆,北京。

- Alexandre de la Charme, *Dictionnaire Francais-Chinois-Mongol-Mandchou*, 四卷本, 1758—1767善本特藏部（北堂藏书）。
- 书目信息: Ad Dudink & Nicolas Standaert eds., *Chinese Christian Texts Database*（CCT-Database）（http://www.arts.kuleuven.be/sinology/cct）.

http://heron-net.be/pa_cct/index.php/Detail/objects/14263.

■参看："法语－汉语－蒙古语－满语四体合璧词典"，国图
空间－图书收藏－名著要籍：http://www.nlc.cn/newgtkj/
tssc/mzyj/201703/t20170309_142545.htm.

2. 专著与论文

侯仁之、岳升阳：《北京宣南历史地图集》，北京：学苑出版社，
2009年。

Abbattista, Guido, "Chinese Law and Justice: George Thomas
Staunton (1781—1859) and the European Discourses
on China in the Eighteenth and Nineteenth Centuries,"
in Guido Abbattista ed., *Law, Justice and Codification in
Qing China. European and Chinese Perspectives: Essays
in History and Comparative Law*, Trieste: EUT–Edizioni
Università di Trieste, 2017, pp.1—138.

Aparicio Ahedo, Óscar Ignacio, "Un carmelita descalzo
misionero en China (1745—1791) [Josef Maria
Pruggmayr a Sancta Theresia]," Anuario de Historia de
la Iglesia 27, 2018, pp.351—376.

Dehergne, Joseph, "La mission de Pékin à la veille de
la condamnation des rites," in *Neue Zeitschrift für
Missionswissenschaft*, 9, 2, 1953, pp.91—108.

Dehergne, Joseph, "La mission de Pékin vers 1700. Étude
de géographie missionnaire," in *Archivum Historicum
Societatis Iesu*, 22, 1953, pp.314—338.

Dehergne, Joseph, "La mission de Pékin vers 1700. Addenda,"
Archivum Historicum Societatis Iesu, 24, 1955, pp.291—294.

Dehergne, Joseph, "Les biens de la maison française de Pékin en

1776—1778," *Monumenta Serica*, 20, 1961, pp.246—265.

Dehergne, Joseph, "La bibliothèque des Jésuites français de Pékin au premier tiers du XVIIIe siècle," in *Bulletin de l'École française d'Extrême-Orient*, 56, 1, 1969, pp.125—150.

Dehergne, Joseph, *Répertoire des Jésuites de Chine de 1552 à 1800*, Roma-Paris : Institutum Historicum Societatis Iesu, 1973.

Du Halde, Jean-Baptiste, *Description géographique, historique, chronologique, politique, et physique de l'empire de la Chine et de la Tartarie chinoise, enrichie des cartes générales et particulières de ces pays, de la carte générale & des cartes particulières du Thibet, & de la Corée, & ornée d'un grand nombre de figures et de vignettes gravées en taille-douce*, Paris : P.G. Lemercier, 1735.

Dudink, Ad., "The Chinese Christian Books of the Former Beitang Library," in *Sino-Western Cultural Relations Journal*, 26, 2004, pp.46—59.

Fatica, Michele, "Gli alunni del Collegium Sinicum di Napoli, la missione Macartney presso l'Imperatore Qianlong e la richiesta di libertà di culto per i cristiani cinesi (1792—1793)," in S. M. Carletti, M. Sacchetti, e P. Santangelo eds., *Studi in onore di Lionello Lanciotti* vol.2, Napoli : Istituto Universitario Orientale, 1996, pp.525—565.

Gabbiani, Luca, *Pékin à l'ombre du Mandat Céleste. Vie quotidienne et gouvernement urbain sous la dynastie Qing (1644—1911)*, Paris : Éditions de l'École des Hautes Études en Sciences Sociales-EHESS, 2011.

Golvers, Nöel, "'Bibliotheca in Cubiculo' : The 'personal' Library of Western Books of Jean-François Foucquet, SJ in Peking (Beitang, 1720) and the Intertextual Situation of a Jesuit Scholar in China," in *Monumenta Serica*, 58, 2010, pp.249—280.

Golvers, Noël, *Libraries of Western Learning for China*: *Circulation of Western Books between Europe and China in the Jesuit Mission (ca.1650—ca.1750)*, Leuven: Ferdinand Verbiest Institute, 2012—2015.

Golvers, Noël, "'Sprach-Not' as Part of the Existential Situation of European Jesuit Missionaries in China (17th—18th Cent.)." In Davor Antonucci&Pieter Ackerman eds., *Chinese Missionary Linguistics*, Leuven: Ferdinand Verbiest Institute, 2017, pp.93—107.

Golvers, Noël, "Western Books for China: How Did the Jesuits in the China Mission (17th and 18th Century) Acquire Their Books, and What Was the Role of Their 'Book Agents' in Europe," in Li Wenchao ed., *Leibniz and the European Encounter with China*: *300 Years of "Discours sur la Théologie Naturelle des Chinois"*, Stuttgart: Franz Steiner Verlag, 2017, pp.147—166.

Harrison, Henrietta, "A Faithful Interpreter? Li Zibiao and the 1793 Macartney Embassy to China," in *The International History Review*, 41, 5, 2019, pp.1076—1091.

Landry-Deron, Isabelle, *La preuve par la Chine. La "Description" de J.B. du Halde, jésuite*, 1735, Paris: Éditions de l'École des Hautes Études en Sciences Sociales, 2002.

Lim, Jongtae, "'Postponed Reciprocity': How Did a Korean Traveler Portray His Encounter with the Westerners in Early Eighteenth-Century Beijing?" in *Horizons. Seoul Journal of Humanities*, 1, 2, 2010, pp.175—193.

Lundbaek, Knud, *Joseph de Prémare (1666—1736)-Chinese Philology and Figurism*, Aarhus: Aarhus University Press, 1991.

Margiotti, Fortunato, "La Confraternita del Carmine in Cina (1728—1838) ," in *Ephemerides Carmeliticae*, 14, 1963, pp.91—154.

Menegon, Eugenio, "Kangxi and Tomás Pereira's Beard. An Account from Sublime Familiar Instructions", in *Chinese and Manchu with Three European Versions. Chinese Heritage Quarterly*, 25, March 2011, http://www.chinaheritagequarterly.org/scholarship.php? searchterm=025_beard.inc&issue=025.

Menegon, Eugenio, "Revisiting the Four Churches: Urban and Suburban Life and Networks of European Missionaries and Christian Converts in Qing Beijing," in Daniel Greenberg and Yoko Hara eds., *From Rome to Beijing: Sacred Spaces in Dialogue*, Leiden: Brill. Forthcoming.

Menegon, Eugenio, "Shady dealers, Deceptive Linguists, and Industrious Missionaries: The Incredible Journey of a Manuscript Vocabulary between Beijing and Rome, 1760s—1820s," in Michela Bussotti, François Lachaud and Makino Motonori eds., *Empires et Interprètes. Maîtriser les langues, apprivoiser le monde: dictionnaires et outils multilingues d'Asie orientale-Interpreting Empires. Mastering Languages, Taming the World: Dictionaries and Multilingual Lexicons in East Asia*, Tokyo-Paris: Toyo Bunko & École française d'Extrême-Orient. Forthcoming.

Moyriac de Mailla, Joseph-Marie-Anne de,. *Histoire générale de la Chine, ou Annales de cet Empire, traduites du Tong-Kien-Kang-Mou … Rédigé par M. l'abbé Grosier,* 13 vols., Paris, 1777—1785.

Pelliot, Paul, *Inventaire Sommaire des manuscrits et imprimés chinois de la Bibliotheque Vaticane-A Posthumous Work by Paul Pelliot-Revised by Takata Tokio. Édited by Tokio Takata. Reference Series 1,* Kyoto: Istituto Italiano di Cultura—Scuola di Studi sull'Asia Orientale, 1995.

Pfister, Louis, *Notices biographiques et bibliographiques sur les Jesuites de l'ancienne mission de Chine,* 2 vols., Shanghai: Imprimerie de la Mission Catholique, 1932.

Prémare, Joseph Henri de, *The Notitia Linguae Sinicae of Premare,* translated by J.G. Bridgman. Canton: The office of Chinese Repository, 1847.

Söderblom Saarela, Mårten, *The Early Modern Travels of Manchu. A Script and Its Study in East Asia and Europe,* Philadelphia: University of Pennsylvania Press, 2020.

Standaert, Nicolas, "Jesuit Accounts of Chinese History and Chronology and Their Chinese Sources," in *East Asian Science, Technology, and Medicine,* 35, 2012, pp.11—88.

Standaert, Nicolas, "Jean-François Foucquet's Contribution to the Establishment of Chinese Book Collections in European Libraries: Circulation of Chinese Books," in *Monumenta Serica,* 63, 2, 2015, pp.361—424.

Standaert, Nicolas, *The Intercultural Weaving of Historical Texts: Chinese and European Stories about Emperor Ku and His Concubines,* Leiden: Brill, 2016.

Statman, Alexander, "A Forgotten Friendship: How a French Missionary and a Manchu Prince Studied Electricity and

Ballooning in Late Eighteenth Century Beijing," in *East Asian Science, Technology, and Medicine*, 46, 2017, pp.119—212.

Staunton, Thomas, ed. and trans., *Ta Tsing Leu Lee: Being the Fundamental Laws, and a Selection from the Supplementary Statutes, of the Penal Code of China*, London : Strand, 1810.

Staunton, Giorgio Tommaso, ed. and trans., *Ta-Tsing-Leu-Lee o sia Leggi fondamentali del Codice penale della China : stampato e promulgato a Pekin coll'autorità di tutti gl'Imperatori Ta-Tsing, della presente dinastia. Tradotto dal chinese da Giorgio Tommaso Staunton ... Versione italiana. 3 vols.*, Milano : dalla Stamperia di Giovanni Silvestri, agli Scalini del Duomo, N.° 994, 1812.

Sweeten, Alan Richard, *China's Old Churches : The History, Architecture, and Legacy of Catholic Sacred Structures in Beijing, Tianjin, and Hebei Province*, Leiden : Brill, 2020.

Wang, Lianming, *Jesuitenerbe in Peking : Sakralbauten und Transkulturelle Räume, 1600—1800*, Heidelberg : Universitätsverlag Winter GmbH, 2019.

Wu, Huiyi, "Language Training and Circulation of Linguistic Knowledge in the Chinese Mission by 1700 : A Case Study of the Personal Notebook of J.-F. Foucquet, S.J. (Borgia Latino 523, Biblioteca Vaticana) ," in *History of the Catholic Church in China : From Its Beginning to the Scheut Fathers and the 20th Century*, Leuven : Ferdinand Verbiest Institute, 2015, pp.193—214.

Wu, Huiyi, *Traduire la Chine au XVIIIe siècle. Les jésuites traducteurs de textes chinois et le renouvellement des connaissances européennes sur la Chine (1687—ca. 1740)*, Paris : Honoré Champion, 2017.

"奉天承运，皇帝敕谕英吉利国王知悉"

——乾隆致英国国王乔治三世的三道敕谕及其翻译问题[*]

王宏志[**]

> 根据惯常的做法，我们在这里、那里改动了一些
> 表述。[1]
>
> ——贺清泰（Louis de Poirot，1735—1814）

一

1792年（乾隆五十七年），英国派遣马戛尔尼勋爵（George Lord Macartney，1737—1806）率领使团到中国，携带丰盛

[*] 本文为香港特区政府研究资助局 2016/2017 年度研究资助项目 "Translation and the Canton System in Sino-British Relations"（项目编号：14636616）部分研究成果。

[**] 王宏志，香港中文大学翻译系人文学科讲座教授、翻译研究中心主任，主要从事中国翻译史、中国现当代文学研究。

[1] "Letter from Louis de Poirot to Lord Macartney, dated Pekin, September 29, 1794, together with translation," *An Important Collection of Original Manuscripts, Papers, And Letters Relating to Macartney Mission To Pekin And Canton, 1792—1794,* vol. 7, doc. 308, Charles W. Wason Collection, Cornell University, The Earl George Macartney Collection–Archives Unbound Gale（hereinafter abbreviated as CWCCU）.

的礼物，以补祝贺乾隆（爱新觉罗·弘历，1711—1799；1735—1796在位）八十大寿为名，尝试打开中国的大门。使团自1792年9月26日从英国朴次茅斯（Portsmouth）出发，经过9个月的航行，船队在1793年6月20日抵达澳门外海；[1] 短暂停留后继续北上，经白河大沽口，在1793年8月11日抵达天津，取道通州；8月21日到达北京，先住在圆明园边上的宏雅园，然后在8月26日转到北内城；9月2日出发前往承德，9月14日（乾隆五十八年八月初十日）在热河万树园觐见乾隆，提呈国书，[2] 完成了中英两国第一次正式的官方高层外交接触。

不过，马戛尔尼从热河回北京后不久，清廷便向他暗示使团应该早日回国。结果，马戛尔尼在10月7日离开北京南下，经过两个月的行程，12月19日抵达广州后，于1794年1月8日起锚回国。在使团离开北京前夕，乾隆就使团来访向英国国王乔治三世（George III [George William Frederick, 1738—1820；1760—1820在位]）连续颁送了两道敕谕。

---

[1] George Macartney, *An Embassy to China : Being the Journal Kept by Lord Macartney During his Embassy to the Emperor Ch'ien-lung, 1793—1794*, edited by J. L. Cranmer-Byng, London : Longmans, 1962, p.61.

[2] Ibid., pp.121—122；George Staunton, *An Authentic Account of an Embassy from the King of Great Britain to the Emperor of China*, Philadelphia : Robert Campbell, 1799, vol.2, pp.73—77。关于马戛尔尼向乾隆呈递国书的日期，原中国第一历史档案馆副馆长秦国经认为马戛尔尼和斯当东的记述不准确，实际"进表的仪式不是在万树园，而是避暑山庄的澹泊敬诚殿"，那就是乾隆五十八年八月十三日（1793年9月17日）（秦国经：《从清宫档案看英使马戛尔尼访华历史事实》，张芝联主编：《中英通使二百周年学术讨论会论文集》，北京：中国社会科学出版社，1996年，第212页；亦见中国第一历史档案馆：《英使马戛尔尼访华档案史料汇编》，北京：国际文化出版公司，1996年，第47页）。这说法已被黄一农否定，并指出秦国经的观点是"误将仪注和地点视为真实记录"所致。（黄一农：《印象与真相——清朝中英两国的觐礼之争》，《中央研究院历史语言研究所集刊》第78本第1分册，2007年，第55页）

本来，在传统的朝贡制度里，朝廷在接待来访使团时，除接见使节、收受国书、赏赐礼品外，也会在使团离开前向来贡国家统治者颁发敕谕，让使者带回去，宣示天朝的威望。可以说，颁发敕谕是传统朝贡制度的一个主要部分。对于乾隆来说，远在重洋的英国第一次派遣过来的使团就是来贡使节。因此，他向派遣使团的英国国王乔治三世颁送敕谕是在预期之内的。不过，马戛尔尼使团比较特别的地方在于：乾隆不只向使团发出一道敕谕，而是发了两道敕谕，且二者相距的时间很短。就现在所见到的档案，乾隆第一次向乔治三世发送敕谕，是在乾隆五十八年八月十九日（1793年9月23日）发出[1]，10月3日（八月二十九日）送到使团住处[2]；第二次则是在乾隆五十八年八月二十九日（1793年10月3日）以后发出[3]，在使团正要离开北京时的九月三日（10月7日）送与马戛尔尼[4]。

此外，在使团回国后，因应英国国王送过来的一封书函，乾隆在让位与嘉庆（爱新觉罗·颙琰，1760—1820；1796—1820在位）的前夕，又向英国发送敕谕，内容涉及马戛尔尼使团的来访[5]。因此，严格来说，乾隆为这次使团来访先后发出三道敕谕，尽管最后一道不是直接交与使团成员。

一直以来，较受关注的是第一道敕谕，学界讨论第二道敕

---

[1] 《大清皇帝给英吉利国王敕谕》，中国第一历史档案馆编：《英使马戛尔尼访华档案史料汇编》，第165—166页。

[2] Macartney, *An Embassy to China*, p.150.

[3] 《大清皇帝为开口贸易事给国王的敕谕》，中国第一历史档案馆编：《英使马戛尔尼访华档案史料汇编》，第172—175页。

[4] Macartney, *An Embassy to China*, p.155.

[5] 《敕谕》，《文献丛编》上册，台北：台联国风出版社，1964年，第158—159页。

谕的已经很少；而第三道敕谕更几乎完全被忽略，在最主要的马戛尔尼使团研究中都没有只字提及 [1]。此外，即使有关第

---

[1] 举例说，佩雷菲特的《停滞的帝国：两个世界的撞击》(Alain Peyrefitte, *The Collision of Two Civilizations：The British Expedition to China in 1792—1794*, Jon Rothschile [tr.], London：Harvill, 1993)、何伟亚的《怀柔远人：马戛尔尼使华的中英礼仪冲突》(James L. Hevia, *Cherishing Men from Afar：Qing Guest Ritual and the Macartney Embassy of 1793*, Durham, NC.：Duke University Press, 1994)，以至张芝联主编的《中英通使二百周年学术讨论会论文集》，秦国经、高换婷的《乾隆皇帝与马戛尔尼》(北京：紫禁城出版社，1998年)和朱雍的《不愿打开的中国大门：18世纪的外交与中国命运》(南昌：江西人民出版社，1989年)等，都没有只字提到这第三道敕谕。其中何伟亚曾简单讨论过1796年初英国人送过来的几封信，但没有提及乾隆所回的敕谕(Hevia, *Cherishing Men from Afar*, pp.218—220)。特别值得一提的是深圳大学王辉(Wang Hui)刚发表不久的文章 "Translation Between Two Imperial Discourses: Metamorphosis of King George III's letters to the Qianlong Emperor," *Translation Studies* 13, no. 3 (2020年2月3日网上发表), pp.318—332, (https://www-tandfonline-com.easyaccess1.lib.cuhk.edu.hk/doi/full/10.1080/14781700.2020.1714474, 访问于2020年11月10日)。尽管这篇文章专门讨论马戛尔尼使团中乔治三世与乾隆往来书函的翻译问题，但王辉在文中只说乾隆向乔治三世前后共写过两封信，未知乾隆给乔治三世第三道敕谕的存在。王辉的遗漏是因为他只参考《英使马戛尔尼访华档案史料汇编》，却不知道《文献丛编》，甚至《高宗纯皇帝实录》及《东华续录》都收有乾隆给乔治三世的第三封信。但让人最感奇怪的是，王辉文章中注释5这样说："乾隆敕谕完整的英译，见庄延龄(1896年，第45—53页)"("For full English versions of the edict[s], see Parker [1896, pp.45—53]")(Wang, "Translation Between Two Imperial Discourses," p.330)。表面看来，这没有什么问题，因为当中关于 Parker 翻译敕谕的资料是准确的，Parker 是汉学家庄延龄(Edward Harper Parker, 1849—1926)，1896年曾把乾隆给乔治三世的敕谕翻译出来，这点下文会再交代。但问题是，庄延龄当年是知道第三道敕谕的，且同时也把它翻译出来了，紧接着放在第二道敕谕译文的后面，页码为53—55。王辉在参考书目中所开列庄延龄的翻译的页码是45—55，那为什么会看不到这第三道敕谕的译文？此外，庄延龄在文章开首明确写出他是根据《东华录》把敕谕翻译出来的。这就是说，如果真的看过庄延龄的翻译，那就很容易查出《东华录》的第三道敕谕。当然，庄延龄以外，更多人知道和讨论的是巴恪思(Edmund Backhouse, 1873—1944)和濮兰德(John Otway Percy Bland, 1863—1945)发表在1914年出版的 Annals and Memoirs of the Court of Peking 内的译本。其实，他们也一样把三道敕谕都翻译出来了(E. Backhouse and J. O. P.Bland, Annals and Memoirs of the Court of Peking (From the 16th to the 20th Century), Boston: Houghton Mifflin, 1914, pp.322—325; 325—331; 331—334)。

一道敕谕的讨论都有不少不足甚至错误的地方，尤其忽略敕谕最初被翻译成英文的情况。本文尝试交代与乾隆三道敕谕相关的一些重要问题，并重点分析其中所见的翻译现象，期待能更全面地展示乾隆敕谕在马戛尔尼访华使团的作用。

二

在清宫档案中，最早涉及乾隆颁送马戛尔尼使团敕谕的是军机处在1793年8月3日（乾隆五十八年六月二十七日）的一份奏片。这份奏片很简短，主要是要呈上敕谕的拟稿，等待批准，然后会以"清字西洋字"来翻译及缮写，"俟该贡使回国时照例颁发"。[1] 毫无疑问，这的确是"照例"的操作，因为这时候使团才刚抵达天津外海，甚至还没有登岸，只是在一天

另外，王辉在文章中讨论乔治三世在1795年写给乾隆的回信，他所引用的是东印度公司档案 IOR/G/12/93："'Reply' (George III's Rely to the Qianlong Emperor). 1795. 'China and Japan: Lord Macartney's Embassy to China. Miscellaneous Letters.' IOR/G/12/93. London: British Library."（Wang, "Translation Between Two Imperial Discourses," p.332）不过，这条目让人很感疑惑。IOR/G/12/93 其实是分成两册，且配有页码。事实上，IOR/G/12/93 两册所收资料超过1100页，每册有自己的目录，标明页码。因此，引用该档案的资料是不应该只录出 IOR/G/12/93，不标明页码的。其实，乔治三世给乾隆第二封信的英文及拉丁文本确是见于 IOR/G/12/93，目录注明题目，分别是 "English Copy of His Majesty's Letter to the Emperor of China dated 20th June 1795" 和 "Latin Copy of Ditto"，见 IOR/G/12/93, vol. 2, pp.327—330及 pp.337—341。就笔者所见，稍有提及乾隆这道敕谕的只有马世嘉（Matthew W. Mosca），但相关的描述也不足100字（Matthew W. Mosca, *From Frontier Policy to Foreign Policy: The Question of India and the Transformation of Geopolitics in Qing China*, Stanford: Stanford University Press, 2013, p.156）。

[1] 《军机大臣等奏为呈览给英国敕谕事》，中国第一历史档案馆编：《英使马戛尔尼访华档案史料汇编》，第117页。

前（8月2日，六月二十六日）才交出使团礼品清单，乾隆还没有看到，更不要说国书、马戛尔尼等使团成员的表现了。此外，这份初拟的敕谕看来也照例获得通过，因为在差不多一个月后，军机处又在9月1日（七月二十六日）上奏，译出西洋字的敕谕已交"索德超等阅看，据称所译字样，均属相符"[1]；也就是说，在这一个月里，敕谕已给翻译出来，且经索德超等检查认可。

好几位学者都以为这份8月3日已准备好的敕谕就是乾隆正式颁送使团的敕谕[2]，当中如佩雷菲特（Alain Peyrefitte, 1925—1999）就质疑为什么要这么久前便已经准备敕谕，甚至由此推论，以为乾隆对使团的立场早已确定，因此使团肯定是失败的，而这失败跟使团的表现（包括礼品、马戛尔尼的态度、拒绝叩头等）无关。[3]克莱默－宾（Cranmer-Byng, 1872—1945）的观点也十分接近，他说假如马戛尔尼知道在他们还没有登岸前清廷已准备好敕谕，要他在呈送完礼品后便马上离开，也许他对使团便不会这么积极热心。[4]不过，这样的论点是完全错误的，原因很简单，因为这份原来早在8月3日已经准备就绪的敕谕，最终并没有颁送马戛尔尼。现在所见到的乾隆给英国国王的第一道敕谕，并不是这份在8月3日（六月二十七日）前已准备好的敕谕。

---

[1]《奏为颁给英国王敕谕译文已交索德超等阅过无误事》，中国第一历史档案馆编：《英使马戛尔尼访华档案史料汇编》，第145页。

[2] 李云泉：《朝贡制度史论：中国古代对外关系体制研究》，北京：新华出版社，2004年，第269页。

[3] Peyrefitte, *The Collision of Two Civilizations*, p.288.

[4] J. L. Cranmer-Byng, "Lord Macartney's Embassy to Peking in 1793 : From Official Chinese Documents," *Journal of Oriental Studies* 4, nos. 1—2（1957—1958），p.138.

其实，最早犯上这严重错误的是《掌故丛编》的编辑。他们首先辑录了《六月二十七日军机处奏片》，然后马上收录乾隆正式发给英国国王的第一道敕谕，但却加上这样的按语："按：此敕谕系六月二十七日拟进八月十九日颁给。"[1] 这错误本来是不应该出现的，因为六月二十七日（8月3日）所拟好的敕谕一直都留在清宫档案内：《英使马戛尔尼访华档案史料汇编》"上谕档"内即有《给英吉利国王敕谕》[2]。可以见到，这份敕谕内容很简单，篇幅很短，只有300字左右，完全是冠冕堂皇的官样文章，没有任何具体内容；除里面出现"英吉利"三字外，根本不会让人知道这份敕谕是要发给马戛尔尼的，这就是我们所说敕谕只是"照例"拟写的意思，同时也是军机处能够在使团还没有到达、朝廷没有见过礼品清单和国书前也可以拟好的原因。不过，这份敕谕最终没有送到英国人手上，原因在于：乾隆在见过使团所带来的国书后，要做出直接回应，结果最终没有向使团颁发这份很早就预备好、只不过"照例"拟写的敕谕。一些学者大概没有能够或仔细看过这份敕谕，甚至直接接受《掌故丛编》的说法，以为正式发送给英国人的就是8月3日所拟好的一份，并由此推出各种结论来。然而，这是不正确的。

此外，即使没有能够看到8月3日那份敕谕，也不应该以为9月23日（八月十九日）正式发出的第一道敕谕早在8月3日已经拟写好，因为它具体地直接回应了乔治三世使团国书的内容。这点十分重要。由于国书是马戛尔尼9月14日（八月初

---

[1] 《敕谕》，收《掌故丛编》，台北：国风出版社，1964年，第58页。

[2] 《给英吉利国王敕谕》，中国第一历史档案馆编：《英使马戛尔尼访华档案史料汇编》，第126—127页。

十日）在热河万树园亲自呈递给乾隆的[1]，那么乾隆这第一道正式敕谕最早也得要在9月14日以后才定稿，所以进一步证明它不可能是8月初已经拟好的一道。事实上，只要去细读两道敕谕，便见到二者分别很大，根本不可能是同一份。关于这份正式收到的敕谕的内容和翻译，下文会详细讨论。

至于第二道敕谕，《英使马戛尔尼访华档案史料汇编》在两处地方收录：一是在"内阁档案"中的"外交项目"内，另一处是在"军机处档案"的"上谕档"内，二者内容完全相同。但该书目录所记的日期不同，前者记为乾隆五十八年八月二十八日（1793年10月2日），后者则是乾隆五十八年八月二十九日（1793年10月3日）完成的。[2] 其实，就该汇编所见，敕谕本身没有注明日期，但《英使马戛尔尼访华档案史料汇编》目录所记的这两个日期都明显是有问题的。

本来，乾隆第一道敕谕是在1793年9月23日（乾隆五十八年八月十九日）才完成，更要待到10月3日（八月二十九日）才送到使团住处，为什么朝廷又要马上准备另外一份敕谕？我们知道，马戛尔尼在热河觐见过乾隆，呈递国书后回到北京，但一直没有机会向乾隆或和珅商谈使团的要求。根据马戛尔尼的报告及日志，他原想借着10月3日上午与和珅的一次见面来提出要求，但当天他抱病在身，且十分疲倦，只好把任务交予斯当东（George Leonard Staunton, 1737—1801），让斯当东去跟和珅继续讨论；但和珅说可以用书面形式提出，马戛尔

---

[1] Macartney, *An Embassy to China*, pp.121—122；Staunton, *An Authentic Account of an Embassy*, vol. 2, pp.73—77.

[2] 《档案文献目录》，中国第一历史档案馆编：《英使马戛尔尼访华档案史料汇编》，第5、17页。

尼就赶紧在当天下午给和珅写信，具体提出使团的要求 [1]。从乾隆第二道敕谕的内容可以见到，这敕谕就是为了回应马戛尔尼10月3日这封写给和珅的信，逐一详细驳斥使团的各项要求。既然这样，这道敕谕又怎么可能在马戛尔尼草拟要求的同一天发出？因为马戛尔尼除了要把要求写出来，还要翻译成拉丁文，再转译成中文，然后才可以送去给和珅，和珅无论如何也不可能在当天就已经拟写好敕谕。

其实，乾隆第二道敕谕是在10月4日才完成的，在中文档案中见到的证据有二：第一，军机处随手档八月三十日（也就是10月4日）录有一条"驳饬英吉利国使臣所请各条，饬谕该国王等由"[2]；第二，第二道敕谕除开首几句官式的开场白后，马上进入主旨，带出英国人的要求，敕谕是这样写的：

> 昨据尔使臣以尔国贸易之事，禀请大臣等转奏。[3]

这明确说明，乾隆的敕谕是在收到使臣"禀请"后的第二天才拟写的，那就不可能是10月3日了。

更有力的证据来自东印度公司档案。我们知道英国人曾把乾隆的第二道敕谕翻译成英文，现在东印度公司档案所藏第二道敕谕的译本开首处，便注明这敕谕是回应马戛尔尼1793年

---

[1] "Note for Cho-Chan-Tong, First Minister, from the British Embassador, delivered at Yuen-min Yuen, 3 October 1793," IOR/G/12/92, pp.259—262；Macartney, *An Embassy to China*, pp.149—150.

[2] 《为驳饬英使臣所请各条饬谕该国王》，中国第一历史档案馆编：《英使马戛尔尼访华档案史料汇编》，第264页。

[3] 《大清皇帝为开口贸易事给国王的敕谕》，同上，第172页。

10月3日晚上送给和珅的要求。[1] 这译本是附在马戛尔尼1793
年11月11日写给原东印度公司监督委员会（Board of Control）
主席、后升任英国政府内政大臣（Home Secretary）的邓达斯
（Henry Dundas, 1742—1811）的信内的，距离马戛尔尼送呈
要求才一个月左右，它的准确性毋庸置疑。既然明确知道使团
是在10月3日晚上做出"禀请"，而朝廷在第二天拟写好敕谕，
那就是说，乾隆的第二道敕谕是在10月4日完成的。[2]

　　清宫"内阁档案"中还有一份文书，可以说是乾隆第二道
敕谕的底稿。这份文书在《英使马戛尔尼访华档案史料汇编》
的《档案文献目录》中是这样给列出来的：

　　　为请于浙江等口通商贸易断不可行事给英国王
的敕谕　乾隆五十八年八月十九日　一七九三年九月
二十三日　卷一四三［页五十七］[3]

单从汇编编辑所加的标题就可以看出这里的错误更明显，
因为"请于浙江等口通商贸易"的要求并未出现于马戛尔尼在

---

[1]　"Answer of the Emperor of China to the King of England," IOR/G/12/92, p.283.

[2]　佩雷菲特十分肯定地说李自标和小斯当东在10月4日处理这份信函，前者负责
翻译，后者负责抄写（Peyrefitte, The Collision of Two Civilizations, p.293）。在这
里，佩雷菲特所下的注释是"IOCM, 92, pp.259—261"（同上，第583页），其实这
就是东印度公司档案 IOR/G/12/92第259—261页，标题是"Note from the British
Ambassador to the First Minister, Cho-chan-tang, Oct 3 1793"，也就是马戛尔尼向和
珅提出要求的全文，但当中没有显示李自标和小斯当东在10月4日还在处理信件。但
既然敕谕译文中明确说到马戛尔尼的信函在10月3日晚已送给和珅，那李自标和小斯
当东就不可能在10月4日还在处理。

[3]　《档案文献目录》，中国第一历史档案馆编：《英使马戛尔尼访华档案史料汇编》，
第9页。

热河所呈的国书内，而是10月3日的六项要求中的其中一项，因此这份敕谕的撰写日期不可能是9月23日。事实上，这份敕谕不单拒绝于浙江等口岸通商贸易的请求，马戛尔尼所提的其他要求也遭逐一驳斥和否定。也就是说，它不可能是早于10月3日马戛尔尼提出要求的那一天就拟写好的。就跟正式的第二道敕谕一样，它的正确日期应为10月4日，因为这道敕谕中也同样有"昨据尔使臣以尔国贸易之事，禀请大臣等转奏"一句[1]；更明确地说，两份敕谕绝大部分内容是相同的。那么，为什么《英使马戛尔尼访华档案史料汇编》的编者会把日期弄错呢？那是因为他们把早前的一份敕谕底稿《为派人留京断不可行事给英国王敕谕》连在一起。这份敕谕底稿内容上与正式送与乔治三世的第一道敕谕几乎完全相同，而在这前面有另一道上谕《谕军机大臣英王请派人留京已颁敕书着长麟等妥办贸易绥靖海洋》。在《英使马戛尔尼访华档案史料汇编》的《档案文献目录》中，这三道谕令的日期同被列为乾隆五十八年八月十九日（1793年9月23日）。应该同意，这日期是有根据的，因为给军机大臣的上谕便注明是"己卯"，也就是八月十九日。但是，这日期所指只不过是这道给军机大臣的上谕，不包括《为请于浙江等口通商贸易断不可行事给英国王的敕谕》，大概编者见到它是紧随给军机大臣的上谕和《为派人留京断不可行事给英国王敕谕》，也一并收在卷143，便以为三者是同一天发出的；但显然从内容上看，《为请于浙江等口通商贸易断不可行事给英国王的敕谕》是10月3日晚上接到马戛尔尼的要

---

[1]《为请于浙江等口通商贸易断不可行事给英国王的敕谕》，中国第一历史档案馆编：《英使马戛尔尼访华档案史料汇编》，第57页。

求后，在10月4日拟写好，经过翻译和誊抄，在10月7日送到马戛尔尼手上的。

三

关于乾隆给英国国王乔治三世的第一道敕谕，尽管有学者认为"它可能是研究1700年至1860年间中西关系最重要的一份文件"[1]，但它在西方世界所引起的关注，并不是在马戛尔尼回国后马上出现的；而是在一个多世纪后被重新翻译，并向大众公开出来之后，才引来很多的评论。

其实，在离开北京南下广州途中，马戛尔尼在杭州附近已经把这道敕谕的拉丁文本及英文本[2]、第二道敕谕的拉丁文本和英文本，连同一份有关使团的颇为详细的报告一并送给邓达斯。[3] 也就是说，英国官方及东印度公司早已知悉这份敕谕的内容，但在现存的资料里却见不到邓达斯和其他人有什么讨论或反应。事实上，在随后一段很长的时间里，几乎完全没有人再提及这份敕谕，更不要说引来什么评论。

1896年，汉学家庄延龄（Edward Harper Parker, 1849—

---

[1] "Appendix C: An Edict from the Emperor Ch'ien-Lung to King George the Third of England," in Macartney, *An Embassy to China*, p.341.

[2] "The Emperor's Letter to the King," IOR/G/12/92, pp.233—242（Latin version）, pp.243—258（English version）.

[3] "Emperor's Answer to Requests Dated the 3rd October 1793 but not received till the day of departure, 7th October 1793, ibid., pp.271—281（Latin version）; pp.281—298。马戛尔尼信见：*Macartney to Dundas, Chekian [Zhejiang], near Han-chou-fu [Hangzhou fu], 9 November 1793*, IOR/G/12/92, pp.31—116。

1926）以《东华录》所收乾隆敕谕为底本，翻译成英文后，用一个十分直接的题目——《中国皇帝致乔治三世》（"From the Emperor of China to King George the Third"），发表在伦敦的《十九世纪：每月评论》（*The Nineteen Century*：*A Monthly Review*）杂志上。[1] 庄延龄是一位兴趣十分广泛的汉学家，著作丰富，涵盖语言学（尤精于客家方言研究）、文学、历史等方面，与翟理斯（Herbert Giles, 1845—1935）同被认为是当时把中国文化引入英语世界最具影响力的作者[2]。庄延龄在伦敦跟随佐麻须（James Summers, 1828—1891，又译作萨默斯）学习中文一年后，1869年以学生译员身份到北京英国领事馆工作，除在1875—1877及1882年在英国和加拿大修读和实习法律外，一直在中国居住。直到1895年退休后回到英国，先在利物浦大学院（University College, Liverpool）任教，后转曼彻斯特维多利亚大学（Victoria University, Manchester）出任中文教授。他对于清朝历史，尤其中外关系方面很感兴趣，曾把魏源（1794—1857）《圣武记》最后两卷翻译成英文，题为《中国人的鸦片战争故事》（*Chinese Account of the Opium War*）[3]，虽然是在上海出版，但在西方颇受重视。然而，他所翻译的乾隆给乔治三世敕谕的英译本并没有引起什么关注。不过，其实庄延龄还同时翻译和发表了乾隆给乔治三世的另外两

[1]　E. H. Parker, "From the Emperor of China to King George the Third：Translated from the Tung-Hwa Luh, or Published Court Records of the now Reigning Dynasty," *The Nineteenth Century：A Monthly Review* 40, July 1896, pp.45—55.

[2]　David Prager Branner, "The Linguistic Ideas of Edward Harper Parker," *Journal of American Oriental Society* 119, no. 1, 1999, pp.12—34. 这段文字有关庄延龄的介绍，均来自这篇文章。

[3]　E.H.Parker, *Chinese Account of the Opium War*, Shanghai：Kelly and Walsh, 1888.

道敕谕，这点在下文会再交代。

　　真正惹来较大社会反应的是巴恪思（Edmund Backhouse, 1873—1944）和濮兰德（John Otway Percy Bland, 1863—1945）发表在1914 年出版的 *Annals and Memoirs of the Court of Peking* 内的译本。就像庄延龄一样，他们把三道敕谕都翻译了出来。[1] 巴恪思和濮兰德二人合作最具争议的作品是《慈禧外传》（*China under the Empress Dowager*：*Being the History of the Life and Times of Tzǔ Hsi*）[2]，里面出现的《景善日记》已被判定为巴恪思所伪造 [3]，而巴恪思后来出版的传记更是充满各种匪夷所思的内容 [4]。毕可思为《牛津国家人物传记大辞典》（*Oxford Dictionary of National Biography*）所写"巴恪思"的条目，明言巴恪思是一个"伪造者"（fraudster），"他的自传没有一个字是可以相信的"。[5] 但不能否认的事实是，他们的作品很受欢迎，流行很广。乾隆给英国王的敕谕就是因为他们的

---

[1] E. Backhouse and J. O. P.Bland, *Annals and Memoirs of the Court of Peking (From the 16th to the 20th Century)*, Boston：Houghton Mifflin, 1914, pp.322—325；325—331；331—334.

[2] J. O. P.Bland and E. Backhouse, *China under the Empress Dowager*：*Being the History of the Life and Times of Tzǔ Hsi,* comp.from the State Papers of the Comptroller of her Household, Boston：Houghton Mifflin, 1914.

[3] Hui-min Lo, "The Ching-shan Diary：A Clue to its Forgery," *East Asian History* 1, 1991, pp.98—124；孔慧怡：《"源于中国"的伪译：〈景善日记〉的文化现象》，《翻译·文学·文化》，北京：北京大学出版社，1999年，第181—206页；丁名楠：《景善日记是白克浩司伪造的》，《近代史研究》1983年第4期，第202—211页。

[4] Hugh Trevor-Roper, *Hermit of Peking, The Hidden Life of Sir Edmund Backhouse*, New York：Knopf, 1977.

[5] Robert Bickers, "Backhouse, Sir Edmund Trelawny, second baronet（1873—1944）," *Oxford Dictionary of National Biography*, Oxford：Oxford University Press, 2004, vol. 3, pp.104—105.

译本而在英语世界引起很大的注意，带出各种各样的评说，而最广为征引的是罗素（Bertrand Russell, 1872—1970）的一句：

> 我想要说的是：除非这份文件再不被视为荒谬，否则还是没有人理解中国。
>
> What I want to suggest is that no one understands China until this document has ceased to seem absurd.[1]

1920年10月，罗素应梁启超（1873—1929）、张东荪（1886—1973）等邀请到中国访问，在北京、上海等地讲学长达9个月，回国后发表了一系列讨论中国的文章，并出版《中国问题》（*The Problem of China*）。上引的名言，就是出自《中国问题》。[2] 不过，罗素本人其实并不认为自己十分懂得中国。[3]

除这两个19世纪末20世纪初的译本外，一个较为学术界重视的译本来自克莱默－宾，他先在1958年把乾隆给英国的

---

[1]　Bertrand Russell, *The Problem of China*, London：George Allen & Unwin, 1922, p.51.

[2]　Ibid.

[3]　Charles Argon, "The Problem of China：Orientalism, 'Young China', and Russell's Western Audience," *Russell：The Journal of Bertrand Russell Studies* 35, no. 2（Winter 2015—2016），pp.159—161. 一个很流行的说法是：孙中山（1866—1925）因为《中国问题》而形容罗素为"唯一真正理解中国的西方人"。但这是错误的，孙中山并没有这样说过。孙中山只是在1924年3月2日所做的"民族主义第六讲"中提及罗素。孙中山是这样说的："外国人对于中国的印象，除非是在中国住过了二三十年的外国人，或者是极大的哲学家像罗素那一样的人，有很大的眼光，一到中国来，便可以看出中国的文化超过于欧美，才赞美中国。"（《国父全集》编辑委员会编：《国父全集》第1册，台北：近代中国出版社，1989年，第49—50页）。关于罗素与中国，可参：*Argon, "The Problem of China,"* pp.97—192；冯崇义：《罗素与中国：西方思想在中国的一次经历》，北京：生活·读书·新知三联书店，1994年。

第一道敕谕英译后发表在期刊上，然后又以附录形式收在他1962年整理出版的马戛尔尼日志里。[1] 佩雷菲特《停滞的帝国》英文版便将这译本全文收录，作为权威的文本。[2] 另外，邓嗣禹和费正清在1954年出版的《中国对西方的回应》也曾节译了敕谕的一部分，约占全文四分之一的篇幅。[3]

对于乾隆的这份敕谕，20世纪初英国读者所讪笑的，以及后来不少学者关注和批评的，是其中展现的所谓乾隆的高傲、封闭和无知，以其落伍的天朝思想审视正在崛起的大英帝国的使团，对西方科技发展漠不关心，以致断送了及早自强、与西方接轨的机会。这样的态度，自然离不开自鸦片战争以来直到20世纪初，中英两国关系的历史背景。不过，正如前文所介绍的，这样后见之明的诠释近年已受到强力的挑战，一些学者认为乾隆阅读过乔治三世送来的国书后，已清楚认识到英国的扩张，且起了戒心，除对接待大臣多加指示外，又谕旨沿海官员小心提防。因此，敕谕不单没有侵略性，甚至包含很大的防卫性。

我们在这里不是要分析乾隆的思想或敕谕的内容，但要强调的是：无论是1793年在北京的马戛尔尼、1794年在伦敦的

---

[1] Cranmer-Byng, "Lord Macartney's Embassy to Peking in 1793," pp.134—137；Cranmer-Byng（tr.），"An Edict from the Emperor Ch'ien-Lung to King George the Third of England," Appendix C, Macartney, *An Embassy to China*, pp.336—341.

[2] Peyrefitte, *The Collision of Two Civilizations*, pp.289—292。不过，原来的法文版当然不会引录克莱默－宾的英文本。根据该书的脚注，法文译本是根据《掌故丛编》所收的敕谕翻译出来的（Alain Peyrefitte, *L'Empire Immobile ou Le Choc Des Mondes*, Paris：Librairie Arthéme Fayard, 1989, pp.246—249；521）。

[3] Ssu-yü Teng & John K. Fairbank, *China's Response to the West：A Documentary Survey, 1839—1923*, Cambridge, MA.：Harvard University Press, 1954, p.19.

邓达斯，还是20世纪初的英国读者，还有罗素，他们所读到的所谓乾隆敕谕，其实都只是译本，尽管是不同的译本。对于乾隆第一道敕谕的翻译，菲佩雷特曾经这样评论：

> 原文是用中文古文写成的，语气展示出高人一等的傲慢，甚至近乎具有侮辱性。
> 把原文翻译成拉丁文的传教士，很小心地更改最傲慢无礼的部分，还公然宣称要删去"任何侮辱性的词句"。
> 可是，使团的领导仍然不愿意让这份"洁净"过的文本，在他们有生之年公诸大众（一份简写本在他们全都去世后很久才发表出来）。因此，他们根据拉丁文本拟写了一份英文摘要，而这份摘要后来就被视作官方文本，尽管这实际上只是一份伪造出来的文书。马戛尔尼和斯当东把传教士所准备的美化文本中任何可能伤害英国人尊严的东西删掉。他们给英国大众的是一份删改本的删改本。[1]

佩雷菲特在这里讨论了好几个问题，从拉丁文本的译者及翻译过程，到英文文本的产生以至流播。他的结论是：一般英国人所读到的文本等同伪造，是经过多重删改的文本。这说法是否正确呢？

首先是译者问题。佩雷菲特说敕谕是由北京的天主教传教士翻译的，这是正确的，毕竟除了这些传教士外，当时还

---

[1] Peyrefitte, *The Collision of Two Civilizations*, pp.288—289.

有什么人有能力把中文敕谕翻译成拉丁文？佩雷菲特虽然没有明确说出译者姓名，但他所征引的一句话——"任何侮辱性的词句"，就好像要告诉我们这封信是由罗广祥翻译的，因为这句引文的注释是："见CUMC，罗广祥神父致马戛尔尼信，1794年9月29日，310号。"[1]不过，佩雷菲特这里的注释出错了，因为"CUMC"代表的是"Cornell University Macartney's Correspondence"，查证这份档案，310号文档的确是由罗广祥写给马戛尔尼的信；不过，罗广祥这封信的内容跟第一道敕谕全无关系，是汇报两名法国传教士韩纳庆（Robert Hanna, 1762—1797）和南弥德（Louis-François-Marie Lamiot, 1767—1831）在到达北京后的情况[2]；而且，佩雷菲特所记的日期也不准确，310号文档中信件的日期不是1794年9月29日，而是1794年10月21日。其实，佩雷菲特所要征引的确是1794年9月29日的那一封，内容谈及敕谕的翻译，但发信人不是罗广祥，而是贺清泰，档案编号是308。[3]佩雷菲

---

[1] Peyrefitte, *The Collision of Two Civilizations*, p.582.

[2] "Letter from Father Raux Written from Pekin," *An Important Collection*, vol. 7, doc. 310, CWCCU。这两名传教士早已来到澳门——前者在1788年来华，后者则在1791年到来。他们一直期待到北京工作，于是利用使团来华的机会，从澳门登船，希望能随团北上，以数学家和天文学家的身份申请留在北京为朝廷工作。马戛尔尼1793年9月18日在热河曾向和珅写信，报告这两名传教士乘坐使团的便船从澳门到达天津，但因为没有得到接待，已先回舟山，如果他们获准进京，便马上从舟山赶过来。结果，朝廷要求他们回浙江或广东申请办理。经过多番周折，英使团已经启程回国，韩纳庆和南弥德才在1794年3月4日获得批准从广州到北京去（Macartney, *An Embassy to China*, p.64；《澳门同知韦协中为饬查安纳及拉弥额特进京事行理事官牌》，刘芳辑、章文钦校：《葡萄牙东波塔档案馆藏清代澳门中文档案汇编》下册，澳门：澳门基金会，1999年，第536—537页）。

[3] "Letter from Louis de Poirot to Lord Macartney, dated Pekin, September 29, 1794, together with translation," *An Important Collection*, vol. 7, doc. 308, CWCCU.

特把两封信混淆了。

此外，即使是1794年9月29日编号308的信件也与第一道敕谕无关，因为贺清泰在这封信中向马戛尔尼报告的是第二道敕谕的翻译过程。事实是我们现在还没有见到任何有关第一道敕谕翻译过程的资料，也没法肯定译者是谁。不过，贺清泰除了说第二道敕谕就是由他和罗广祥二人合译出来的外，信中还有"根据惯常的做法，我们在这里、那里改动了一些表述"（"Nous selon notre coutume modifiammes de part et d'autre les expressions"）这样一句[1]，这的确能说明他们经常负责翻译，也往往会做改动。佩雷菲特大概是据此来推断第一道敕谕是由他们二人翻译。尽管我们不能完全排除这可能性，但直接把贺清泰有关第二道敕谕翻译的交代套用在第一道敕谕上，显然是不妥当的，而且也不能以这封信来确定第一道敕谕的译者就是贺清泰和罗广祥，更不能证明第一道敕谕翻译成拉丁文时被刻意删改。当时在京的传教士中，经常被点名翻译和核对译本的其实是索德超。尽管我们确实知道第二道敕谕不是经由他翻译，但这很可能只是因为第二道敕谕是在很紧急的情况下翻译出来的；至于准备时间较充分的第一道敕谕，交由"通事带领"的索德超翻译，可能性是更大的。

最关键的是文本问题。佩雷菲特说拉丁文本是一个"洁净""美化"了的版本，不过他其实从没有在文本上做过什么分析，也没有提出什么证据来证明这观点，只是在脚注里加了两三处简略的评语。必须承认，笔者没有足够的语文能力去对

---

[1] "Letter from Louis de Poirot to Lord Macartney, dated Pekin, September 29, 1794, together with translation," *An Important Collection*, vol. 7, doc. 308, CWCCU.

拉丁文本进行仔细分析，所以不会对拉丁文本妄下判断，但既然英文本是来自拉丁文本，而英国读者所读到的是英文本，那么我们只需要分析英文译本，而在有特别需要时才以拉丁文本为参照就足够了。

首先，佩雷菲特说使团成员根据传教士所翻译的拉丁文本"拟写了一份英文摘要"（"de résumer en anglais le texte latin / drafted an English summary"），这份摘要一直没有公开，直至使团成员全都去世很久后才公布出来。[1] 不过，佩雷菲特所说的这份英文摘要究竟是指哪一份？他在书中没有任何说明。上文曾指出过，现存由使团提供的英文译本只有一个，就是由马戛尔尼向邓达斯呈报的那一份。就现在所见到的情况，这份译文从没有向大众读者公开发表，甚至让人很奇怪的是：即使是马士的《东印度公司对华贸易编年史》也没有收录第一道敕谕的译文，该书所收的"中国皇帝给英国国王的回答"（"Answer of the Emperor of China to the King of England"），其实是第二道敕谕的译本。[2] 另外，最早在英语世界公开发表第一道敕谕的两份译文，分别为庄延龄1896年的译本以及巴恪思和濮兰德1914年的译本。这两个译本都不可能来自东印度公司，前者说明译自《东华录》，而巴恪思和濮兰德在发表敕谕译文时身在中国，不可能看到东印度公司的内部资料。因此，不明白佩雷菲特所说的这份所谓由使团成员翻译和公布的译本是指哪一份。事实上，庄延龄与巴恪思等人的译本，根本就跟东印度公司所藏的官方译本不相同。

---

[1] Peyrefitte, *L'Empire Immobile*, p.245 ; Peyrefitte, *The Collision of Two Civilizations*, p.288.

[2] Morse, *The Chronicles of the East India Company*, vol. 2, pp.247—252.

更重要的是，马戛尔尼所提交的译本绝对不是什么简写本或摘要。单从字数来看，东印度公司译本有1510字。但另一方面，佩雷菲特《停滞的帝国》英译本所引录并描述为"足本英译"（"a complete English rendering"），"没有经过传教士的整容手术"（"free of the cosmetic surgery performed by the missionaries"）[1]，由克莱默－宾所翻译的敕谕译本，却只有1248字，长度只是东印度公司译本的百分之八十；而庄延龄的译本也同样只有1200字左右，巴恪思的更少，只有950字。所以，除非佩雷菲特所说的马戛尔尼等提供的译本另有所指，否则他的"摘要"或"简写本"的说法是不能成立的。

其实，东印度公司的译本的确见不到删除了什么实质的部分。佩雷菲特说拉丁文本"巧妙地"把开首的部分删去[2]，他所指的是敕谕的第一句"奉天承运皇帝敕谕英吉利国王知悉"。诚然，传教士的拉丁文译本和东印度公司的译本确实没有把这一句翻出来，但这是否代表译者刻意"巧妙地"删去这部分，以达到某些目的？熟悉中国文书的人都会认同，这样一句开场白只是公式化的表述，对任何来贡国家所发的敕谕都会这样开始，并没有什么具体或特别的意义，也绝对不是针对英国。事实上，庄延龄和巴恪思的两个译本也同样没有把这段文字译出来——他们没有必要去为译文做些什么"整容手术"吧？因此，把"奉天承运"一句删掉，其实没有代表什么具体的意思，佩雷菲特以此作为例子去证明译本有删改，有严重的误导性。

不过，没有明确的删除，不等同说内容没有改变。仔细对

---

[1]　Peyrefitte, *The Collision of Two Civilizations*, pp.289—292.

[2]　Peyrefitte, *L'Empire Immobile*, p.246 ; Peyrefitte, *The Collision of Two Civilizations*, p.289.

比原文和几个英译本后，便不能不同意马戛尔尼送回来的英译本所传递的讯息并不完整，当中最明显的地方是把原来敕谕中的天朝思想大大地淡化了。这便触及一个中心问题，就是整个使团文书翻译中不断出现的两国地位是否平等的问题。

毫无疑问，原来的敕谕充满了清廷高高在上的天朝思想，这本来就应该是在预期之内的，毕竟向遣使来朝的国家颁发敕谕这种理念和动作本身就是天朝思想标志性的体现。但另一方面，在表述这种天朝思想上，乾隆给英国国王的第一道敕谕其实算不上特别严重，内容重点在于说明为什么不能批准英国在北京派驻使者，且从不同角度以一种颇为温和的态度重复解说，强调的是双方体制不同，不能迁就改变。有学者便认为，"以天朝的标准，敕谕是明显地和善的"。[1] 然而，必须强调，这是从"天朝的标准"出发的，不能否认整份敕谕仍然充斥着天朝话语，在效果上呈现一幅两国地位完全不平等的图像，中国远远高于英国。这跟当时西方国家的外交理念很不一样，不容易为英国人所接受。

正由于这个缘故，东印度公司所藏译本在很大程度上淡化了这种表述。原敕谕中出现次数频繁的"天朝"一词，本来是跟"尔国"相对，展示两国的高低位置，但在英译本中二者全都用一个中性的"国家"（country）来表述：以"这个国家"（this Country）相对于"你的国家"（your Country），还有以"他们的国家"（their Countries）来翻译"西洋各国"，真的高下一致，无分彼此，是国际间的平等交往。对比一下其他的

---

[1] Austin Coates, *Macao and the British, 1637—1842* : *The Prelude to Hong Kong*, London : Routledge and Kegan Paul, 1966, p.89.

译本，庄延龄、巴恪思和克莱默－宾都毫无例外地把"天朝"译成"Celestial Court"和"Celestial Dynasty"；庄延龄还加脚注说明，"天朝"一词是中国皇帝指定要用的表述，目的就是让夷人知所敬服。[1] 由此可见，东印度公司译本不把"天朝"译出来，很大程度上把一个重要的讯息淡化甚至消解了。

"天朝"以外，原敕谕的一个中心思想是英国非常诚恳地恭顺来朝，里面出现的"倾心向化""叩祝万寿""赍到表贡"，表文"词意肫恳""恭顺之诚""仰慕天朝""永矢恭顺"等字句，还有"天朝抚有四海""天朝所管地方至为广远""普沾恩惠"，都是英国臣伏的表述。但马戛尔尼的译文中并没有传达这样的讯息，甚至有所扭曲。最明显的例子是敕谕开首有关英国为什么派遣使团过来的说法。原敕谕是这样写的：

> 咨尔国王，远在重洋，倾心向化，特遣使恭赍表章，航海来庭，叩祝万寿。

但马戛尔尼的英译本却是这样的：

> Notwithstanding you reside, O King, beyond many Tracts of Seas, prompted by the urbanity of your Disposition, you have vouchsafed to send me an Ambassador, to congratulate me upon my Birthday.

在译本里，派遣使团是出于英国国王的个性温文优雅，没

---

[1] Parker, "From the Emperor of China," p.46, n. 3.

有半点归顺服从的含意。而更有趣的是对于派遣使者的动作的描述，译文用了"vouchsafed"，这是在高位者向下赐予的意思。但问题是，这句子的主语是"you"，是英国国王，这就变成英国国王在上位，向乾隆纡尊降贵，派遣一名使者过来。对照其他译本，尽管程度上有异，但全都是说英国人出于对中国文化的仰慕而派遣使团——庄延龄和克莱默－宾的译法很接近，分别译为"inclined thine heart towards civilization"和"inclining your heart towards civilization"（你的心倾向于文化），就是从字面上直译"倾心向化"；而巴恪思更走远一步，译成"impelled by your humble desire to partake of the benefits of our civilisation"（出于谦卑的请求，要从我们的文化中分享一些好处）。但这三个译法都有问题，"向化"并不应理解为向往某一个文化，而是归化、顺服 [1]，也就是敕谕里出现过两次的"恭顺"的意思。换言之，在"倾心向化"的翻译上，即使后来出现的三个译本，也不能准确地把敕谕原来那种朝贡国要归顺天朝的意思翻译出来。

可以说，"恭顺"是这道敕谕的关键词，是对两国最明确的定位，也最清晰地体现了清廷的天朝思想。那么，"恭顺"又是怎样翻译的？可以预期，马戛尔尼的译本会做出较大的改动。在敕谕里，"恭顺"第一次出现是在开首有关英国王的："朕披阅表文，词意肫恳，具见尔国王恭顺之诚，深为嘉许。"在马戛尔尼的译本里，"恭顺之诚"被译成"your good Will and Regard for me"，这里最多只能说是表现一种友善的

---

[1]　参见罗竹风主编，汉语大词典编辑委员会、汉语大词典编纂处编纂：《汉语大词典》第3卷，上海：汉语大词典出版社，1989年，第137页。

态度、对乾隆的关心，没有半点臣服归顺的意思；而表现乾隆优越感的"深为嘉许"，更被译为"return you my thankful acknowledgements"，变成是乾隆心怀感激，表示回报。这不单是淡化的效果，更把原文的意思扭曲了。对比下来，另外三个译本更能传达原敕谕的讯息：

> We have opened and perused the address, the language of which is sufficiently honest and earnest to bear witness, O King, to the genuineness of thy respectful submission, and is hereby right well commended and approved.（庄延龄）
>
> I have perused your memorial：the earnest terms in which it is couched reveal a respectful humility on your part, which is highly praiseworthy.（巴恪思）
>
> We have perused the text of your state message and the wording expresses your earnestness. From it your sincere humility and obedience can clearly be seen. It is admirable and we fully approve.（克莱默－宾）

在这三个译本里，"respectful""submission""humility""obedience"等词，还有"approve（d）"，都表现两国的不同位置：清廷在上位，英国是卑下的、顺从的；其中庄延龄所用"submission"更是归顺、臣服的意思。

同样的情况也见于敕谕结尾处，乾隆向英国国王做出"指示"：

尔国王惟当善体朕意，益励款诚，永矢恭顺，以保乂尔有邦，共享太平之福。

这里颇有点好自为之的味道：要永远臣服，才可能享有太平。马戛尔尼英译本不可能传达这样的讯息，"当善体朕意"变成"I now intreat you, O King, to make your Intentions correspond with mine"，当中"intreat"是恳求、请求的意思，整句变成乾隆恳求英国国王采取一种与他自己一致的态度；"恭顺"完全消失了，用的是"以慎重和温和的方式行事"（act with all Prudence and Benignity）。而更严重的是，在紧接于恳求英国国王与他自己态度一致后出现了"Adher[e] to Truth and equity"，这就是要向英国人传递一个讯息：乾隆会以真诚和公平的原则来处事。这当然会在英国受到欢迎，但这就真正违背了天朝思想的核心概念。巴恪思的译本就很不同：

It behoves you, O King, to respect my sentiments and to display even greater devotion and loyalty in future, so that, by perpetual submission to our Throne, you may secure peace and prosperity for your country hereafter.

"devotion""loyalty""submission"等都充分确立英国人臣服的位置，而且这臣服是永久（perpetual）的。另外，"so that"的出现，更说明因果关系：英国人想得到和平，就必须永远地恭顺。这自然是大英帝国的读者所难以接受的，难怪巴恪思的译本在20世纪初引起这么大的反应。

除给人一种两国地位平等，乾隆以公平态度处事的感觉外，马戛尔尼所提交的敕谕译本还刻意营造一种两国关系十分和谐友好的气氛。在译文中，"friendly"出现了两次，用来表示乾隆对待使团的态度；但其实所翻译的都是"恩"（"恩惠""恩视"），是乾隆向英国人施恩，英国人得到中国的恩惠，这显然跟友好、友善是很不相同的讯息。此外，译文中还另有一处用上"friendliness"，那是指英国国书所呈现的英国政府的态度，原文是"词意肫恳"，就是行文表现得很诚恳，接近谦卑的态度，但没有"friendliness"的意思。一个性质很接近的翻译是"affection"和"affectionate"，在译文中共出现三次，其中两次跟使团带来礼品相关，且译法十分接近："as a token of your Sincere Affection""as Tokens of your affectionate Regard for me"都是说使团所带来的礼品代表英国对中国的友好态度。不过，原敕谕中这两处地方所强调的是英国人在呈送礼品时表现出很大的诚意："备进方物，用将忱悃""赍进各物，念其诚心远献"，与强调友好、爱慕的"affection"不完全相同。倒是第三次出现的"affection"颇能准确表达原来的意思，那是出现在敕谕最后的部分，乾隆向英国国王及使团赠送礼品，敕谕说他们应该受到皇帝的"眷怀"，这就的确有眷顾、关怀的意思，与"affection"相差不远。不过，跟前面两个"affection"连在一起，还有三个"friendly"的出现，译文整体所营造的就是一种非常和谐、友好的效果，这是原敕谕所没有的。

乾隆给英国国王的敕谕中还有一个很值得注意的词——"叩祝"。这应该怎样翻译？"叩"是否就是叩头？可以肯定，马戛尔尼所提供的英译本中不会有"kowtow"的出现，当中

"叩祝"简单译成"to congratulate me upon my Birthday"，但克莱默－宾则用"to kowtow and to present congratulations"来翻译，并刻意加上脚注解释，强调"叩"和"祝"应该分开来理解，就是叩头和礼贺的意思，因此单单译成"congratulations"是不够的。[1] 佩雷菲特更因为这一句再走远一步，译成"九叩"（les neuf prosternements du kotow），还说乾隆以此来确定英国人的确叩了头：

> 因此，在以书写文件为依据的历史里，英国人是叩了头的，因为皇帝就是这样写的。[2]

但问题是：皇帝真的写下英国人叩了头吗？马戛尔尼的译本不用"kowtow"，是否为使团淡化甚至审改原文的另一个表现？其实，无论是从汉语习惯用法还是敕谕行文来说，这里的"叩祝"都不应被分拆理解为叩头和祝贺。更合理的理解是作为一种形象化的描述，表示非常尊敬的态度。在汉语中，除了"叩首"和"叩头"外，大部分与"叩"字相关的词都不是指向身体上的叩首动作，如"叩问""叩安""叩击""叩诊""叩关""叩门""叩请"等；另外一些成语，如"叩心沥血""叩源推委""号天叩头""呼天叩地""叩阍无路"等，也与叩头无关。此外，"叩祝"一词在当时与使团相关的文献中早已出现。例如一份由行商"潘启官"潘有度（1755—1820）代写，以东印度公司秘密及监督委员会主席波郎（Henry Browne）

---

[1] Cranmer-Byng, "Lord Macartney's Embassy to Peking in 1793", p.134 ; Cranmer-Byng, "An Edict from the Emperor Ch'ien-Lung," Appendix C, p.337.

[2] Peyrefitte, *The Collision of Two Civilizations*, p.289.

名义所发的禀文，便有"天朝大皇帝八旬大万寿，本国未有人进京叩祝，国王心中不安"的说法[1]，就是在马戛尔尼觐见乾隆之前，与他有没有向乾隆叩头扯不上关系。因此，敕谕中用上"叩祝万寿"并不是说叩着头来祝寿，更不能由此推想乾隆以这一表述来告诉英方马戛尔尼曾向他叩头。克莱默－宾和佩雷菲特的翻译是一种过度诠释，是错误的，即使庄延龄和巴恪思也没有用上"kowtow"。

从上面有关乾隆第一道敕谕的几个重要翻译问题的讨论，我们可以见到：使团自己提供的译文，虽然整体上没有什么删改，主要的内容——拒绝英国人提出在北京派驻人员的要求，大体上也传达出来了；但实际上一些重要的讯息却被扭曲了，淡化了原敕谕中清廷高高在上的天朝思想，把两国置于平等的位置。这里所反映的其实是在使团来华整个过程中不断出现的核心问题：翻译如何体现中英两国的关系。

不过，始终要强调的是：马戛尔尼呈送回东印度公司的这份敕谕译文，一直都没有引起什么注意，即使今天也未见到出现在学者的讨论里。

四

如前所述，乾隆的第二道敕谕是明确地回应马戛尔尼在离开北京前向和珅所提出的具体要求。相较于第一道敕谕，乾隆

---

[1] 《英国波朗亚里［免］质臣禀报》，《乾隆五十八年英吉利入贡始末》，中国第一历史档案馆编：《英使马戛尔尼访华档案史料汇编》，第592页。

的态度更坚决，语气更严峻，有学者形容乾隆对乔治三世的话是"充满威严的、像雷鸣一样的、严厉的、终极的"（majestic, thunderous, damning and final）[1]。显然，乾隆自己是意识到这道敕谕的对抗性力量的，对此甚至显得有点紧张，相关的对策变得十分谨慎，在发送群臣的谕旨中明确说明"不准其所请，未免心怀觖望"[2]，甚至说"外夷贪狡好利，心性无常，英吉利在西洋诸国中较为强悍，今既未遂所欲，或致稍滋事端"，因此"不可不留心筹计，豫为之防"；除要求沿海督抚在使团过境时要"铠仗鲜明，队伍整肃"，让英国人有所畏忌外，还要他们"认真巡哨，严防海口"。[3] 不过，尽管马戛尔尼在接到敕谕后的确向陪同使团南下的钦差大臣松筠提出过一些问题，但却十分平和，没有流露怨怼的情绪。第二道敕谕的拉丁文和英文译本送回英国后，也同样没有引起什么激烈的反应。

乾隆第二道敕谕的拉丁文和英文译本，也是马戛尔尼在离开北京南下途中，在杭州附近跟第一道敕谕及其他文书一起送回英国去的。[4] 不过，正如第一份敕谕一样，这些译本并没有马上公开让英国民众知悉，直至马士在他的《东印度公司对华贸易编年史》中收录了英译本，人们才能够较容易见到敕谕的

---

[1] Coates, *Macao and the British*, p.89.

[2] 《和珅字寄沿途督抚奉上谕英贡使起程回国着沿途营汛预备整肃备橄调》，中国第一历史档案馆编：《英使马戛尔尼访华档案史料汇编》，第175页。

[3] 《谕军机大臣着沿海各省督抚严查海疆防范夷船擅行贸易及汉奸勾结洋人》，同上，第63页。

[4] "Responsum Imperatore Sina ad Regem Anglia," IOR/G/12/92, pp.271—282 ; "Answer of the Emperor of China to the King of England," IOR/G/12/92, pp.283—298. 下文征引使团送回第二道敕谕英译本时，以此为据，不另作注。马戛尔尼信见：*Macartney to Dundas, Chekian [Zhejiang], near Han-chou-fu [Hangzhou fu], 9 November 1793, IOR/G/12/92*, pp.31—116。

内容，那已是1926年的事情了。[1] 不过，在马士以前，乾隆的敕谕其实曾经由庄延龄译成英文并公开发表，只是一直没有引起什么注意。庄延龄在1896年发表的《中国皇帝致乔治三世》，不单译出第一道敕谕，还接在第一道敕谕后以"另一个指令"（"A further command"）为题，译出了第二道敕谕。[2]

第二道敕谕的拉丁文本是由贺清泰和罗广祥合译的，这在贺清泰写给马戛尔尼的一封信中得到确认。[3] 二人跟使团关系一直很好。在马戛尔尼和斯当东的笔下，罗广祥是一位和蔼可亲的谦谦君子，健谈开朗且消息灵通，马戛尔尼从他那里知道了很多有关朝廷和乾隆的情况。[4] 马戛尔尼甚至说，在北京等候觐见皇帝期间，由于不能到外面活动，好像坐牢一样，但罗广祥来访的几天是很愉快的。[5] 在翻译出这道敕谕后，贺清泰特意写信给马戛尔尼，解释翻译的问题。这就让我们知道翻译敕谕的整个过程，且更明白其中的症结所在。

根据贺清泰所说，当天他们在北京城里吃晚饭的时候，临时被征召，赶回住所。一名官员手上拿着一份敕谕的草稿，写得很潦草，只有他才能读懂。他一句一句读出来，罗广祥和贺清泰一句一句地翻译。在翻译过程中，发现一个他们认为颇严重的问题（这点下文马上深入讨论），提出了异议。但那名官

---

[1] Morse, *The Chronicles of the East India Company*, vol. 2, pp.247—252.

[2] Parker, "From the Emperor of China," pp.48—53.

[3] "Letter from Louis de Poirot to Lord Macartney, dated Pekin, September 29, 1794, together with translation," *An Important Collection*, vol. 7, doc. 308, CWCCU.

[4] Macartney, *An Embassy to China*, pp.101—103.

[5] *Macartney to Dundas, Province of Chekian [Zhejiang] in China, in the 30th degree of North Latitude near Han-chou-fu [Hangzhou fu]*, 19 November 1793, IOR/G/12/92, p.62.

员非常固执，要求他们照实翻译。贺清泰说，只好"根据惯常的做法，我们在这里、那里改动了一些表述"，但却不敢把整段删掉，因为朝廷会派遣其他传教士来核对翻译。那么，他们做了什么改动？贺清泰也说得很清楚：他们加进一些对英国国王表示尊敬的说法，因为中国人把外国的国王看作小小的头目，都是大皇帝的奴隶。[1]

不过，仔细对比原敕谕与译本后，我们见到最后的英文本并没有怎样加入很多对英国国王表示尊敬的话语，更准确的说法是：一些英国人可能觉得冒犯性的话被大大地淡化或更改了。例如："朕鉴尔国王恭顺之诚"被译成"convinced of the rectitude of your intentions"，"今尔国使臣于定例之外，多有陈乞，大乖仰体天朝加惠远人，抚育四夷之道，且天朝统驭万国，一视同仁"则变成"this new Methods would be very inconsistent with the good will which we profess for all foreign Nations. It being our constant Maxim to treat them all equally well, without any Partiality"等。当然，删去这些所谓冒犯性的语句，就会在很大程度上改变敕谕的精神，淡化了原敕谕的天朝思想。就跟第一道敕谕的情况一样，对于英国读者来说，应该是更容易接受的。事实上，这篇敕谕译文最后就是一篇十分平实直接的回应，这大概就是马戛尔尼原来的意思，因为译文的标题就是直截了当的"中国皇帝给英国国王的回答"，把它视作对使团提出要求的正常回应，不是什么礼节性的敕谕。

---

[1] *Macartney to Dundas, Province of Chekian [Zhejiang] in China, in the 30th degree of North Latitude near Han-chou-fu [Hangzhou fu]*, 19 November 1793, IOR/G/12/92, p.62.

但其实，第二道敕谕的英译本除删除一些英国人认为有问题的表述外，还有一些别的改动。诚然，部分的修正纯粹是技术性的，例如把乾隆的逐条回应加上"第一""第二"等，在内容上没有任何改动，让人更觉清晰。但也有些是值得特别注意的。

首先，原敕谕每次提及给英国人在华贸易和居住的地点，绝大部分情况是用"澳门"的，包括在敕谕开首的地方说到"向来西洋各国及尔国夷商，赴天朝贸易，悉于澳门互市"，跟着在后面又有"加恩体恤，在澳门开设洋行""向来西洋各国，前赴天朝地方贸易，俱在澳门设有洋行""尔国向在澳门交易""即与尔国在澳门交易相似""向来西洋各国夷商，居住澳门贸易，画定住址地界""已非西洋夷商历来在澳门定例""理自应仍照定例，在澳门居住，方为妥善""嗣后尔国夷商贩货赴澳门，仍当随时照料"。相比之下，只有两处用"广东"："在广东贸易者，亦不仅尔英吉利一国""西洋各国，在广东贸易多年"。[1] 但另一方面，译文却做了改动，把原来的"澳门"全改译为"Canton"：

> Your merchants, and those of all the European Kingdoms who trade to China, have been used for a Time immemorial, to repair for that Purpose to Canton.
>
> I have directed that public Warehouses of these divers Commodities, should be opened at Canton.

---

[1]《大清皇帝为开口贸易事给国王的敕谕》，中国第一历史档案馆编：《英使马戛尔尼访华档案史料汇编》，第172—175页。

The English are not the only People who trade at Canton.

Now it has been the Rule from remote Periods, that all the Merchants of the European Kingdoms, with exception, should carry on their Business at Canton.

Continue therefore, it you chuse it, to trade, as heretofore, at Canton.

Your Merchants have transacted their Business at Canton.

The Transaction took Place many years ago, and the Russians have ever since traded at Keach-tou, as your People do now at Canton.

As to those Merchants who repair to Canton for the Purpose of Trading the Place of their Habitation is fixed, and confined to certain Boundaries, beyond which they must not go.

Moreover, the Merchants from all Parts of Europe have been used for many years to carry on their Trade at Canton, to their very Advantage.

The Rate is already settled for the Right of Anchorage at Canton.

You must therefore conform to the Regulations made at Canton relating to this Right of Anchorage.

相对于"澳门"在原敕谕中出现了14次,"Macao"在译文里只出现了4次,都的确是不能改为"Canton"的,因为其中3次是澳门和广州（广东）一起出现（"to have a small place near Canton, or Macao" "navigating the River from and to Macao and Canton" "when they come to Macao or Canton"），而另一次就是说西方人一直住在澳门（all European Merchants should reside at Macao）。应该指出的是：在现在所见到的拉丁文译本中，澳门同样改为了"Canton"。这样看来，英译本的改动很可能只是源自拉丁文本，也就是贺清泰和罗广祥所做的。但为什么他们要这样做呢？贺清泰和罗广祥肯定很熟悉澳门，不可能不知道澳门跟"Canton"不一样。此外，这样的改动对他们来说没有任何好处，根本没有必要，更不属于所谓涉及英国国王尊严的说法。但另一方面，如果这改动是来自英国人的，那就很可以理解：从清廷的角度，以澳门作为英国人生活、贸易和活动的主要基地，那是最合适的，因此他们在敕谕里不用"广东""广州"，可以说是不肯认同英国人在广州有任何活动权利可能的表态；但英国人要争取的并不是澳门的活动空间。一向以来，西方人在澳门的生活没有什么大问题，马戛尔尼这次所争取的活动地点是广州，不是澳门。在这情形下，他们很有理由把敕谕中的"澳门"改为"广州"，甚至可以视为中英双方在中英贸易的一个重要问题上已做了一场交锋。如果真的是这样，现在见到的东印度公司档案中的拉丁文译本虽然也把澳门改为"Canton"，但那很可能是使团自己去改动的，毕竟我们今天所见到的只是一份抄写本，开首还有一段英文介绍，这段介绍肯定是英国人加上去的。

不过，虽然我们无法确定把"澳门"改为"广州"是否出自英国人之手，但另一个改动却是肯定的：在英文译本中，一个非常显眼的情况是译文把敕谕分成四部分，分别注明是"写给英国国王"（To the King）和"写给大使"（To the Ambassador）的，各占两部分。这在原来的敕谕里是没有的，就连拉丁文译本也不是这样，所以这改动肯定来自使团自己。严格来说，这改动是错误的，因为敕谕是直接写给英国国王的。事实上，现在所见到的标明"写给大使"的只是两小段，对应原教谕只是这两句：

> 尔国王远慕声教，向化维殷，遣使恭赍表贡，航海祝厘。
> 念尔国僻居荒远，间隔重瀛，于天朝体制，原未谙悉。[1]

无论从什么角度看，也没法看出特别把这两段文字标为"写给大使"的理由在哪里，也就是说，英文译文的改动不知要传达什么样的效果。但无论如何，这改动确是来自英国人的。

五

在第二道敕谕的翻译上，有一个很重要的问题值得深入处理。

上文指出过，乾隆第二道敕谕是回答马戛尔尼的具体要求

---

[1] 《大清皇帝为开口贸易事给国王的敕谕》，中国第一历史档案馆编：《英使马戛尔尼访华档案史料汇编》，第172—173页。

的，这些要求是他在和珅同意的情况下于10月3日给和珅写信，以书面形式提出的。[1]

马戛尔尼这封信的中文文本不见于现存清宫档案。根据藏于东印度公司的档案中马戛尔尼写给和珅的原信[2]，以及马戛尔尼的日志，他当天向朝廷提出了六项要求，包括：一、准许英国商人在舟山、宁波和天津进行贸易；二、容许他们在北京设置一座商馆，出售货物；三、在舟山邻近地区给予他们一个小岛居住及存放货物；四、在广州给予他们一些特权；五、取消澳门和广州之间的转运关税，或至少回到1782年的水平；六、禁止额外征收朝廷规定以外的税项。[3] 显然，这些要求都是跟英国人来华贸易有关的，没有别的要求。我们不在这里分析这些商业操作上的要求内容或意义，只讨论一个与翻译——或者更具体地说，是与译员有关的问题。

乾隆在收到马戛尔尼的要求后，迅速做出反应。第二道敕谕中逐一驳斥英国人的要求，但其中一项却与商业贸易无关，而是关于宗教方面的。敕谕说：

> 至于尔国所奉之天主教，原系西洋各国向奉之教。天朝自开辟以来，圣帝明王，垂教创法，四方亿兆，率由有素，不敢惑于异说。即在京当差之西洋人等，居住在堂，亦不准与中国人民交结，妄行传教。华夷之辨甚严。今尔国使臣之意，欲任听夷人传教，尤属

---

[1] Macartney, *An Embassy to China*, pp.149—150.

[2] "Note for Cho-Chan-Tong, First Minister, from the British Embassador, delivered at Yuen-min Yuen, 3 October 1793," IOR/G/12/92, pp.259—262.

[3] Ibid. ; Macartney, *An Embassy to China*, p.150.

不可。[1]

不过，马戛尔尼在知悉这份敕谕的内容后，马上向陪同
使团离京南下的阁老松筠呼冤，表示自己从没有提出过传教的
要求。[2] 为什么会这样？究竟使团有没有向乾隆提出要在中国
自由传教？这是一个过去没有能够找到确切答案的问题[3]，直

[1] 《大清帝国为开口贸易事给英国王的敕谕》，中国第一历史档案馆编：《英使马戛
尔尼访华档案史料汇编》，第174页。

[2] Macartney, *An Embassy to China*, pp.166—167。除日志外，马戛尔尼在1793年
11月19日写给东印度公司监督委员会主席邓达斯的报告中也提到这事（*Macartney
to Dundas, Chekian [Zhejiang], near Han-chou-fu [Hangzhou fu]*, 19 November 1793,
IOR/G/12/92, pp.102—103）。

[3] 黄兴涛的《马戛尔尼使华与传教及传教问题》是现在所能见到的最直接及深入
尝试解答该问题的文章。该文辨析了乾隆驳回使团并未提出的传教要求的三种可能
性：一是"乾隆帝从以往的经验出发，做此种臆测，提出驳回以防患于未然"；二是
使团曾带两名澳门传教士随行北上，推荐他们入京当差，且在北京经常与当地的各国
传教士见面，以致引起乾隆对传教问题的联想；三是马戛尔尼自己提出的解释，即
在京葡萄牙传教士从中挑拨，在皇帝面前说英国人要到来传教，以致乾隆在敕谕里加
以驳斥。三者，黄兴涛认为是前两种因素共同导致英使没有提出传教要求，乾隆却
在敕谕中驳回的矛盾现象。不过，在分析过这三种可能性后，黄兴涛说："也许还有
其他的可能。这需要进一步发掘材料。"（黄兴涛：《马戛尔尼使华与传教及传教问题》，
张芝联主编：《中英通使二百周年学术讨论会论文集》，第358—375页）。另外，袁墨
香的硕士论文《马戛尔尼使华与天主教传教士》中也简略讨论过这一问题，她的说法
是："这是乾隆对英使来华目的的一个猜测，未雨绸缪。"不过，这纯然是一种猜想，
没有资料上的佐证（袁墨香：《马戛尔尼使华与天主教传教士》，山东大学硕士学位论
文，2005年，第33页）。英语世界方面，直接讨论该问题的文章有：Piero Corradini,
"Concerning the Ban on Preaching Christianity Contained in Ch'ien-lung's Reply to
the Requests Advanced by the British Ambassador, Lord Macartney," *East and West*
15, no. 3/4, September-December 1965, pp.89—91。不过，这篇文章有很严重的问题：
作者错误征引普利乍得的文章，以为马戛尔尼提出要求的信件是由罗广祥所翻译，
然后就提出结论说传教要求是由罗广祥自己加入的（同上，第91页）。从文章看来，
Piero Corradini 当时对马戛尔尼使团的研究很不深入，一些比较为人熟知的问题都弄
错了。例如他说使团的两位译员中，其中一位提早离开，是在1793年6月23日使团
离开舟山时离开的（同上，第90页）。

到1996年才由意大利那不勒斯东方大学的樊米凯来回答。在一篇题为《那不勒斯中华书院学生、出使乾隆皇帝之马戛尔尼使团以及中国天主教徒自由崇拜的要求》（"Gli Alunni Del Collegium Sinicum di Napoli, La Missione Macartney Presso L'Imperatore Qianlong e La Richiesta di Liberta di Culto per I Cristiani Cinesi [1792—1793]"）的文章里，樊米凯通过利用一些一直藏于意大利的原始数据，证明使团的正式译员李自标（1760—1828）在北京时的确曾向朝廷提出过与天主教在华情况相关的要求。[1]这肯定是一篇非常重要的文章，值得重视。不过，由于该文并没有使用一些关键性的中文及英文原始资料[2]，有关阐述还有可以补充的地方。

首先可以确定：马戛尔尼自己的确从来没有向清廷提出准许在中国传教的要求。马戛尔尼在访华期间曾向中方递交过几份文书，当中最为人熟知的是1793年8月2日（乾隆五十八年六月二十六日）在天津交与负责接待使团的乔人杰和王文雄

---

[1]　Michele Fatica, "Gli Alunni Del Collegium Sinicum di Napoli, La Missione Macartney Presso L'Imperatore Qianlong e La Richiesta di Liberta di Culto per I Cristiani Cinesi [1792—1793]," *Studi in Onore di Lionello Lanciotti*, vol. 2, Napoli：C.I.S.C.S.F., 1996, pp.525—565。另外，沈艾娣也提出相同的说法，只是有关使团与传教的讨论十分简略（Henrietta Harrison, "A Faithful Interpreter？ Li Zibiao and the 1793 Macartney Embassy to China," *The International History Review* 41, issue 5, 2019, p.1087）。

[2]　例如该文并没有能够直接引用敕谕的中文本，也没有征引由北京天主教士所翻译的敕谕拉丁文本，在讨论敕谕文本时，只是引录一篇转译自巴恪思及濮兰德英译敕谕的法文本（Fatica, "Gli Alunni Del Collegium Sinicum di Napoli," p.562）；巴恪思及濮兰德的译文见 E. Backhouse and J. O. P.Bland, *Annals and Memoirs of the Court of Peking from the 19th to the 20th Century*, London：Heinemann, 1914, pp.325—331。另外，樊米凯整篇文章基本没有直接引用东印度公司的档案资料。

的礼品清单[1]，以及 1793 年 9 月 14 日（乾隆五十八年八月十日）由马戛尔尼亲手呈递乾隆英王乔治三世的国书。可以肯定的是：这两份文书的确没有只字提及要在中国传教。除此之外，他在 1793 年 8 月 28 日刚到北京后不久送呈的一封，主要讨论觐见乾隆的仪式问题，提出要求清廷派遣一名职位相若的大臣以相同的仪式向英王画像行礼，他才可以向乾隆行叩头大礼。[2]但负责接收的征瑞和长麟并没有把书函转呈和珅，只是在 9 月 8 日使团到达承德时交还给马戛尔尼。[3]接着，待到 9 月 18 日，马戛尔尼在热河两次见过乾隆后，向和珅写了一封信，提出要求准许陪同马戛尔尼到天津的"印度斯坦号"船长马庚多斯先回舟山，照顾先前留在外海的船员，并准许他们在舟山、宁波等地购买茶叶，另外又传达了两名天主教士安纳和拉弥额特愿意到京服务的消息，请准从舟山去北京。[4]马戛尔尼这封信函获送到军机处，但除购买茶叶一项外，其余所有请求全被驳回。[5]在接到征瑞转达的消息后，马戛尔尼又在 10 月 1 日向和珅写了另一封信，一方面感谢朝廷准许使团成员在浙江购买茶叶，另一方面仍然提出要求批准马庚多斯马上出发往舟山，又

[1] 《英贡使为奉差遣进贡请赏宽大房屋安装贡品并赏居住房屋的禀文译稿》，中国第一历史档案馆编：《英使马戛尔尼访华档案史料汇编》，第 121 页；《英国王谨进天朝大皇帝贡件清单译稿》，同上，第 121—124 页。

[2] "Note for Cho-Chan-Tong, First Minister. Pekin, 28 August 1793 : with Latin and French translations," IOR/G/12/92, pp.209—216.

[3] Macartney, *An Embassy to China*, p.117.

[4] "Note for Cho-Chan-Tong, First Minister. Gehol, 18 September 1793 : with Latin translation," IOR/G/12/92, pp.217—224.

[5] 《军机大臣为贡使请令马庚多斯回珠山管船及求买茶给征瑞的堂谕》，中国第一历史档案馆编：《英使马戛尔尼访华档案史料汇编》，第 152—153 页；《奏为英贡使复求请准为马庚多斯回船拟先行回京再驳议》，同上，第 153—154 页。

请求准许代转信函。[1]

可以说，这三封信函都是实务性的，马戛尔尼提出的只是关于处理使团当时一些具体事务的安排，跟出使的整个任务或要求没有关系。真正就英国派遣使团来华目的而提出要求的，是马戛尔尼1793年10月3日在圆明园写给和珅的信。这时候，马戛尔尼已听到朝廷希望使团尽早离开的消息。而在早一天，和珅也向马戛尔尼表达了朝廷的意思，但马戛尔尼在那次谈话里完全没法传达使团的要求[2]，因此在10月3日的信函中提出六项要求。对于这六项要求，马戛尔尼希望得到书面的答复。[3]不过，在送出这封信的第二天，马戛尔尼又再写信给和珅，提出在得到朝廷书面回复他前一天的要求后，便会启程回国。这是马戛尔尼离开北京前写给和珅最后的一封信。[4]

可以看到，马戛尔尼唯一一次向清廷提出英国政府的要求就是在1793年10月3日的那封信里。不过，无论是马戛尔尼写给和珅的原信所见，还是马戛尔尼的日志所说，在马戛尔尼所提的要求中，的确没有任何有关在中国传教的问题。那么，为什么乾隆第二道敕谕会忽然说到"今尔国使臣之意，欲任听夷人传教"？有学者认为乾隆对传教问题很敏感，因而做出一

---

[1] "Note for Cho-Chan-Tong, First Minister, from the British Ambassador, delivered at Yuen-min Yuen, 1 October 1793, with Latin translation," IOR/G/12/92, pp.225—232 ; Macartney, *An Embassy to China*, p.146.

[2] Macartney, *An Embassy to China*, pp.146—147.

[3] "Note for Cho-Chan-Tong, First Minister, from the British Ambassador, delivered at Yuen-min Yuen, 3 October 1793," IOR/G/12/92, pp.259—262 ; Macartney, *An Embassy to China*, p.150.

[4] "Note for Cho-Chan-Tong, First Minister, from the British Ambassador, delivered at Yuen-min Yuen, 4 October 1793," IOR/G/12/92, pp.263—266 ; Macartney, *An Embassy to China*, p.154.

种"臆测",猜想英国使团有争取传教的意图,要抢先驳回。[1]综观乾隆处理使团的冷静态度,这不太合理。其实,问题的症结是:乾隆到底接收到了什么样的讯息?

一直以来,我们都是通过马戛尔尼的日志以及东印度公司所藏他写给和珅的信的抄本,得以知悉他向和珅提出了什么要求。但清廷方面呢?显然,和珅和乾隆所读到的马戛尔尼1793年10月3日提出的英国政府的要求,不可能是来自英文原信,而只能是中译本。那么,问题是否可能出现在翻译上?由于《英使马戛尔尼访华档案史料汇编》并没有收录马戛尔尼这封信的中文本,我们没法从译文入手,确定乾隆、和珅读到的是什么文本,里面有没有提出传教的要求。但译者呢?

马戛尔尼在10月21日的日志里,记录了他在知悉乾隆第二道敕谕禁止传教的内容后对松筠的申辩。其中一点很有意思,就是马戛尔尼为了说明他们没有任何传教的意图,刻意强调英国跟其他天主教国家不一样,他们十分尊重不同的宗教,但不会积极传教,就算是在广州的英国商人也没有自己的牧师。至于这次使团,"我带来的整个队伍里都没有牧师之类的人"[2],这看来是很有力的反驳。不过,这说法是不准确的,他忘记了一个人——使团的译员李自标,一位早已获得罗马教廷正式颁授圣职的天主教神父。

我们不在这里详细交代李自标的背景以及在使团的角色。[3]简略言之,李自标来自甘肃,1773年(乾隆三十八年)

[1] 黄兴涛:《马戛尔尼使华与传教及传教问题》,张芝联主编:《中英通使二百周年学术讨论会论文集》,第359—360页。

[2] Macartney, *An Embassy to China*, p.167.

[3] 有关李自标的情况,可参:Harrison, "A Faithful Interpreter?" pp.1076—1091;

离开中国，10月18日到达那不勒斯，从11月14日开始在中华书院（Collegio dei Cinesi）学道 [1]；1784年11月14日获授圣职 [2]，1791年1月9日在罗马通过结业考试，准备回国 [3]；然后在1792年3月19日，与另外一名传教士柯宗孝（1758—1825）跟随马戛尔尼使团副使斯当东离开那不勒斯，先到伦敦，9月26日随团出发回国。尽管柯宗孝在返抵澳门后便离团，但李自标则一直跟随使团到北京，担任使团的译员，直至使团在1794年3月17日从澳门离开，启程回国。

长久以来，人们都相信马戛尔尼和斯当东的说法，以为柯

王宏志：《马戛尔尼使团的译员》，王宏志主编：《翻译史研究（2018）》，上海：复旦大学出版社，2020年，第36—120页。

[1] 在绝大部分的中文论著里，那不勒斯中华书院都被写成"中国学院"。例如：万明：《意大利传教士马国贤传略》，《传统文化与现代化》1999年第2期，第83—95页；夏泉、冯翠：《传教士本土化的尝试：试论意大利传教士马国贤与清中叶中国学院的创办》，《世界宗教研究》2010年第3期，第77—85页。不过，这所正式名字叫 "Collegio dei Cinesi" 的修道院，今天所用的官方中文名称是"中华书院"。参见：*Sedi e Palazzi dell'Università degli Studi di Napoli "L'Orientale"*（《那不勒斯东方大学校址及教学楼》），Napoli：Università degli Studi di Napoli "L'Orientale"，2008；Michele Fatica, *Matteo Ripa e il Collegio dei Cinesi de Napoli (1682–1869)*，Napoli：Università degli Studi di Napoli "L'Orientale"，2006。中华书院是意大利传教士马国贤（Matteo Ripa, 1682—1746）在1732年在那不勒斯创立。关于马国贤和中华书院创立的情况，可参：Matteo Ripa, *Memoirs of Father Ripa, During Thirteen Years' Residence of the Court of Peking in the Service of the Emperor of China：With an Account of the Foundation of the College for the Education of Young Chinese at Naples*，London：J. Murray, 1844（中译本见马国贤著、李天纲译：《清廷十三年：马国贤在华回忆录》，上海：上海古籍出版社，2004年）；John Emanuel, "Matteo Ripa and the Founding of the Chinese College at Naples," *Neue Zeilschrift für Missionswissenchaft* 37, 1981, pp.131—140；Francesco D'Arelli, "The Chinese College in Eighteenth-Century Naples," *East and West* 58：1, December 2008, pp.283—312.

[2] Cf., Michele Fatica, *Archivio Storico del Collegio dei cinesi*（*Sezioni di Napoli, Roma E Venezia*），Naples, 2004, p.4.

[3] *Leonardo Antonelli to Francesco Massei*, Rome, 28 December 1790, ibid.

宗孝和李自标早在那不勒斯时就答应全程出任使团译员，只是柯宗孝在回到澳门后突然害怕起来，中途离团。[1] 不过，今天我们根据那不勒斯中华书院以及罗马梵蒂冈传信部的档案，可以确定在原定的计划里，二人是不会跟随使团去北京的。1792年3月17日，也就是柯宗孝和李自标还没有离开那不勒斯的时候，中华书院主管弗兰柯斯克·马赛（Francesco Massei）写了一封信给罗马教廷枢机主教安东内里（Leonardo Antonelli, 1730—1811），报告斯当东到来寻找使团译员的事情。马赛说：

> 马戛尔尼爵士由英格兰国王委派为出使中国的使者。他特别希望能与我们其中两名中国学生同行，直至他到达澳门，以便学习一些有关中国的习俗和语言。

> Essendo stato il Barone Macartney di Lissanoure destinato dal Re d'Inghilterra per Ambasciatore all'Imperatore della Cina, ha particolar desiderio di avere in sua compagnia sino a Macao due de nostri Alunni Cinesi, a fine d'istruirsi ne Costumi e nella Lingua Cinese.

> [The Baron Macartney of Lissanoure was appointed by the King of England as an Ambassador to the Emperor of China. He has particular desire to travel with two of our Chinese students until he reaches Macao, in order to learn something about Chinese

---

[1] Macartney, *Embassy to China*, p.64；Staunton, *An Authentic Account of an Embassy*, vol. 1, p.192.

costumes and Chinese language.][1]

　　此外，1794年3月2日，在使团已经离开中国后，澳门教区总务长基安巴提斯塔·马尔克尼（Giambattista Marchini）写信给传信部，报告使团的情况。他说："根据书院主管的命令，他［李自标］必须在澳门离船。但因为一些情况，他要跟随大使往北京。"[2] 这里值得注意的是，马尔克尼在信中多次谈到李自标参加使团的目的，其中在开首已经非常明确地说："他踏上前往北京的旅途，只有宗教上的原因"（"Egli ha intrapreso il viaggio di Pekino per solo motivo di Religione" [He had embarked on the trip to Beijing only for religious reasons]）[3]。不过，他没有明确指出具体是什么宗教原因。梵蒂冈传信部档案藏有好几份重要文书，透露了事件的真相。

　　首先是一份梵蒂冈传信部在1795年2月16日召开的一次枢机特别会议后的记录[4]，以意大利文写成，记录所署日期是1795年2月26日，开始即说："根据东印度地区送来的信件，这一年最值得报告的第一件事就是英国派去谒见中国皇帝的使团。"可见这次会议其中一个重点是要报告使团的情况。值得注意的是记录最后附有一段说明，注明这份报告是李自标撰写

---

[1] *Francesco Massei to Leonardo Antonelli*, Naples, 17 March 1792, SC College Vari, vol. 12, f. 131.

[2] Giambattista Marchini, Macao, 3 November 1793, Archivio storico della Sacra Congregazione de Propaganda Fide, Scritture originali riferite nei confressi particolari di India e Cina, hereinafter abbreviated as APF SOCP, b. 68, f. 486v.

[3] Giambattista Marchini, Macao, 2 March 1794, APF SOCP, b. 68, f. 635.

[4] "Congregatio Particularis de Popaganda Fide super rebus Indiarum Orientalium habitu die 16 februarii 1795," ACTA CP, vol. 17, ff. 375—380.

的，这应该理解为是以李自标书信为底本而写成的记录。此外，会议记录在最后又加插了一段文字，注明由斯当东所写。我们不能确定为什么斯当东的这段文字会出现在这次会议记录里，但由于参加会议的包括安东内里枢机，斯当东曾在罗马跟他见过面，很可能这段文字来自他写给安东内里的信。斯当东的这段文字提到一个很重要的信息，那就是为什么李自标愿意跟随使团到北京去。斯当东这样说：

> 李［自标］先生是一位品德高尚、对宗教非常虔诚的人。他被说服跟随使团到北京，条件是我们运用一切能力去改善受迫害的天主教徒的命运。对此，我们毫无疑问是愿意去做的。[1]

这段话除了进一步确认李自标愿意跟随使团到北京是因为斯当东的积极游说外，也说出一个较为具体的"宗教原因"，就是英国人答应尽力争取改善天主教徒的命运。可是，究竟英国人有没有向李自标承诺具体做些什么去改善天主教徒的命运？这会是指马戛尔尼会以特使身份向朝廷提出什么要求吗？樊米凯指出，教宗曾向英王提出要求，请他协助保护在中国的天主教徒。他的论据来自梵蒂冈安东内里枢机写给中华书院长老弗兰柯斯克·马赛的一封信里的一句话："per parte di Sua Santità si è validamente pregato il Re d'Inghilterra di prendere sotto la sua protezione tutti i nostri Missionari della Cina."（"以教皇的名义，请求英国国王保护我们所有在中

---

[1] ACTA CP, vol. 17, f. 380.

国的传教士。")[1] 樊米凯认为这要求是以口头形式提出的，因为教宗不可能以书面正式向另一个国家的领袖提出这样的要求——尤其这国家（英国）奉行另一宗教，且在当时对天主教施加压迫。[2] 应该同意，这样的推想是合理的，虽然他没有提出其他佐证，只有上引安东内里信中的一句话。不过，要强调的是：从这句话看来，教宗请求英国国王帮助的，是保护他们天主教在中国的传教士，而不是在中国的天主教徒，也不是要在中国推动传教。在下文里，我们会比较一下这要求和实际向乾隆提出的有没有不同。

显然，如果英国国王要提出保护在华的传教士，实际只能通过使团来进行，其中的关键人物理所当然是马戛尔尼和斯当东。应该同意，斯当东本人对于天主教不一定十分抗拒，因为他母亲就是天主教徒。[3] 另外，他也答应过澳门的法国教区主管，会尽力协助在北京的法国教士。[4] 但马戛尔尼呢？李自标的观察是，马戛尔尼对任何宗教都不感兴趣，更不要说天主教了。[5] 事实上，我们已看到使团在北京期间始终没有提出过任何与天主教有关的要求，这显然是让李自标感到失望的。不过，上引梵蒂冈传信部在1795年2月16日所召开的枢机特别会议记录，交代使团在北京正式提出要求后，有这样一段文字：

> 这些是书面要求，当时还加上了一个口头的要

---

[1] *Antonelli to Massei*, Rome, 3 April 1792, SC Lettere, vol. 262, f. 181r.

[2] Fatica, "Gli Alunni Del Collegium Sinicum di Napoli," p.533.

[3] *Giacomo Ly（Jacobus Ly）to Francesco Massei*, Bruxelles, 14 May 1792.

[4] Giambattista Marchini, Macao, 3 November 1793, APF SOCP, b. 68, f. 485v.

[5] Jacobus Ly, Macao, 20 February 1793, APF SOCP, b. 68, f. 614v.

求：应该容许中国各地的天主教徒在和平状态下生活，信奉自己的宗教，不会受到无理的迫害。[1]

我们刚指出过，这段会议记录是以李自标的报告为基础写成的，但他在这里只是说使团向清廷提出了善待中国天主教徒的要求，但这口头所做的要求是谁提出的？记录没有明确说。然而，传信部档案内另外藏有两封由李自标署名的信，让我们知道提出这要求的就是李自标。

李自标的这两封信以拉丁文写成，都是写于使团离开北京以后：第一封写于广州，日期是1793年12月25日，马戛尔尼等还没有离开中国；而第二封则写于1794年2月20日，使团已启程回国，李自标当时身在澳门。在第一封篇幅较短的信里，李自标主要谈到使团到达北京后以及在热河的情况。但在信末的部分，李自标说了这样的话：

当我们在北京的时候，使团看来没有什么希望，我就向皇帝提出请求，恳请他准许中国的天主教徒能够在安全的环境下信奉自己的宗教，不会遭受不公平的迫害。[2]

1794年2月20日的第二封信里，李自标提供了多一点细节：

[1] ACTA CP, vol. 17, f. 378.

[2] Jacobus Ly, Guangzhou, 25 December 1793, APF SOCP, b. 68, f. 611.

以书面做出这些要求［马戛尔尼提出使团的六项
要求］外，又以口头方式加上这要求：天主教的规条
不会损害或违反中国的政治法律，更不用说信奉天主
教的人会变得更好，更听政府的话。因此，现谨向天
朝皇帝请求：容许住在中国各地的天主教徒安全地过
生活，信奉他们的宗教，不会受到迫害。[1]

李自标这几段文字很重要，尤其 1793 年 12 月 25 日那一封
信，明确地说是他自己以口头方式向朝廷提出有关中国天主教
徒的问题，时间就在马戛尔尼提出英国政府六点要求的同时。
由于这三项记述都是出自李自标之手，所以说法较为一致，都
是请求清廷善待在华天主教徒，免受迫害。相比于上面所征引
安东内里枢机信中所说，请求英国国王帮助保护他们天主教在
中国的传教士，二者又大不相同：因为李自标所考虑的是中
国的天主教徒，绝大部分是中国人；而安东内里则只针对他
们在中国的天主教传教士，大都是欧洲人，数量也少得多。怎
样理解二者的差异？其实，这当中并不一定存在谁对谁错的问
题，只是因为安东内里跟李自标所处的位置和关注不同，他们
所提出的要求也不相同。前者作为代表教廷的枢机，向英国国
王提出要求，以西方传教士为保护对象是很合理的；但自身
是中国人，正要回国传道的李自标，更关心中国信众的状况，
看来也是理所当然。此外还有一个时间性的问题：安东内里
是在斯当东还在罗马的时候提出要求的，李自标作为刚毕业要
回国传道的神父，不可能参与枢机跟斯当东有关教宗和英国国

---

[1] Jacobus Ly, Macao, 20 February 1793, APF SOCP, b. 68, f. 614v.

王的讨论；而且，这时候李自标和柯宗孝以为会在澳门离团，更不会想到自己要向清廷提出什么请求。另一方面，李自标是在离开意大利后，在返回中国途中被斯当东说服，愿意跟随使团到北京去。必须强调的是：李自标跟上引罗马枢机会议记录中所记斯当东在这问题上的说法是一致的，都指向中国的天主教徒，希望他们得到公平的对待，免受无理的迫害。[1] 由此可见，这的确是李自标跟代表使团的斯当东所达成的协议。诚然，究竟英国使团应该怎样做才能改善中国天主教徒的境况，又或是怎样才能满足李自标的要求，暂时没有更多的资料做进一步说明。但上引李自标信中所说，他是"在北京的时候，使团看来没有什么希望"后提出要求的，看来他认为使团来华期间应该是有所作为的，最起码能向清廷提出一些要求，可是一直待到使团快要离开，还不见到他们有什么行动或计划，所以才自己提出要求。

毫无疑问，马戛尔尼是知悉使团对李自标的承诺的，因为李自标说过马戛尔尼在途中曾积极地游说他，甚至是做出过承诺的。[2] 但看来马戛尔尼没有怎样履行他的承诺。我们知道，李自标在他的信件中对马戛尔尼后期的表现作了不少的批评[3]，当中虽然没有正面触及宗教方面（其实，马戛尔尼对什么宗教都不热衷，在李自标的描述中也算是批评）。无论如

---

[1] ACTA CP, vol. 17, f. 380.

[2] ACGOFM, M, 53, pp.151—153；quoted from Factica, "Gli Alunni Del Collegium Sinicum di Napoli," p.548.

[3] Jacobus Ly, Canton, 25 December 1793, APF SOCP, b. 68, f. 610v；Jacobus Ly, Macao, 20 February 1794, ibid., ff. 611r—620r。相关的讨论，可参王宏志：《马戛尔尼使团的译员》，王宏志主编：《翻译史研究（2018）》，第111—112页。

何，即使马戛尔尼曾对李自标做出过一些承诺，但对于李自标竟然自己向朝廷提出不要迫害天主教徒的要求，他应该是不知情的，否则他也不会在接到乾隆第二道敕谕后出现这么惊讶的反应。

但另一方面，让人很感奇怪的是：斯当东的回忆录里，对这事件几乎可说是只字不提。在回忆录中，斯当东并没有怎样交代使团对朝廷提出的要求，但其实他是全部知悉且参与其中的。根据马戛尔尼的日志，马戛尔尼在10月3日曾把口头与和珅讨论使团要求的任务交予斯当东，只是和珅说可以用书面形式提出，马戛尔尼赶紧在当天下午给和珅写信。这样一来，斯当东并没有跟和珅开展口头讨论 [1]，但由此可以见斯当东一直知情，甚至是积极参与的。不过，斯当东回忆录对此事的报道却十分简略，当中就只有一句"因此大使便赶紧送上一份开列我们的要求的陈述"，甚至连各项要求也没有清晰记录下来。[2] 这很费解，因为即使是马戛尔尼的日志也把六项要求一一开列出来了。[3]

斯当东在回忆录中提到，松筠在前往杭州的途中谈到乾隆对于拒绝使团要求的解说。斯当东说，松筠经常转述皇帝的体贴问候，甚至送来一些干果蜜饯之类的礼物。不过，回忆录中没有正面谈到乾隆颁送第二道敕谕给英国国王，却说在乾隆与松筠的往来信件（"letters"）中，乾隆说尽管使团的要求全被拒绝，并不意味这些要求本身有什么不妥当的地方，那只是因

---

[1] Macartney, *An Embassy to China*, pp.149—150.

[2] Staunton, *An Authentic Account of an Embassy*, vol. 2, p.126.

[3] Macartney, *An Embassy to China*, p.150.

为自己年事已高，不适宜在这个时候引入任何崭新的转变。[1]
值得注意的是，虽然斯当东在回忆录中用上复数来描述使团的
要求，让人知道使团提出了好几个要求，但接下来所说的只限
于广州的商务活动，完全没有触及传教的问题。这是很不合理
的。因为马戛尔尼对于乾隆第二道敕谕指斥英国人提出准许传
教的要求有这么强烈的反应，除多番跟松筠解释外，还在日志
以及向伦敦的报告中详细记录下来；斯当东一直跟随在马戛
尔尼身边，不可能不知道他的反应以及他跟松筠的谈话，更不
要说他撰写回忆录时参考了马戛尔尼的日志及其他报告。那为
什么他会选择只字不提？必须强调，整体而言，斯当东回忆录
的内容比马戛尔尼的日志详尽得多，回忆录对一些无关宏旨的
事物，诸如天气、景色、风俗，甚至普通人等，都做出非常详
细的描写；唯独对于使团提出要求这样重要的事件，却轻描
淡写地简略带过，而特别是有关传教的问题更在回忆录中完全
消失，这根本是极不合理的。除了斯当东在故意回避外，实在
找不出别的理由。

　　其实，综合现在所能见到的所有材料，李自标跟斯当东的
关系自始至终都非常良好，二人相互信任和尊重。斯当东十分
满意李自标的表现，甚至写信给梵蒂冈传信部枢机主教做高度
赞扬[2]；而在天主教的问题上，李自标又多番感谢斯当东的支
持。这样一来，一个合理的推想是——李自标曾经把整件事
告诉了斯当东，斯当东的确知道李自标自己向清廷提出善待中
国天主教徒的要求，但为了保护使团以及李自标的利益，他在

---

[1] Staunton, *An Authentic Account of an Embassy*, vol. 2, p.166.

[2] ACTA CP, vol. 17, f. 380.

回忆录中便不能稍作披露，所以才有上面所描述的回避。尤其他在马戛尔尼向松筠提出疑问，甚至使团回到英国后仍然一直没有告诉马戛尔尼，那就更不适宜在回忆录中记下来。

不过，话说回来，在李自标向和珅提出保护中国天主教徒的要求时，斯当东应该是不知情的，理由在于：李自标是以口头形式向和珅提出的，这很可能是在使团把书面要求交与和珅时提出的。虽然没有明确的资料记录这次交付书面陈述的任务是由李自标负责的，也不能确定交付的过程，但此前其他相类的工作都是由李自标负责的，包括跟和珅商议觐见乾隆应用的仪式那一次——马戛尔尼当时还明确说到没有其他人可以帮忙，因而特别感激李自标自告奋勇，并令人满意地完成任务。[1] 因此，很可能这次送呈使团要求书函的任务也是交与李自标的。这样，李自标就有机会单独向和珅以口头形式提出善待中国天主教徒的要求。正如樊米凯所指出的，李自标跟和珅及一些中国官员十分熟稔，足以让他以口头形式向他们提出要求。[2] 这点是重要的，因为一直鲜为人知的事实是：李自标从抵达天津开始跟接待官员接触后，便与他们建立了良好的关系；而根据李自标自己的说法，就是和珅对他也非常友善，还送过礼物给他。[3] 因此，李自标很可能可以直接以口头形式向和珅提出要求。最后，一方面马戛尔尼等不知道李自标提出

---

[1]　Macartney, *An Embassy to China*, p.141；Staunton, *An Authentic Account of an Embassy*, vol. 2, pp.87—88.

[2]　Fatica, "Gli Alunni Del Collegium Sinicum di Napoli," p.558.

[3]　Jacobus Ly, Canton, 25 December 1793, APF SOCP, b. 68, ff. 610v—610r. 相关的讨论，可参王宏志：《马戛尔尼使团的译员》，王宏志主编：《翻译史研究（2018）》，第112—113页。

了要求，另一方面和珅和乾隆就会以为这是使团提出的要求，因而有贬斥英国人"欲任听夷人传教"的第二道敕谕。

在第二道敕谕里，乾隆所指斥和拒绝的，跟李自标甚至枢机安东内里的要求不同，那是"今尔国使臣之意，欲任听夷人传教"，这远远超过了李自标所说的希望中国天主教徒不受迫害，甚至也超过安东内里所说的要保护欧洲天主教传教士，因为二者都是很被动性的要求，不涉及主动传教的问题。为什么会这样？我们没有足够的资料提供确实的答案，估计有两个可能：一是出于沟通上的误会，因为李自标只是以口头方式提出，经由和珅转述，在转述的过程中很可能会造成误解，变成向朝廷提出公开传教的要求；二是乾隆对宗教问题很敏感，出于防患未然的动机，把李自标的要求提升到传教的层面，要全面禁止。

无论如何，乾隆这一道敕谕就让马戛尔尼很感疑惑。这不单指上文已讨论过的他不明白为什么朝廷会说使团提出传教的要求外，还有另一个问题，那就是：马戛尔尼在回应乾隆的敕谕时说到，他对于乾隆说他要传播"英国的宗教"（the English religion）很感意外。[1]这里所说的"英国的宗教"指的自然是基督新教。但乾隆真的是这个意思吗？乾隆的敕谕有没有提到英国的宗教或基督新教？为什么马戛尔尼会有这样的想法？

先看乾隆敕谕的说法。敕谕有关宗教问题的整段文字是这样写的：

---

[1] Macartney, *An Embassy to China*, p.166.

至于尔国所奉之天主教，原系西洋各国向奉之教。天朝自开辟以来，圣帝明王，垂教创法，四方亿兆，率由有素，不敢惑于异说。即在京当差之人等，居住在堂，亦不准与中国人民交结，妄行传教，华夷之辨甚严。今尔国使臣之意，欲任听夷人传教，尤属不可。[1]

　　其实，在这段敕谕里，乾隆并没有说到什么基督新教；相反，他一直在说的是天主教。开首"至于尔国所奉之天主教，原系西洋各国向奉之教"一句，表明清廷并没有分辨出英国与西洋各国所奉宗教的不同，他们还以为英国人信奉的就是西洋各国信奉的天主教。此外，敕谕以在北京当差的传教士一向不得妄行传教为理由，驳斥英国人要"任听夷人传教"的要求——这里的"教"显然也是指天主教。而最关键的"尔国使臣之意欲任夷人传教"中的"夷人"，无论从文字本身还是从上下行文看，也不只局限于英国人，指的是所有外国（西方）人，因为乾隆在两道谕中都会以"尔国之人"来指称英国人。可以肯定，乾隆第二道敕谕禁止传教并不是针对英国的基督新教，而是指清廷所熟悉的西洋各国信奉的天主教。事实上，既然向清廷提出有关宗教问题的是天主教神父李自标，他怎么可能会希望朝廷容许在中国宣扬基督新教？因此，乾隆的第二道敕谕所指的确是天主教。

　　那么，为什么马戛尔尼会得到不同的信息？不懂中文的马戛尔尼不可能直接阅读乾隆的敕谕，他有关"英国的宗教"的

---

[1]《大清帝国为开口贸易事给英国王的敕谕》，中国第一历史档案馆编：《英使马戛尔尼访华档案史料汇编》，第174页。

说法，一定是来自敕谕的译文。

我们知道，乾隆第二道给英国国王的敕谕共送来三个不同语文的版本：汉文、满文和拉丁文。马戛尔尼所能读的只能是拉丁文本。上文指出过，第二道敕谕的拉丁文本是由两名在京法国传教士罗广祥和贺清泰翻译的；而事实上，这两位译者也是最早发现敕谕中有贬斥传教要求，同时还马上提出英国人没有这意图的人。

在写给马戛尔尼的信里，贺清泰谈到改变宗教的问题，所指的是英国放弃天主教、改奉基督新教为国教的事。他还说，改教在中国也早为人知，已超过一个世纪。这是因为英国商人时常把一些钟表带到广州，上面往往有一些猥亵粗鄙的微型人像，惹来很多天主教徒的不满，认为这是英国人放弃了古老宗教的结果。[1] 为什么贺清泰会在这里忽然说到英国改教的问题？樊米凯说，那是因为他们把敕谕中的天主教改译为英国国教，所以要做解释。这好像是说，他们明知敕谕的原意，却故意改动。尤其他说，这两位天主教士大概以为英国人要像从前一些天主教国家那样，宗教与商业活动相互配合推动，因而猜想英国人要提出的是基督教传教要求，所以在翻译时做改动。[2] 但这是有问题的，因为贺清泰刚说过他们知道英国人没有宗教方面的要求，他们所争取的是商贸上的利益。

我们并不否定英国改教的消息有可能在广州为人所知悉，毕竟英国人在广州外贸中非常活跃，与中国人接触得很多。但在上面有关敕谕的分析已指出过，朝廷方面对天主教和基督教

---

[1] "Letter from Louis de Poirot to Lord Macartney, dated Pekin, September 29, 1794, together with translation," *An Important Collection*, vol.7, doc. 308, CWCCU.

[2] Fatica, "Gli Alunni Del Collegium Sinicum di Napoli," p.561.

没有做什么区分。事实上，敕谕根本没有提及基督新教。因此，一个对于敕谕的准确翻译是不会出现英国新教的。那么，敕谕的拉丁文译本又怎样？严格来说，罗广祥和贺清泰并没有直接把敕谕中的天主教改译为英国国教，因为他们并没有把敕谕唯一出现在第一句"至于尔国所奉之天主教，原系西洋各国向奉之教"中的"天主教"翻译出来，而是译成"真正的宗教"（verae relidionis）。很明显，在天主教士罗广祥和贺清泰心目中，"真正的宗教"就是天主教。另一方面，敕谕最后部分的"任听夷人传教"，罗广祥等把它翻译成"现在贵使臣希望传播英国的宗教"（Nunc vestri legati intentio esset propagare Anglicanam Vestram Religionem）：所有的"夷人"不见了，而所传的"教"具体地变成英国的宗教。结果，译文与原来的敕谕刚好相反：原来敕谕说到天主教，但没有提及基督教；译文却看不见天主教的踪影，反出现了英国人的基督新教。这显然是不准确的翻译，就客观效果来说，是把原来敕谕所说的宗教由天主教改为基督新教。

但关键的问题是：究竟贺清泰、罗广祥是明知乾隆的意思，却擅自把天主教改为基督教，还是他们真的认为乾隆不准英国人来宣扬基督教？从他们自己所说的不敢做太大的删改，害怕朝廷会另外找人核对来看，贺清泰等大概不会故意或随意地更改这样重要的信息，理由在于：可能被派来核实翻译的也只能是天主教传教士，在宗教问题上他们一定会额外谨慎，不会容许这样的改动。况且，贺清泰等也实在没有刻意去做这样的改动的必要或动机，因为他们也说过非常清楚知道英国人没有来华传教的意图。

在这种情形下，更可能的情况是：贺清泰他们做了一种过度的诠释。作为天主教传教士，他们对英国改变国教的做法十分敏感，因而先入为主地把乾隆敕谕所说的"夷人传教"理解为英国人传播基督新教。因此，当他们见到敕谕中的"至于尔国所奉之天主教，原系西洋各国向奉之教"时，便误以为朝廷说的是"本来你们信奉的是欧洲国家所信奉的天主教"，因而把"今尔国使臣之意欲任听夷人传教"理解为：改变国教后的英国现在要求在中国传播自己的宗教。但显然这不是敕谕的意思，敕谕所说的意思是"你们一向所信奉的本来是欧洲各国所信奉的天主教"，也就是说他们现在仍信奉天主教；而后面的说法也不是对比古代，而是说这次使团提出任由"夷人传教"。由此可见，贺清泰真的是误会了敕谕的原意，而不是在翻译过程中故意去做改动。不是说敕谕拉丁文译本没有刻意改动的地方，正好相反，贺清泰对此是毫不隐瞒的；但所指的改动并不是宗教的部分，而是"在敕谕中加入对英国国王尊重的说法"[1]。这是因为他们相信那些检核译文的天主教士不一定会反对他们在外交礼仪的写法上做出调整，以符合西方惯常的做法。

但无论如何，马戛尔尼在读到贺清泰的敕谕译文后感到很意外。他的日志记录了他找到机会跟陪同使团南下的松筠解释，但这里还有另一个细节值得关注，那就是松筠向朝廷所汇报的内容。松筠在与马戛尔尼讨论过敕谕中有关传教的内容后三天，在乾隆五十八年九月二十日（1793年10月24日）上奏，报告英使对敕谕的反应。他这样转述马戛尔尼的说法：

---

[1] "Letter from Louis de Poirot to Lord Macartney, dated Pekin, September 29, 1794, together with translation," *An Important Collection*, vol. 7, doc. 308, CWCCU.

> 惟敕书内指驳行教一条，我等尚不甚明白。从前
> 我等所请系为西洋人在中国居住的，求大皇帝恩待，
> 仍准他们行教，并不敢说要英吉利国的人在京行教。[1]

在这里，松筠说马戛尔尼承认曾提出过有关宗教方面的要求，就是请求朝廷恩准一向在中国居住的外国人继续"行教"。这当然不可能是真实——上文已指出过，马戛尔尼的日志和报告中都没有这样的说法，甚至对于被指提出有关传教的要求也很感意外。除此之外，松筠奏折中还有另一个说法，那就是说马戛尔尼自言不是要传播英国本身的宗教。这更不合理，不要说马戛尔尼没有提出过宗教方面的要求，就算他真的这样做，那就应该跟"英吉利的教"有关，怎么反过来为其他西洋人争取奉行天主教的权利？

那么，为什么松筠会有这样的说法？首先，我们可以相信松筠在这里并没有刻意作假的地方，因为他实在没有必要或理由在这问题上撒谎。[2]换言之，松筠的确曾经接收到这样的信息，以为马戛尔尼承认提出过容许在华西洋人行教，但没有要求传播英国基督教，因而据此向乾隆呈报。但另一方面，马戛尔尼也的确没有说过这样的话。那么，为什么松筠会收到这样的信息？其实，所有的问题都出自负责二人沟通的译者李

---

[1] 《钦差松筠奏报行至武城贡使至舟中面谢并禀述各情形及当面开导情形折》，中国第一历史档案馆编：《英使马戛尔尼访华档案史料汇编》，第438页。

[2] 有学者指出，松筠在处理使团的关系时十分灵活圆滑，甚至施展了两面手法：一方面赢得马戛尔尼等的信心，让他们很感满意，对他充满好感和谢意；另一方面在向朝廷汇报时又表现得很成功，完全能够把使团操控在手里（Peyrefitte, *The Collision of Two Civilizations*, p.311）。不过，在这第二道敕谕的问题上，他实在没有必要弄什么两面手法。

自标。[1] 因此，最大的可能是李自标自行向松筠杜撰了马戛尔尼承认提出过容许在华西洋人行教的说法。以李自标当时的处境，这几乎是唯一的办法，原因在于：他在北京的时候曾经以使团的名义，以口头方式提出过有关在华天主教徒待遇的要求，换来乾隆第二道敕谕，也引起马戛尔尼的疑惑，向松筠查询。当他要向松筠翻译马戛尔尼的辩解和提问时，他不可能推翻或否认使团曾向朝廷提出宗教问题。为了不让松筠怀疑，李自标只能编造故事，说成马戛尔尼承认自己提出过容许在华西洋人行教。这是李自标自保的手法，同时也是他作为天主教传教士关心天主教在中国命运的表现。至于基督新教能否在北京推行，根本不会在他考虑的范围以内，所以才会向松筠说马戛尔尼没有要让英吉利人在北京行教的说法。

诚然，李自标原来提出的要求与松筠的说法也不尽相同，因为他最初是希望朝廷准许各地的中国天主教徒继续行教，而不是单指在华的西方人。但关键是这时候乾隆第二道敕谕已经下来，明确不准传教。李自标很明白不可能再为中国天主教徒争取什么了，那最安全的做法是把问题转移到在华西洋人方面去，毕竟北京早就住有一批长期为朝廷服务的西方天主教士，他们一直可以"行教"，也就是继续信奉自己的宗教，只是不可以传教。因此，李自标借马戛尔尼之口，改称"所请系为西洋人在中国居住的，求大皇帝恩待，仍准他们行教"，便轻易地把问题化解了；况且敕谕中的确有提及"在京当差""居住在堂"的传教士。另一方面，由于贺清泰所翻译的敕谕中出现

---

[1] 沈艾娣也认为李自标很可能利用马戛尔尼与松筠言语不通，在翻译他们的讨论时自做修改，达到自己的目的（Harrison, "A Faithful Interpreter？" p.12）。

朝廷不许英国人宣扬英国的教，那么李自标在翻译马戛尔尼的提问时，便可以顺理成章地说马戛尔尼自辩不是要宣扬英国国教，这不能说是完全作假；但更真实的情况是，马戛尔尼根本没有提出传播任何宗教。松筠奏折内所汇报自己怎样向马戛尔尼做解说便充分证明了这一点：

> 若是尔等说要在中国传英吉利的教，这便是尔等大不是，恐大皇帝尚要加罪，岂肯如此优待尔等。今尔等辨得甚是，如今说明亦不必心里害怕。至西洋人居住堂内者，向不与民人交结，实在畏法安静，大皇帝俱加恩待，从无歧视，又何必尔等代为恳求。[1]

但无论如何，尽管李自标的确向朝廷提出了要求，但它的命运就跟马戛尔尼自己提出的六项要求一样，遭到乾隆拒绝；而李自标私底下提出宗教上的要求，本来不为使团所知，但没有料到的是乾隆在敕谕里做出回应，这就让这问题暴露了出来。

六

人们谈论与马戛尔尼相关的敕谕，几乎全无例外地只触及乾隆在使团离开北京前发出的两道，却极少提及与使团相关的

---

[1] 《钦差松筠奏报行至武城贡使至舟中面谢并禀述各情形及当面开导情形折》，中国第一历史档案馆编：《英使马戛尔尼访华档案史料汇编》，第438页。

敕谕原来还有第三道：那是在使团离开中国后整整两年，乾隆即将让位与嘉庆的乾隆六十年十二月二十五日（1796年2月3日）发出的。

乾隆六十年十二月二日（1796年1月11日），广东巡抚兼署理两广总督朱珪及粤海关监督舒玺呈奏，报告收到行商蔡世文（1734—1796）等传来东印度公司大班波郎的讯息：由于两年前英国国王派遣"贡使"过来，得到厚待和赐赏礼品，于是"备具表文土物呈准""以表悃忱"[1]。

英国政府这次送信和礼品到中国，毫无疑问是马戛尔尼使团访华的后续。他们在1795年6月就把信件和礼物准备好，这距离1794年9月6日马戛尔尼等回到英国才9个月左右。[2]根据东印度公司档案资料，1795年12月28日公司船只"赛伦塞斯特号"（Cirencester）把一个箱子带到广州，里面有五只小盒，分别装有五封信：英国国王致中国皇帝、邓达斯致总督、马戛尔尼致总督、斯当东致总督，以及公司主席致粤海关监督。[3]今天，这几封信函的英文版及其中两封的拉丁文译本都是可以见到的[4]；而朱珪在奏折中说有"夷字正副表二件，伊

---

[1] 《兵部当书兼署两广总督朱珪等奏为英国呈进表贡请旨折》，中国第一历史档案馆编：《英使马戛尔尼访华档案史料汇编》，第493页。

[2] Staunton, *An Authentic Account of an Embassy*, vol. 2, p.267.

[3] Consultation, 28 December 1795, IOR/G/12/110, pp.101—102.

[4] "English Copy of His Majesty's Letter to the Emperor of China dated 20th June 1795," IOR/G/12/93, vol. 2, pp.327—330 ; "Latin Copy of Ditto," ibid., pp.337—341 ; "English Copy of Mr. Dundas's Letter to the Viceroy of Canton, dated June 1795," ibid., pp.345—348 ; "Latin Copy of Ditto," ibid., pp.49—352 ; "English Copy of Lord Macartney's Letter to the Viceroy of Canton dated June 1795," ibid., pp.353—355 ; "Latin Translation of Ditto," ibid., pp.357—359 ; "Copy of A Letter from the Chairman to the Viceroy of Canton dated 30th June 1795," ibid., pp.369—372 ; "Copy

国自书汉字副表一件"[1]，其实都只是第一封英国国王致中国皇帝信件的原文和译文，没有提及其余的四封信。

在这几封信中，最重要的当然是英国国王给乾隆的一封，因为它可以被视为收到乾隆两道致英国国王的敕谕后，来自英国的官方回应。我们在上文曾分析过乾隆的敕谕充满天朝话语，尤其是第二道拒绝使团所有要求的一道，更是言词严厉，态度坚决。不过，这些很可能有损英国人自尊的话语全被英译本消解了，马戛尔尼送回去重写过的版本缔造了两国友好平等的国际关系。乔治三世1795年6月20日的信，就是延续这种由马戛尔尼使团建立的"友谊"而写成的。信件的第二句便直接谈到乾隆的敕谕，指出敕谕表现出对我们的关怀，让我们很感满意；又强调，很高兴知道作为友谊的象征而派遣的使团和准备的礼物得到乾隆的认可。比较有趣的地方是：乾隆回赠使团的礼品，乔治三世说这代表中国的美意，英国人欣然接受，就像使团的礼品得到接受一样；但马上笔锋一转，说尽管我们两个帝国（"two respective empires"）都能为自己提供大部分有用和必须的物品。这显然有针锋相对的味道，回应乾隆第一道敕谕中天朝"种种贵重之物，梯航毕集，无所不有"，"从不贵奇巧，并无更需尔国制办物件"[2]，以及第二道敕谕"天朝物产丰盈，无所不有，原不借外夷货物，以通有无"的说

of A Letter from the Chairman to the Hoppo of Canton dated 30th June 1795," ibid., pp.373—374.

[1] 《兵部当书兼署两广总督朱珪等奏为英国呈进表贡请旨折》，中国第一历史档案馆编：《英使马戛尔尼访华档案史料汇编》，第493页。

[2] 《大清皇帝给英吉利国王敕谕》，同上，第165页。

法 [1]。整体而言，乔治三世1795年的这封信更强烈地展现出一种对等交往的关系，更是刻意打破任何天朝高高在上的思想。最为明显的是这样的一句：

> 最可贵的是，现在我们友好的感情已为双方知悉，这正好确认：不管相隔多么遥远的国家君主，如要让国民享受和平幸福的生活，便应该在友谊和相互便利下团结起来。[2]

在收到这些信件后，东印度公司特选委员会主席波郎马上通过行商蔡世文及潘有度（致祥，1755—1820），安排与广州官员见面。但最初的阶段并不顺利，一方面是英国政府送来的部分礼品没有找到，耽误了一些时间。朱珪等官员明言，要集齐所有礼品才可以向北京报告，甚至要知道礼品都安然无恙才肯与波郎见面，接收书信。幸好在1月8日他们终于把所有礼品都找到了 [3]，波郎才可以正式递送信件和礼品。另一方面，朱珪等要求必须知道英国国王来函的内容，才肯接收信件和转呈北京。这让波郎等感到很为难，因为他们没有收到副本，也不可能自己把国王给乾隆的信件私自拆开，更不愿意把信件交与一些较低级的官员：原因是他们得到的指令是必须与总督

---

[1] 《大清皇帝为开口贸易事给英国王的敕谕》，中国第一历史档案馆编：《英使马戛尔尼访华档案史料汇编》，第172页。

[2] "English Copy of His Majesty's Letter to the Emperor of China dated 20th June 1795," IOR/G/12/93, vol. 2, p.328.

[3] Consultation, 8 January 1796, IOR/G/12/110, p.125.

见面，把信件直接交到他手上。[1] 双方僵持不下，直至波郎很明确地告诉中方，他们并没有这封信的副本，也没有译文，不过他肯定这封信主要表示感谢和恭维（complimentary），不会引起什么麻烦。对于这样的回答，中方基本上是满意的，但又提出另一个问题：尽管信件是向大皇帝表达谢意，但担心在表述上不符合中国的模式，惹他生气。[2] 可以看到，中国官员在处理这些问题时步步为营。当我们在前面见过乾隆在礼品清单中读到"钦差"时的反应，便会明白表述方式——甚至在一个单词的层面，也是关键所在。不过，他们的争执也不能再拖延下去，因为乾隆早已宣布会让位与嘉庆，英国人送来的信函和礼品必须赶在他让位前奏呈。结果，波郎和特选委员会成员皮奇（Samuel Peach）在1796年1月8日（乾隆六十年十一月二十九日）下午4时赶到广州城内朱珪的官邸，呈交了信函，到晚上7时才回到商馆。[3]

对于朱珪在1月8日的接见，波郎是很感满意的，"那种盛大的场面远超过他们所能想象的"。他们进场时还鸣炮三响，以示欢迎。波郎拿着英国国王的信，而其他的信件则由皮奇带过来。根据东印度公司当天的日志，波郎拿出英国国王的信后，朱珪马上取出译文，以颇为粗率的方式撕开封印，读完后才拿出英文原信，要求波郎把它打开。波郎不同意，朱珪指示潘有度拆信，但由于没有通事在场，他们只能把英文原信放在桌上，没有人做解说。这时候，波郎表示还有其他信件，三封是写给

---

[1] Consultation, 6 January 1796, IOR/G/12/110, p.114.

[2] Ibid., p.113.

[3] Consultation, 8 January 1796, IOR/G/12/110, p.126.

总督的，一封写给粤海关监督。但朱珪不肯接受，原因是信件
是写给原来的总督长麟的，同时粤海关监督也换了人，他们不
能代为接收。最后，波郎只好取回那四封信。就是为了这个缘
故，朱珪等所呈奏的便只有以英国国王名义送来的一封，送给
总督的礼物也没有收下。[1] 朱珪后来在奏折中也提及这点："告
以长大人苏大人俱已调任别省，礼物难以转寄。"又说："天朝
大臣官员例不与外国夷官交际。"因此，即使长麟在广州也不
会接收礼物。[2]

不过，今天在清宫档案中可以见到两份中文的"副表"，
一篇是《英多马斯当东手书汉字副本》[3]，另一篇是《译出英吉
利国字副表》[4]。为什么会这样？朱珪在奏折中解释道：

> 臣等公同阅验其汉字副表，虽系中华字书，而文
> 理舛错，难以句读，随令通晓该国字书之通事将夷字
> 副本与汉字表核对，另行译出。[5]

对于重译英国国王信件的过程，波郎也有记录。在交出
信件后，波郎和皮奇被接待到另一个房间，稍事休息及享用点
心。十分钟左右后，这些官员向二人表示大抵满意英国国王的
信函，认为可以呈送乾隆；但译文的表述有不甚精准的地方，

---

[1] Consultation, 8 January 1796, IOR/G/12/110, pp.128—129.

[2] 《署理两广总督巡抚朱珪奏报英人送总督及监督礼物及拒收情形片》，中国第一
历史档案馆编：《英使马戛尔尼访华档案史料汇编》，第234页。

[3] 《英多马斯当东手书汉字副本》，同上，第230—232页。

[4] 《译出英吉利国字副表》，同上，第232—234页。

[5] 《兵部当书兼署两广总督朱珪等奏为英国呈进表贡请旨折》，同上，第493页。

意义有点含糊，所以他们会重新翻译英文原信，再跟送来的中译本仔细对照，如果内容重合便会尽快送到北京，但礼品会先留在广州，听候乾隆的指示；而且，假如信函与礼品一起运往北京，那就会耽误信件到达的日期，尤其害怕过了乾隆让位的日子。[1] 跟着，潘有度在第二天（1月9日）向东印度公司汇报，两广总督已找人译出英国国王来信，并对照过小斯当东（George Thomas Staunton, 1781—1859）的译本，认为尚算准确，会在1月10日把原信和译本送到北京去。[2]

关于《英多马斯当东手书汉字副本》，平心而论，朱珪说译本"虽系中华字书，而文理舛错，难以句读"，已是十分委婉的说法。严格来说，那几乎是没法读懂的。即以信件开首为例：

咙唻士哪兇唛士吗啯你吓丹爷国又嘛嗬唝噫国又
熙吧呢噫国国王恭敬

大清乾隆皇帝万岁万万岁

王亲宰相嘛咖啰喃因来了从

大皇上面前到我们京里我们受了从他

大皇上的书子及狠喜欢认得

中国万岁好心亲爱与

嘆咭唎亚国国王我们也喜欢知道所我们发的钦差

---

[1] Consultation, 8 January 1796, IOR/G/12/110, p.129.

[2] Consultation, 9 January 1796, IOR/G/12/110, p.131. 根据东印度公司的记录，朱珪在1月10日清早便把信函发出（Consultation, 10 January 1796, IOR/G/12/110, p.131）。但朱珪奏折的日期是乾隆六十年十二月二日（1796年1月11日），比东印度公司所寄晚了一天。

礼物为

　　大皇上中意这一总我们发了如我们爱心及同你们
要相连记号我们也很多谢
　　大皇帝恩典为我们钦差及随钦差的官[1]

　　此外还有"虽然你们及我们的国每一个出每一个用
的""大皇帝不能给我们更好他好心的记号比多暂定了有义及
恩典"等，可以说是几乎每一句都不能卒读。毫无疑问，这是
我们现在见到从英国送来的与使团相关的中文文本在行文上最
糟糕的一份。

　　但另一方面，由于这样别扭的行文，原来信函那种要求对
等交往的态度便不一定能展示出来。例如"我们爱心及同你们
要相连记号"，"但所更贵是所我们知道我们的相爱必定，一
总国国皇或国王所喜欢，他们国平安，该当彼此有相合相爱"。
原来要翻译的意义是两国平等、相互敬重友好的意思，但读下
来却完全没有力量，更不要说达到抗衡的效果了。因此，尽管
译本中多番出现乾隆最不喜欢的"钦差"，但后果是不严重的。

　　但为什么小斯当东这份"手写汉字副本"会是这样糟糕的
一个文本？我们知道，其他的中文文书，包括注明"系多吗嘶
当东亲手写"的[2]，都不是由小斯当东翻译的，他只负责抄写，
翻译工作由使团译员完成。可以同意，小斯当东负责抄写是胜
任的。我们从《掌故丛编》中的《英使马戛尔尼谢恩书》影印
件见过他的书法，以13岁初学中文不久的英国小孩来说，那

---

[1] 《英多马斯当东手书汉字副表》，中国第一历史档案馆编：《英使马戛尔尼访华档案史料汇编》，第230—231页。

[2] 《英使马戛尔尼谢恩书》，《掌故丛编》，第23页。

确是值得赞赏的，但显然只限于抄写，跟自己独立做翻译很不同。然而，这封从伦敦发出的英国国王的信件却的确是由小斯当东翻译，证据是他在1796年8月15日写给父亲斯当东的信：

> 我很高兴听到由我翻译成中文给中国皇帝的信是成功的。我颇为害怕中英文用法上的不同会造成一些我自己都不知道的错误。
>
> （I was very glad to hear that my Chinese translation of the letter to the Emperor of China proved successful. I was rather afraid that the difference between the English and Chinese idiom might cause many mistakes that I could not be aware of.）[1]

我们不知道斯当东是从哪里听来小斯当东译文很成功的消息。上面的讨论的确显示：因为中英文的差异，小斯当东犯上不少表述上的错误，就正如小斯当东自己所说，这是他当时的汉语水平所不能分辨的。这说明一点，尽管在出使途中不少人夸奖小斯当东学习中文进步神速，且曾经帮忙翻译（口译）和抄写文件，但其实他是没有独立用中文来做笔译的能力的。那么，一个值得探究的问题是：究竟小斯当东在伦敦翻译国王信件时，身边有没有懂中文的人可以帮忙？

我们知道，当使团离开中国返程时，斯当东曾带回22岁的广东乐昌人潘路加（1772—？）及20岁的福建漳州人严甘霖（1774—1832）同行，他们都是准备到那不勒斯中华书院

---

[1] *George Thomas Staunton to George Staunton*, Winterslow, 15 August 1796.

学习的。[1] 作为对使团译员李自标服务的回报，斯当东答应由使团支付他们从广州到伦敦的费用，但从伦敦到意大利的则须由那不勒斯中华书院负担。[2] 可以推想，在回程的旅途上，斯当东会让潘路加和严甘霖向小斯当东教授中文，虽然我们完全不知道这二人的中文水平，也没有确切的资料证明。潘路加和严甘霖在1795年7月23日抵达那不勒斯 [3]，换言之，他们最晚是在5、6月间便已离开伦敦，启程往意大利。这样，当小斯当东在1795年6月中旬翻译英国国王信件的中译本时，潘路加和严甘霖应该已经不在伦敦，不可能提供任何帮助。

另一方面，我们可以确定当时还有一些别的中国人跟随斯当东到英国去。使团总管巴罗在1810年对小斯当东在广州翻译的《大清律例》写评论时，记述了小斯当东带同"几名中国仆人"（"several Chinese attendants"）一起回国。[4] 巴罗以外，当小斯当东1859年去世后，德－格雷暨里彭伯爵（The Earl de Grey and Ripon）乔治·罗宾逊（George Frederick Samuel Robinson, 1827—1909）在伦敦皇家地理学会（the Royal Geographical Society of London）1860年的年会上宣读的讣文

---

[1]　根据那不勒斯中华书院所藏学生档案，他们都是1795年7月23日才抵达那不勒斯的，大概在十年后的1806年获授圣职。但二人留在那不勒斯的时间比较长，前者待到1817年离开，而后者更在1823年才回国。但看来潘路加在其后并没有执行神父职务，严甘霖则在山西及湖广传教（Fatica, *Archivio Storico del Collegio dei cinesi*, pp.4—5）。

[2]　Giambattista Marchini, Macao, 2 March 1794, APF SOCP, b. 68, f. 636 ; Naples, 2 February 1795, SC Collegi Vari, vol. 12, f. 154r.

[3]　Fatica, *Archivio Storico del Collegio dei cinesi*, pp.4—5.

[4]　"Ta Tsing Leu Lee ; Being the Fundamental Laws, and a Selection from the Supplementary Statues of the Penal Code of China," *The Quarterly Review* no. 3, May 1810, p.277.

中，说到在马戛尔尼使团"离开中国时，斯当东爵士雇用了一名中国仆人陪同他回伦敦，好让他儿子能够时常以中文跟他沟通，从而保持甚至提高他的汉语能力"[1]。无论是巴罗还是罗宾逊，他们所指的并不是与使团同行、要往意大利学道的潘路加和严甘霖，而是另外专门受聘去英国的中国人。这样，不管是几个还是一个，小斯当东回到英国后便可能一直有中国人教他中文。也就是说，在小斯当东翻译英王的信时，他身边可能有一个甚至几个中国人或懂中文的人。不过，尽管巴罗是使团中人，且与斯当东一家关系密切，但看起来斯当东同时带几名中国仆人回去是不太实际的，因为旅费着实不便宜，且从常理看也没有必要这样做，一个中文老师便应该足够了。

事实上，今天我们确实知道当时有一名中国仆人跟随使团到英国去。伦敦大学亚非学院藏有一幅由约翰·霍普纳（John Hoppner, 1758—1810）在1794年所绘的油画，题为《斯当东夫人与其子小斯当东及一名中国人》（Lady Staunton with her son George Thomas Staunton and a Chinese Servant），就是小斯当东回国后与母亲见面的场景，站在小斯当东背后的是一名年轻的中国人，看来不足20岁。[2] 既然这幅油画是在1794年完成的，那便是他们刚返抵伦敦的时候，这名中国仆人也就一定是跟随使团回来的；而且，他还一直留在斯当东家里，直到小斯当东受聘为东印度公司书记，在1799年6月启程去广

---

[1] "Address to the Royal Geographical Society of London；Delivered at the Anniversary Meeting on 28th may 1860, by the Earl de Grey and Ripon, President；Obituary," in Norton Shaw（ed.）, *Proceedings of the Royal Geographical Society of London*, 4：no. 4, 1860, p.141.

[2] "Lady Staunton with her son George Thomas Staunton and a Chinese Servant," https：//digital.soas.ac.uk/LOAA005707/00001, 访问于2020年4月3日。

州，他才一起同船回国。

关于小斯当东这名中国仆人的资料很少[1]，只有在现存小斯当东的一些信件中见到非常简单的描述。这名中国仆人的名字叫"Ahiue"[2]，据笔者所见，这名字第一次出现是在1796年10月17日的信里，距离使团返抵英国大约一年。这年夏天，小斯当东去了威尔特郡（Wiltshire）的温特斯洛（Winterslow），住在姨丈彼得·布罗迪（Peter Brodie）家里。[3]彼得·布罗迪是温特斯洛的牧师，夫人莎拉·柯林斯（Sarah Collins）与斯当东夫人是姐妹、索尔兹伯里（Salisbury）银行家本杰明·柯林斯（Benjamin Collins）的女儿。在小住的几个月期间，小斯当东写信给伦敦的父母，谈到Ahiue做了一只很大的风筝，送给小斯当东的表兄威廉·布罗迪（William Brodie, 1780—1863），而且飞得很高，逗得他们很开心。[4]Ahiue再出现的时候，已是1799年小斯当东从英国去广州的航程途中写给父母的信里。由此可见，Ahiue一直住在

---

[1] 由于这缘故，学术界的关注更少，即使是专门讨论17—18世纪到过英国的华人的一篇文章里，表面看来有一节讨论这名中国仆人和容三德，但实际上几乎全部篇幅都只写容三德，有关中国仆人的只有一段，而且只分析了油画《斯当东夫人与其子小斯当东及一名中国人》（Kitson, "'The Kindness of my Friends in England'," p.64）；另外，高马可（John Mark Carroll）的新作《广州岁月》也有一句提及他（John M. Carroll, *Canton Days：British Life and Death in China*, Lanham：Rowman & Littlefield, 2020, p.66）。

[2] 现在见到的一些研究里，小斯当东这名中国仆人的名字都被写成"Ahui"（Kitson, "'The Kindness of my Friends in England'," p.64；Carroll, *Canton Days*, p.66）。不过，从小斯当东几封信的手稿看到，他的名字其实是写成"Ahiue"的。

[3] George T. Staunton, *Memoirs of the Chief Incidents of the Public Life of Sir George Thomas Staunton, Bart*, London：L. Booth, 1856, p.18.

[4] *George Thomas Staunton to George Staunton*, Winterslow, 17 October 1796. 威廉·布罗迪是彼得·布罗迪的第二个儿子，比小斯当东年长不足一岁。

英国，直至1799年才跟随小斯当东一起离开。这样，我们可以确定：在小斯当东翻译英国国王给乾隆的信件时，身边至少有这名叫 Ahiue 的中国人。

从小斯当东1799年6月21日在海上发出第一封信，到1800年1月12日到达澳门登岸前的最后一封信，Ahiue 的名字共在3封信里出现4次，其中3次都只是说 Ahiue 在船上的表现很好：

> 1799年6月21日："一直以来，Ahiue 表现得很好，虽然我自己能轻易处理的，便没有要他做什么。"[1]
>
> 1799年7月28日："我忘了说 Ahiue。自从登船后，他整体表现得很好，他实际上没有什么要为我做的。但由于没有其他工作，他很乐意去完成所有要他做的事。"[2]
>
> 1799年11月1日："我也说几句关于 Ahiue。虽然不可能教导他像一些英国仆人一样的关心和周到，但整体来说，他的表现还是很好的，对我也很有帮助。至于像剪发及其他的小服务，我就请米列特船长（Captain Millett）的仆人做了。"[3]

---

[1] "Ahiue has behaved very well hitherto though I have left little for him to do that I could conveniently manage myself." *George Thomas Staunton to George Staunton*, At sea, 21 June 1799.

[2] "I have forgot to speak of Ahiue. He has behaved in general very well since he came on board. He has not indeed much to do for me but having no other employment he is very willing and does completely what is required of him." *George Thomas Staunton to George Staunton*, At sea, 28 July 1799.

[3] "I will just add with respect to Ahiue that though it is impossible to inspire him

不过，让人感到疑惑的是，尽管小斯当东几乎在每一封写给父母的信中都说到自己要加紧提升中文能力，以便能在东印度公司发挥所长，但上面三处谈到 Ahiue 的地方都没有联系到他学习中文方面去：Ahiue 所帮忙的只是一些琐碎杂事，是名副其实的仆人的工作。尤其是小斯当东还把他跟一般的英国仆人比较，又说那些他做不来的事情就请船长的仆人帮忙，完全没有提及他能怎样帮忙小斯当东学习中文。对比小斯当东在跟随使团来华航程中的日记，经常记下跟柯宗孝和李自标上课的情况，这次明显地很不一样。那么，在学习中文的问题上，是否 Ahiue 不能帮忙？

其实，Ahiue 大概只能帮忙小斯当东学习汉语口语，而且，即使在口语方面，小斯当东对 Ahiue 也不存有很大的期望。他在1799年7月28日的一封信里这样说：

> 我每天听到的都让我深信，认真地去学习中文是正确和重要的。我已决定每天把主要的时间放在阅读、书写和翻译这种语文上。我很相信这样可以让我的汉语水平在这次旅途中有相当的进步，尽管仍然会是很不完美的。我只会跟 Ahiue 说汉语，也只准他用汉语来跟我说话。不过，我相信用这方法也不可能让我的汉语有很大的进步。事实上，即使我掌握他全部的汉语能力，也不怎么能够让我与中国官员准确地谈话和

---

with the care and attention of some English servants yet he has behaved very well upon the whole and been of considerable use to me. As to cutting hair and other little services of that sort, I have received them from Captain Millett's servants." *George Thomas Staunton to George Staunton*, Prince of Wales's Island, 1 November 1799.

翻译。[1]

　　我们不知道为什么小斯当东觉得即使一直以汉语跟 Ahiue 交谈，对自己的汉语能力也没有很大的帮助。这样，假如斯当东从广州把 Ahiue 带回英国的目的是要找人教导中文，那就是错误的选择。而更严重的是：当小斯当东1795年翻译英国国王的书函时，Ahiue 也在他身边，但却完全不能帮忙。上面提到过小斯当东对自己的翻译没有信心，害怕出错，假如 Ahiue 有能力的话，没有理由不找他帮忙。即使他当时刚到英国不久，不能够翻译英文，但在中文书面上修饰文字也是可能的。由此看来，Ahiue 的中文水平也很有问题，甚至可能是没有读写能力的文盲，根本没法提供帮助。结果，由小斯当东独立翻译的文本变得佶屈聱牙、晦涩难懂，出现诸多的严重问题。

　　但无论如何，小斯当东这份译文在乾隆六十年十二月二十四日（1796年2月2日）送到乾隆手上。很难想象乾隆是怎样读懂这篇出自他曾经交谈和赞赏过的外国小孩的译文，大概得要借助朱珪所呈、在广州另找通事翻译出来的译本吧。这篇经由中国通事改写的译文，毫无疑问就是一道恭顺臣伏、感

---

[1] "What I hear every day proves to me so strongly the propriety and importance of my attention to the Chinese language that I have determined to employ the principal part of the time I allot to study in reading writing or translating from that language. I have no doubt but that by this means I shall be able to improve my knowledge of the Chinese language very considerably in the course of the voyage, though it must still be, of course, very imperfect. I have also made it a point never to speak to, or be spoken to by Ahiue but in that language ; I do not however promise myself much improvement by that means. Indeed I think if I possessed his whole stock of knowledge in the language, it would scarcely enable me to converse or interpret correctly with the mandarins." *George Thomas Staunton to George Staunton*, At sea, 28 July 1799.

激万状,"呈天朝大皇帝"的表文,例如:在谈到乾隆的两道敕谕时,译文写作"我心中十分感谢欢喜";在谈到使团送呈的礼品时,译文写作"多谢大皇帝赏脸与贡使及随从人等,因贡使恭顺诚敬进贡,已沾大皇帝恩典";还有"这是大皇帝最大的天恩""将来或再差使叩见大皇帝,以表远夷的诚心""大皇帝万寿康宁,并谕称我将来年寿,仰托大皇帝鸿福,均同一样。我心实在欢喜感激"等。[1] 除在行文上符合中国人的要求外,在内容和讯息上也让广东官员以至乾隆感到满意。跟着,乾隆赶紧在让位前几天(乾隆六十年十二月二十五日,1796年2月3日)发下敕谕,并赠送礼品。[2] 敕谕和礼品送到广州后,朱珪在3月13日在总督府以高规格交与东印度公司特选委员会主席波郎 [3],很可能这就是斯当东听到译文成功的原因吧。

乾隆这第三道敕谕并不见于《英使马戛尔尼访华档案史料汇编》,里面只有《奏为拟颁英吉利敕谕片》及《奏为拟颁英吉利赏物清单片》。[4] 让人感到诧异的地方是:1920到1930年代辑录出版的《文献丛编》里却收有这份乾隆六十年十二月的敕谕 [5],而且这敕谕也见于《高宗纯皇帝实录》以及稍后编纂

---

[1] 《译出英吉利国字副表》,中国第一历史档案馆编:《英使马戛尔尼访华档案史料汇编》,第232—234页。

[2] 《奏为拟颁英吉利敕谕片》,同上,第275页;《奏为拟颁英吉利赏物清单片》,同上,第275页。另一方面,东印度公司广州商会则报告说,敕谕所署日期为乾隆六十年十二月二十九日,也就是乾隆退位前的一天。不过他们并不是直接看过敕谕,只是说获告知而已(Consultation, 21 March 1796, IOR/G/12/110, p.213)。

[3] Consultations, 13 March 1796, IOR/G/12/110, p.207.

[4] 中国第一历史档案馆编:《英使马戛尔尼访华档案史料汇编》,第275页。

[5] 《敕谕》,《文献丛编》,第158—159页。

的《东华录》内[1]。那么，为什么宣称已收录所有清宫档案的《英使马戛尔尼访华档案史料汇编》没有这道敕谕？从档案收藏的角度看，这是不小的问题。这是否意味着在编辑《文献丛编》后，这道敕谕就遗失了？

不过，《文献丛编》等所收的敕谕，是不是当时最后发送出来的最终版本？这里有疑问，因为在东印度公司档案中所见到的敕谕英译本在内容上是不完全相同的。

现在所见《文献丛编》等收录的第三道敕谕，篇幅不长，约350字。除开首的常见开场白，交代一下背景（"尔国远隔重洋，上年遣使恭赍表贡，航海祝厘，朕鉴尔国王忱悃，令使臣等瞻觐预宴，锡赏胖蕃，颁发敕谕回国，并赐尔国王文绮珍玩，用示怀柔。兹尔国王复备具表文土物，由夷船寄粤呈进，具见恭顺之诚"）和一些天朝思想（"天朝抚有万国，琛赆来庭，不贵其物，惟贵其诚。已饬谕疆臣将贡物进收，俾伸虔诚"）外，其余整份敕谕都是涉及廓尔喀（尼泊尔）的问题，这是直接回应英国送过来的书函内容。

我们知道，乾隆五十三年（1788），廓尔喀进击西藏，乾隆派四川提督成德（1728—1804）清剿，西藏与廓尔喀议和，取得短暂和平。1791年，廓尔喀以西藏没有履行和约为由，再次入袭西藏，乾隆派遣两广总督福安康领军，直逼廓尔喀都城阳布（今加德满都）。廓尔喀遣使求和归降，"平定廓尔喀"结束，成为乾隆"十全武功"之一。在此事件中，英国东印度公司确曾牵涉其间：在廓尔喀第一次入侵时，西藏七世班

---

[1] 《清实录》第27册，北京：中华书局，1986年，第980—981页；王先谦：《东华续录》，《续修四库全书》编纂委员会编：《续修四库全书》第374册，上海：上海古籍出版社，1995年，第368—369页。

禅敦贝尼玛（Baidan Dainbai Nyima, 1782—1853）曾向东印度公司求助，但印度总督康沃利斯侯爵（Charles Cornwallis, 1738—1805）决定不出兵，只承诺不会协助廓尔喀；但其后又派克尔帕特里克（William Kirkpatrick, 1754—1812）率领使团访廓尔喀。[1]

关于英国与这场廓尔喀和西藏的事件，马世嘉已有详尽精彩的讨论[2]，这里不重复，他也讨论过事件对马戛尔尼使团的影响。事实上，尽管马戛尔尼在出使期间对事件全不知情，但却的确很可能对使团造成影响。马戛尔尼在日志中便曾记下使团还没有到达北京前，接待的中国官员曾问过他，在印度的英国军队有没有协助过尼泊尔（廓尔喀）入侵西藏的行动。马戛尔尼只能回答对西藏的情况全不知情，但也强调英国人不会牵涉其中。[3] 另外，在写给邓达斯的报告中，他又提到清廷在平定廓尔喀时，遭受比预期更大的反抗，伤亡也较重，因而猜想有欧洲人提供协助；而在欧洲人中，只可能是英国人会这样做。[4] 以致马戛尔尼后来要找机会向征瑞及和珅婉转辩解。[5] 就是这样，待使团回国以后，英国国王在1795年的来信中便

---

[1] 关于这场战争，可参 John W. Killigrew, "Some Aspects of the Sino-Nepalese War of 1792," *Journal of Asian History* 13, no. 1, 1979, pp.42—63。关于克尔帕特里克的尼泊尔之行，可参 William Kirkpatrick, *An Account of the Kingdom of Nepaul：Being the Substance of Observations Made During a Mission to that Country, in the Year 1793*, London：W. Miller, 1811。另外，英国图书馆藏有他关于尼泊尔的回忆录手稿（"Memoir of Nepal by Captain William Kirkpatrick," 1795, IOR/H/395）。

[2] Mosca, *From Frontier Policy to Foreign Policy*, pp.135—160.

[3] Macartney, *An Embassy to China*, p.86.

[4] *Macartney to Dundas, Chekian [Zhejiang], near Han-chou-fu [Hangzhou fu]*, 9 November 1793, IOR/G/12/92, p.48.

[5] Ibid., pp.50—51.

特别提及这事，说明马戛尔尼"多咱在中国，没有往来，同小西洋，为这个他不能知道，或告诉大皇帝"[1]。对于这样的来信，乾隆在敕谕中做了友善的回应，说到知悉英国国王曾"遣使前赴卫藏投禀，有劝令廓尔喀投顺之语"；又说明白"此事在从前贡使起身之后，未及奏明，想未详悉始末"；尽管没有减去天朝话语，最后还是说"尔国王能知大义，恭顺天朝，深堪嘉尚"，并要求"尔国王其益励荩诚，永承恩眷，以副朕绥远敷仁至意"。[2]

不过，现在能见到的收于查尔斯·沃森典藏、原来收在东印度公司档案内的敕谕英译本，不单只有关于廓尔喀的部分，还有后半部分，是《文献丛编》和《高宗纯皇帝实录》的敕谕所没有的。这后半部分比较有趣。乾隆告诉乔治三世自己让位与嘉庆的安排，并解说其中的原因：他25岁登位时，曾庄严承诺，如上天许他在位60年，就会传位嗣子；现在他已经80多岁，所以马上让位与嘉庆，自己以后当太上皇帝。敕谕还说，如英国再派使团过来，可直接觐见嘉庆。最有意思的是，他强调嘉庆会跟他一样，对外国使团以至所有来华商人怀柔施恩，请他们放心。[3] 这也呈现出一种相当友善的态度，尽管通过英

---

[1] 《英多马斯当东手书汉字副表》，中国第一历史档案馆编：《英使马戛尔尼访华档案史料汇编》，第231页。

[2] 《敕谕》，《文献丛编》，第158—159页；《清实录》第27册，第980—981页；王先谦：《东华续录》，《续修四库全书》编纂委员会编：《续修四库全书》第374册，第368—369页。

[3] "Translation of the Emperor of China's Letter to the King of Great Britain, London, Received December 1796," *Important Collection*, vol. 8, doc. 334, CWCCU. 我们知道，乾隆在位60年而让位，是因为他不敢超过其祖父康熙（爱新觉罗·玄烨，1654—1722；1661—1772在位）在位61年。《高宗纯皇帝实录》有圣谕："朕寅绍丕基，抚绥方夏，践阼之初，即焚香默祷上天，若蒙眷佑，得在位六十年，即当传位嗣子，

译文本，我们没法见到很可能在原敕谕出现的天朝话语。但问题是：为什么在中文版敕谕里见不到这部分的内容？这份英译本是谁翻译的？在哪里翻译的？现在没有任何资料去回答这些问题。敕谕英译本上只有一句简单的描述："中国皇帝给大不列颠国王的信函译文，1796年12月在伦敦接收。"而我们知道，波郎等在3月13日收到礼物和敕谕后，在3月21日一并交与"赛伦塞斯特号"船长琳赛（Captain Lindsay）带回英国 [1]，当中没有提及翻译问题。

我们没法知道，这份敕谕的英译本在送回英国后究竟有没有人细读过。在现有马戛尔尼和斯当东后来的书信中也没有提及。就如上文指出过的，今天所见绝大部分有关马戛尔尼使团的研究都没有提及这道敕谕。但无论如何，随着乾隆的敕谕，还有他在几天后的退位，马戛尔尼访华使团可以说是真正地落幕了。

不敢上同皇祖纪元六十一载之数。其时亦未计及寿登八旬有六也。"（《高宗纯皇帝实录》第27册，第857页）

[1] Consultations, 21 March 1796, IOR/G/12/110, p.212.

日本江户兰学翻译中的汉文与汉学

徐克伟 *

引言：道不尽的《解体新书》

1774 年，日本江户中期的日本知识分子据德国学者鸠庐模斯（Johann Adam Kulmus, 1689—1745）作品《解剖学图谱》（*Anatomische Tabellen*, 1722）的荷兰语译本（*Ontleedkundige Tafelen*, 1734）翻译并出版了一部名为《解体新书》的解剖学著作。该作品一经问世便迅速传播开来，进而开启了一场名为"兰学"的西学运动。关于这部汉文译作（旁注训点符号），无论是在日本，还是在中国，乃至欧美学界都有颇多论述，且取得了丰硕的研究成果 [1]，以至于研究者不禁有"业已道尽"之叹 [2]。

---

* 徐克伟，中国农业大学人文与发展学院讲师，主要从事日本江户兰学、近代中日欧语言文化交流史研究。

[1] 受篇幅所限，这里不逐一列举先行研究，主要集中在医学科技史、语言翻译史等方面，成果最多亦最为精详的自然系日本学者的相关研究，目前可于国立情报学研究所的期刊论文、专著及博士论文数据库 CiNii 进行检索已发表论著的刊载信息或馆藏情况。

[2] 中原泉："解体新書の絵師：小田野直武"，《日本歯科医史学会会誌》第 19 卷

从中国读者的角度来看，却不免心生疑问：为何日本学者会用汉文译出？日本人何以阅读？另外，译文大量使用汉字词汇 [1]，并参考《物理小识》（1644）等汉文典籍相关知识 [2]。当时的日本学界为何如此"热衷"汉字、汉文乃至汉学典籍？虽然此前已有学者指出，汉学系兰学发展的基础与契机 [3]，汉学实为当时知识分子的基本素养 [4]，以及兰学翻译较多使用汉文这一共通语 [5]。但据此依然很难解释为何译者必然选择汉文（语）？兰学者的语言生活为何看似迥然不同于今日学界？此外，译者对《物理小识》等汉学典籍的参考是偶然个例，还是有其必然性？是否曾参考其他文献？他们究竟拥有着怎样的汉学修养？在西学译介过程中汉学资源究竟有何作用或局限？概而言之，所谓兰学家究竟有着怎样的语言文化生活，汉文（语）与汉学知识在兰学译介中究竟有着怎样的作用或局限，

第3号，1993年，第97页。（本篇涉及日文文献部分均保留繁体原字，不予简化。——编辑补注）

[1] 松村明："翻訳、対訳、直訳、義訳：《解体新書》とその訳語"（一）、《国語研究室》第2号，1963年，第76—80页；佐藤亨："第十三章《解体新書》より《重訂解体新書》へ：訳語の変遷"，——《近世語彙の歴史的研究》东京：櫻枫社，1980年，第285—302页；酒井和子："漢字による外国音の音訳法：《解体新書》と《重訂解体新書》"，《東京国際大学論叢・教養学部編》第49号，1994年，第69—83页。

[2] 杉本つとむ："第三章　近代日・中言語交渉史序説"——《近代日本語の成立と発展》（杉本つとむ著作選集2），东京：八坂书房，1998年，第357—382页。

[3] 板泽武雄："蘭学発達の基盤及び契機としての漢学"，《法政史学》第11号，1958年，第1—12页。

[4] 岸田知子：《漢学と洋学：伝統と新知識のはざまで》，吹田：大阪大学出版会，2010年，第2页。

[5] 同上，第46—55页；沈国威《近代中日词汇交流研究：汉字新词的创制、受容与共享》，北京：中华书局，2010年，第65—69页。此外，后者新近有修订版可供参考，沈国威：《新语往还：中日近代语言交涉史》，北京：社会科学文献出版社，2020年，第62—66页。

尚需进一步的理论关照或者通过实证的方法予以做实。

如此说来，《解体新书》还真可谓说不完道不尽。故拙文拟在以往众多研究的基础上，重新审视这部兰学名著，通过理论与实证相结合的研究方法，考察该作品以及江户兰学翻译中的汉文（语）与汉学资源问题。

一、作为"高位语言"的汉文

我们知道，在近代以前的东亚世界，特别是日本，中国文化有着相当广泛且深远的影响力，正如研究者所指出的那样，"从文化上看，日本是中华文明的女儿"（Culturally, Japan is a daughter of Chinese civilization.）[1]；或"不言而喻，日本曾属于汉文化圈"（It is a truism to observe that Japan was in the Chinese cultural orbit.），包括书写语言。[2] 从这一角度来看，用共通语的概念进行解释，确能在一定程度上理解汉文在当时东亚的历史地位。

所谓"共通语"（Lingua franca），学界用以指称全世界或某一地区拥有较大政治、经济、文化影响力的语言（*Webster's Dictionary*, 2003 & OED, 2nd Edition, Version 4.0）。当今世界的通用语自然非英语莫属；而历史上，希腊语、拉丁语、法语等在欧洲都曾发挥类似的作用。而在东方世界，受中华文

---

[1] Edwin Oldfather Reischauer, Japan：*The Story of a Nation*, New York：Alfred A. Knopf, Inc., 1974, p.7.

[2] Marius B. Jansen, J*apan and Its World*：*Two Centuries of Change*, Princeton：Princeton University Press, 1980, p.9.

明的影响，形成了汉字文化圈。当然，与欧洲不同的是，欧洲的共通语主要是指口语，而语言差异较大的中国、日本、朝鲜、越南等国家之间的历史交流，主要借助的是书面共通语，即汉文。在《解体新书》付梓前，作为主力译者之一的杉田玄白（1733—1817）在致友人的书信中就曾明确言道："其属亚齐亚之日本、汉土、朝鲜、琉球等，言语虽别，书则同文，汉文作书，诸国可通。"[1] 故对于汉文作为共通语，杉田玄白有明确的认知，且流露出译书传入中国知识分子视野的期许："若此书幸传于汉土，唐音自有其用矣。若日本人读之，假名可也。"[2] 故翻译成汉文，确有译者希冀其作品传入中国的期许。

但是，主观愿望与目的的实现需要现实条件。对此，其弟子则如是言："译者，兰学者之真诀也。所谓译，取换彼言为此语，彼言所说之文能通于此方之人，使其事可速供我用也。……又有书汉文之才学，则应直译为汉文也。……又若有文才之人，直译为汉文，弘传于异朝，尤喜人之事也。凡为此学，解此等之理而从事斯业也。"[3] 也就是说，他认为如果译者有书写汉文的才能，则应采用汉文予以翻译。

至于译者的汉文才能问题，或可通过双层语言现象予以

---

[1]　杉田伯元校正：《建部清庵先生、杉田玄白先生往復書牘（問答書）：和蘭医事問答》（卷上），江户：须原屋善五郎，1795年，第14b页。汉语翻译参见拙译，并略有修订（徐克伟译、沈国威校："和兰医事问答"[一]，《或问》第26号，2014年，第144页）。

[2]　杉田伯元校正：《建部清庵先生、杉田玄白先生往復書牘（問答書）：和蘭医事問答》（卷下），第10a页。汉译见徐克伟译，沈国威校："和兰医事问答"（二），《或问》第27号，2015年，第144页。

[3]　沼田次郎、松村明、佐藤昌介校注：《洋学·上》（日本思想大系64），东京：岩波书店，第392—393，397页。

释明。很早就有学者指出，一些"言语共同体"（speech communities）存在同一语言的两种变种（或更多），供说话者在不同的情况下使用；并根据功能（function）、权威（prestige）、经典（literary heritage）、习得（acquisition）、规范（standardization）、稳定性（stability）、语法（grammar）、词汇（lexicon）、语音（phonology）等要素，分为"高位变种"H（high variety）与"低位变种"L（low variety）两个层级，即"双层语言"（Diglossia）。[1] 后来，研究者对此做了进一步延伸，将同一社会中存在分工不同的两种语言（或更多）现象亦称为"双层语言"。[2] 在双层语言社会中，"高位语言"与"低位语言"分别承担不同的社会功能：前者作为正式的语言，用于宗教、学术、媒体、行政等场合，向公众传达意见，通常这种语言的获得是通过制度化的教育实现的；后者通常用于口语中，用于个人或私下交际，通常是作为母语习得的。基于以上这些标准，汉文在汉字文化圈的各国，无疑长期扮演着双层语言中的"高位语言"角色。[3]

就《解体新书》问世的江户时代而言，幕府确立朱子学作为官学的地位。"四书五经"等儒家经典的阅读及相应的汉文训练，自然成了每一个受教育者必须接受的基本功课，汉文因此成为日本知识人的基本素养[4]。所以，经过训练而掌握的汉

---

[1] Charles Ferguson, "Diglossia". in *Word*, 15, 1959, pp.325—340.

[2] Joshua Fishman, "Bilingualism with and without Diglossia；Diglossia with and without Bilingualism," in *Journal of Social Issues* 23（2）, 1967, pp.29—38.

[3] C・ラマール："コラム1：ダイグロシア（二言語併用）"，村田雄二郎、C・ラマール編《漢字圏の近代》，东京：东京大学出版会，2005年，第34页。

[4] 岸田知子：《漢学と洋学：伝統と新知識のはざまで》，第1—3页；桑原惠："古典研究と国学思想"，赖祺一编《日本の近世第13卷：儒学・国学・洋学》，东京：

文有其权威性，是知识分子之间的学术语言；与之相对，自然习得并在日常生活中所使用的日语则为"低位语言"。兰学勃兴之前，译者杉田玄白等学者亦不例外，在接受以中医为核心的汉方医学教育之际，培养了一定的汉文阅读与书写能力，所以用汉文译出确有其现实条件。尽管玄白声称"不娴文辞"，但通读全书，无论是译文，还是具有导言性质的"凡例"[1]，确以汉文完成。

无独有偶，此前的宣传图册与其后多部兰学译著，亦以汉文译出。据笔者对1773—1867年间兰学刊本作品（82种）所做的初步调查（详见文末附录），其中类别I汉文作品从《解体图谱》（1773）到《和兰药性歌》（1866）共计18种。从时间分布来看，主要集中分布于1770年代至1830年代，此后的汉文作品屈指可数；而从作品规模来看，既有多达13册的大部头作品《重订解体新书》（1826），亦有仅千字余的经折装作品《西说观象经》（1822）、《菩多尼诃经》（1822）等篇幅短小的作品。

其次，《喎兰新译地球全图》（1796）、《气海观澜广义》（1851—1856）等8作品中的主体纲要部分亦以汉文书写（类别II），具体解说部分则使用汉文的衍生文体（详见下节）。

还有一点值得注意的是，在所调查的资料群中，如其载序跋等推荐、介绍、论说、导读性质的内容，绝大多数均采用汉文书写（计63种）。[2]

中央公论社，1993年，第257页。

[1] 杉田玄白：《解体新书》（序图卷"凡例"），东武：须原屋市兵卫，1774年，第1a—6b页。

[2] 此前已有岸田知子（2010）与沈国威（2010）二氏的考察，笔者曾在其基础上

综上所述，汉文在兰学译介过程中确有其权威性与实际运用。

二、汉文训读与汉字词

不过，包括兰学者在内，并非所有的日本学者（特别是一般读者）都可以自如地书写或阅读汉文作品。虽借用了汉字表记，但日语与汉语毕竟是两种不同的语言，且属于不同的语系，不但语序不同，日语动词、形容词等词语存在汉语不具有的形态变化。为解决这一问题，日本学者通过长期探索，逐渐发展出一套在原文上标注语序和读法的汉文训点符号，将汉文直接转换成日文的阅读方法。[1] 所以包括《解体新书》在内的诸多汉文兰学作品，其出版之际，文中均标有这种训点符号。通过这种将汉文程序性地直接转译为日语的方法，衍生出一种名为"汉文训读体"的特殊文体（类别 III）。

故在前述《喝兰新译地球全图》等纲要部分以汉文书写的8部作品中，其解释说明部分即采用了这一文体。如此一来，既彰显并确保了作品的学术权威性，又满足了众多不能直接或有效阅读汉文的读者之需求。此外，有近一半的兰学出版物，如《兰学阶梯》（1788）等38种在正文部分使用了该文体。

做了进一步调查统计，此处及以下的各文体数据分布均为调查所得，并略有修正。

[1] 汉文训读或肇始于佛经汉译，并在朝鲜、越南、日本等周边国家的知识阶层阅读汉文时普遍使用，尤以日本最为系统完善。关于汉文训读的研究著述颇丰，近年来尤以金氏的考证最为清晰明了（金文京：《漢文と東アジア：訓読の文化圏》，东京：岩波书店，2010年）。

之所以如此广泛地使用汉文训读体，应与译者将汉文训读的方法运用于解读并翻译荷兰语文献有极大关系。

作为《解体新书》主力译者的前野良泽（1723—1803）在《和兰译筌·末编附录》（1785）中记录了名为"兰化亭译文式"的翻译方法：

> 凡为翻译者，宜先用线字，誊写原文（若有其以Hoofd[首字母大写]体者时，不可略书之。又如句读、点画，必不可失误）。其次，每言下记译字。……再次，应附甲乙等小字铃，指点语路。于末录切意。[1]

像汉文训读一样，先誊写原文，且需要注意大小写、断句以及关联；进而在各单词下标注译词，在需要特别注意的地方标记以特殊符号，再标明语序；最后"切意"，即翻译。所谓"兰化亭译文式"（良泽号"兰化"），其实质就是将汉文训读的方法用于荷兰文典籍的翻译中。这种方法在他和玄白的得意门生大槻玄泽（1757—1827）那里得到传承。

> 读习其书，若进而思解其义，先初之内，辞书中所记注释之成语，又自他书中，抄出短文，施以训译。其法者，于其文之每语旁，拾取右之书集小册中之语，施以译字。……虽云其师精说教，文章之语路，迄今惯读支那书籍之趣旨，初学者较难晓。受其教，开训

---

[1] 原文日语，笔者自译。翻译时主要逆向采用汉文训读的方法，即主要调整语序，尽量不增删或修改用词，以最大程度体现原文面貌。此后两段的玄泽引文皆效此（沼田次郎、松村明、佐藤昌介校注：《洋学·上》（日本思想大系64），第120页）。

译之全文，圈于塾中，反复熟读暗诵，则自然冰释，其义通也。其文，虽曰每语加译字，持和读支那之书之意，不用颠倒读解，则不通也。是当时（自古）之旧染，不得已之事也。支那之直行右读，和兰之横行左读，其法虽有纵横之差，非颠倒义理不通则同也。[1]

很显然，玄泽的"训译"是对其师的继承与发展：先给原词寻找对应的译词，反复阅读；通过反复诵读，适应西语文章的语序（"语路"），自然能够把握其含义。对其而言，汉、荷两种语言虽然不同，不调整语序则句意不通这一点上却是相通的。

也就是说，当时的译者，特别是身在江户的兰学家，由于缺乏系统的荷兰语学习经验，只得将熟悉的汉文训读法迁移到荷兰语书籍的阅读与翻译中。显然，译者是有意识地利用汉文训读所积累的经验。其实，在当时的译者群体中，对汉文训读作为一种翻译，已有明确的认知。玄泽曾言："中古以降，汉学之入于我，其文字则以国语读书，号曰'和训'。物子曰：'取诸训诂之义，其实则译也。而人不知其为译矣。和训与译无差别。'"[2] 物子，即著名儒学家荻生徂徕（1666—1728），在《译文筌蹄·题言十则》（1715）中，曾明确将"和训"（即汉文训读）视为一种翻译[3]，只是人们没有意识到而已。正因为

---

[1] 沼田次郎、松村明、佐藤昌介校注：《洋学·上》，第358—359页。

[2] 大槻玄泽重订：《重訂解体新書》（卷十二），京都、大阪、江都：植村藤右卫门、铅屋安兵卫、秋田屋太右卫门等，1826年，第30a页。

[3] [荻生]徂徕（徠）口授、圣默·吉有邻（吉田孤山）笔授：《訳文筌蹄》（初编，卷一），洛东：泽田左卫门，1715年，第2a页。

有了这种认识，兰学翻译者才有意识地从汉文训读这一翻译实践中汲取经验。

除了以汉文训读体呈现的兰学著述外，亦有《窝兰麻知加训译》等3部"未译作品"（类别Ⅳ），仅于荷兰语原文上施以训点符号，编著者或试图以训读的方法向读者阐释荷兰语文法（"窝兰麻知加""俄兰磨智科"即语法，音译自荷兰语"grammatica"）问题。

概而言之，汉文是理想状态，但是汉文毕竟不是其母语，故大多数作品是用汉文训读体完成的。如《兰畹摘芳》（初编，三卷），虽然出版之际是以汉文呈现的，但目前所存世的大量稿本确为汉文训读体，无论这些稿本是出版物的底本，还是译者讲学抑或读者阅读所使用的转写，都反映了兰学展开之际汉文的权威性以及汉文训读文的实用性。

关于汉文训读在兰学以及此后西学译介中的作用，学界已有十分精详的考证，不复赘言。[1] 由于借鉴并利用了汉文训读的方法，汉文训读体的大量使用自然不足为奇。此外，较之汉文，一般读者更容易理解汉文训读体的文章。因此有《医范提纲》（1805）、《西说医原枢要》（1832）等作品，纲领性的内容用简洁的汉文进行说明，然后用汉文训读体详细论述；亦有如《气海观澜》那样的作品，最初用汉文刊行，而在增补版中，以汉文训读体的文字进行释说。对此，增补者川本幸民在"凡例"中有如下说明：

---

[1] 森冈健二：《欧文訓読の研究：欧文脈の形成》，东京：明治书院，1999年；斋藤文俊：《漢文訓読と近代日本語の形成》，东京：勉诚出版，2011年。

抑西书理义最精详，章句颇丁宁反复，而余固浅
劣，不娴文辞，将此翻为汉文，或误其义。故今以国
语缀之，务易了解。……此书者，原应余门入学之子
弟欲省誊写之劳之请，非供大方诸家之瞩。故行文唯
欲达其意而已，聊不顾其巧拙，览者察之焉。[1]

"不娴文辞"或为谦虚之言，但是译成汉文而致使"误其
义"确也流露出译者对汉文水平的不自信。然而较之于文辞，
译者认为正确传达知识更为重要。不仅如此，该书系面向弟子
的作品，应以达意为主，故"缀以国语"。当然，这里"国语"
的含义与今天不尽相同，而是汉文训读体，但较之于汉文体，
无疑更接近当时的日文。

在笔者网罗的出版物中，《新订万国全图》(1810)为图册，
虽有汉文"凡例"，正文为地图，其文体自然无从谈起。其余
有《红毛杂话》(1787)等14部作品采用了日文——与今人印
象中的日文（以汉字与片假名为书写表记，词汇和语法较为接
近口语）更为接近，但也存在诸多差异。与此前的两类作品相
比，这些作品如其名用语"杂话""杂记""夜话""新话""略
说""旅谭""闻见录""纪略""问答""辨惑""事始"所示，
为口语或书信问答、讨论，以及旅行见闻的记录汇编，所论亦
多为基础知识，学理性相对较弱。不可否认这些作品以其通俗
性在兰学知识传播过程中的作用，但对当时的学者而言，无疑
是等而下之的。

---

[1] 川本幸民译述：《气海観瀾広義》(卷一)，京都、大坂、江户：出云寺文治郎、
河内屋茂兵卫、山城屋佐兵卫等，1851年，第1b—3a页。

汉文与汉文训读的普遍使用，使得兰学作品中具体概念术语的翻译，亦较青睐汉字词汇。不难理解，在纯汉文作品中，为了行文的统一，从音译词到意译词自然要采用汉字表记。在这些词汇中，一部分为新创，但大多来自此前既有的汉学典籍。正如引言部分所指出的那样，此前已有颇多关于具体译词的讨论，这里便不再重复，仅以玄白在序图卷"凡例"中明确交代的译词法予以简要说明。

　　　　译有三等：一曰翻译，二曰义译，三曰直译。如，和兰呼曰"偭验题"（beendren）者即骨也，则曰"骨"，翻译是也。又如，呼曰加"蜡假偭"（kraakbeen）者，谓骨而软者也；"加蜡假"（kraak）者，谓如鼠啮器音然也，盖取义于脆软；"偭"（been）者"偭验题"（beendren）之略语也，则译曰"软骨"，义译是也。又如，呼曰"机里尔"（klier，今译"腺"）者，无语可当，无义可解，则译曰"机里尔"，直译是也。余之译例皆如是也，读者思诸。
　　　　斯书所直译文字，皆取汉人所译西洋诸国地名。而合诸和兰万国地图相参勘，集以译之，傍书倭训，以便读者也，一不用臆见也。[1]

　　"译有三等"，即三种译词方法，其中"翻译""义译"即意译，"直译"即音译；无论哪种翻译，在纯汉文的作品中自然使用汉字表记，地名（"西洋诸国名"）等音译词主要采

---

[1]　杉田玄白：《解体新書》（序图卷"凡例"），第5ab页。

用"汉人所译",即明末来华传教士的汉译西书及受其影响下的相关作品 [1];至于意译,要说明的是,完全的创译是很少的,主要是袭用中国典籍的相关术语。[2] 这一点亦不难理解,在汉学权威仍在、崇尚"述而不作"的儒家学术氛围中,有出典的词汇更容易为读者所接受。另外,关于这三种译词法及其来源,学界探讨较多,至于其来源,笔者认为是对更早的儒学者、长崎荷兰语译官等翻译经验的继承。[3]

也正因为这种特殊的历史语言状况,使得日语即便在经历明治时期的"言文一致"运动的大变革后,其书面表达仍然与汉文(语)有着密切的关联。[4] 虽然汉文在今天的日本业已丧失其"高位语言"的地位,但汉字及汉字词汇早已融入日语

---

[1] 关于国名等汉字表记音译词研究,管窥所见,以王氏最为系统,孙氏论文中亦有相关专题讨论(王敏东:《外国地名の漢字表記についての通時的研究》,大阪:大阪大学文学研究科博士论文,1994年;孙建军:《日本語彙の近代:幕末維新期新漢語の成立に見られた漢訳洋書の影響》,东京:国际基督教大学大学院比较文化研究科博士论文,2003年。其中,后者经增删修订出版(孙建军:《近代日本語の起源:幕末明治初期につくられた新漢語》,东京:早稻田大学出版部,2015年)。

[2] 佐藤亨:"第十三章《解体新書》より《重訂解体新書》へ:訳語の変遷",《近世語彙の歴史的研究》,第285—302页。

[3] 三译法的讨论颇多,前文中提到的松村、杉本、沈等氏皆有论述,相关研究及其成果可参阅近来陶氏在其论文中所做的梳理(陶磊:《日译西书〈解体新書〉中的"直译"和"义译"》,王宏志主编:《翻译史研究2016》,上海:复旦大学出版社,2017年,第59—95页;徐克伟:《江户兰学翻译与汉译佛经的关联路径:以译词三法为中心》,孙江主编:《亚洲概念史研究》[第5卷],北京:商务印书馆,2019年,第89—102页)。

[4] 古田东朔:"江戸期における翻訳書の文章形式",绪方富雄编:《蘭学と日本文化》,东京:东京大学出版会,1971年,第141—151页;森冈健二:《欧文訓読の研究:欧文脈の形成》,东京:明治书院,1991年;斋藤希史:《漢文脈の近代:清末=明治の文学圏》,名古屋:名古屋大学出版会,2005年;《漢文脈と近代日本:もう一つのことばの世界》,东京:日本放送出版协会,2007年。

中。仅就此而言，汉字（语）之于日语不仅仅只是"不可避的他者"[1]，业已成为日语表达不可或缺的一部分。

三、作为参照系的汉学：以《解体新书》为例

兰学翻译对汉学典籍的参考并不限概念术语方面，还较多涉及具体知识。全面考察自然非笔者此时之所能及，但对《解体新书》这一具开创意义的兰学名著展开探究或可于现阶段窥全豹之一斑。

关于《解体新书》中的汉学知识参考问题，已有杉本孜[つとむ]的实证性研究，并查明其中国知识的参考使用主要是围绕着集中国科学精髓于一编的《物理小识》展开的。为了更加直观地把握所参考的具体内容及相互关系，特制简表。[2]

据表可知，在卷二"眼目篇第九""耳篇第十"两节论述视觉和听觉理论的译文后，玄白的按语中言及方中通、沈括、陈正敏、揭暄等四位中国学者的论述。其中，方以智次子方中通、门生揭暄系《物理小识》（1643年完成初稿）的校订者，玄白所征引的声学相关内容即二人于刊本中的考按文字；宋

---

[1] 子安宣邦：《漢字論：不可避の他者》，东京：岩波书店，2003年。

[2] 杉田玄白：《解体新書》（卷二），第14b—15a页，18b—19a页；方以智：《物理小识》，上海：中华书局，1937年，上册，第6—7页，下册，第200—204页；沈括：《梦溪笔谈》，上海：上海书店出版社，2003年，第15—16页；杉本つとむ："第三章：近代日·中言語交渉史序説"，《近代日本語の成立と発展》，第357—362页。"〈 〉"中的内容为原文中的双行小字夹注。或因使用版本不同，简表中部分内容与杉田所论存在一定出入。

《解体新书》参引《物理小识》内容对照表

卷次章节 （知识点）	引文	人物或作品	《物理小识》 相应论述
卷二"眼目篇第九" （凹面镜成像与物体距离的关系）（小孔成像倒影问题）	〈汉人中通曰。水能摄物入其中。物近水影在水面。物远水影在水底。故池中树木人物悉皆倒影。空气接地者属水。故能摄物其影亦倒。地上有一物。空中有一影。空中皆气故也。暗室向明凿小圆孔。垣外之物皆能摄入。壁上皆倒影。乃摄入虚空气中之倒影也。光大则夺目。晃洋相掩。故须小。光影始可见。物在东影在西物在西影在东者。非日特影也。人目亦然。左视则物在右。右视则物在左。至交处则左右视俱在一所。过交则右视在右。左视在左。物岂有左右哉。目藏血其摄光如是耳。	方中通 （1634—1698）	卷八"阳燧倒影"：存中曰。阳燧照物皆倒算家谓之格术。如人摇舻。为之碍故也。鸢飞空中。影随鸢移。或中间为牖隙所束。……大如麻菽。着物则火发。……〈中通曰。水能摄物入其中。……目藏血其摄光如是耳。……（20a—20b）〉
（凹面镜倒立成像）	存中曰。阳燧照物皆倒算家谓之格术。如人摇舻。为之碍故也。鸢飞空中。影随鸢移。或中间为牖隙所束。则影与鸢相违。鸢东则影西。鸢西则影东。又如牖隙中楼台之影。中间为牖所束亦皆倒垂。与阳燧一也。阳燧面洼。以一指迫而照之则正。渐远则无所见。过之遂倒则无所见处。正如牖隙舻臬腰鼓碍之本末相格。遂成摇舻之势。故举手则影愈下。下手则影愈上。此可见阳燧面洼。向日照之。光皆乐聚向内。离镜一二寸。光聚为一点。大如麻菽。着物则火发。〉	沈括（字存中，1031—1095）《梦溪笔谈》（1080s）卷三"辨证一"	
卷二"耳篇第十" （回声） （隔音）	〈汉人所著遁斋间览言。若作夹墙。连开小牖。则一声亦有数声之应。	陈正敏（号遁翁，宋代，生卒不详）《遁斋闲览》揭暄（1613—1695）《物理小识》按语	卷一"声异"：遁斋闲览言。……（10a）若作夹墙。连开小户牖。则一声亦有数生之应。……〈暄曰荒谷传声。……所谓传也。……〉
	暄曰荒谷传声。瓮里藏声。两者一理也。凡地远者声下则上。中隔则声左而听右。风顺则声近而聪远。空中有声。所谓传也。又私铸者匿于湖中。人犹闻其锯锉之声。乃以瓮为甃。累而墙之。其口向内。则外过者不闻其声何也。声为瓮所收也。〉		"隔声"：私铸造者匿于湖中。……声为瓮所收也。……

人陈氏《遁斋闲览》久已亡佚,《物理小识》确有引用并明确交代;至于沈括所论的凹面镜成像等光学知识,方氏亦有引述,基本能够判定玄白所引皆源自《物理小识》。不过,论述时玄白做了一定的变动,或调整顺序,或合并相关内容。

值得注意的,虽然《物理小识》所载相关知识与明末以降传入的西学有诸多关联(如卷一"历类"、卷三"人身篇"等),但仅就以上所言涉内容来看,均系中国传统科技知识。

此外,笔者还发现玄白参考了一部稍早几年刊行的产科著作《子玄子产论》。子玄子,即当时的产科名医贺川玄悦(1700—1777,字子玄),其著《产论》(1765)虽非中国典籍,但作为日本古方医学,较之荷兰文所记述的西学,在学统上与中医关系更近,且用汉文写成,不应完全置之不理。在"妊娠篇第二十七"中,玄白如是论道:

> 翼尝读《子玄子产论》,曰:"大抵五月之后,腹中胎大如瓜,必背面而倒首,其顶当横骨上际而居焉。其胞衣,则盖于胎之尻上,而当母鸠尾之下。至临月,按之可得别其体貌而尽矣。"与古来论胎孕之状者异也。余疑之,理岂然乎?因是取和兰解体诸本读之,未见说胎居之状者。按其图或正或横,或倒而不一也。盖和兰之俗,不可据实则不说不图。如花谱及草木状,画莲房不画其花叶,其国不产莲,故不书其所未见者也。其禽兽虫鱼之类,视干腊者,则图干腊之状。其质如斯也。以是知人人解割之时,写其真形,而不用臆,故其图不一。顷者视译官楢林氏所藏谙厄利亚国产科

书，其言虽不解，阅其图。则从受胎，至临产，无不
倒居者。其否者，则皆难产之状也。是和兰之人以未
穷其理，故不为其说也。若夫谙厄利亚之人，则已穷
其理，故制之图详悉如斯。子玄子说，暗与之合焉。
因此视之，则余先疑者可谓误矣。今作此说者，以称
子玄子之有功斯道也。学者无以所其不见，而生疑
云尔。[1]

　　透过这段略显冗长的论述，我们不难把握其前后的态度变
化：起初对《子玄子产论》关于正常胎位"五月之后……必
背面而倒首"的论述 [2]，玄白是持怀疑态度的；而荷兰典籍未
有论述，其图又"或正或横，或倒而不一也"，不能得解；直
到后来从英国（谙厄利亚）产科图那里得到印证 [3]，感服不已。
需要说明的是，此论系玄悦多年临床经验所得，是对当时所见
中国乃至西方胎位错误认识的批判修正 [4]；而对于荷兰书籍不
见其说，玄白则以"和兰之俗，不可据实则不说不图""以未
穷其理，故不为其说也"进行辩解，或显得比较单薄，却凸显
了通过"据实"而"穷理"的重要性。
　　明确交代知识来源的即以上三处，共言及四部汉文作品：

---

[1]　杉田玄白：《解体新書》（卷四），第 13a—14b 页。

[2]　笔者未见 1765 年初刻本，参阅贺川玄悦：《子玄子產論》（卷三），京师、东都：
河南四郎兵卫、河南喜兵卫、须原屋茂兵卫，1775 年，第 3b 页。

[3]　玄白自言所见为英国书籍，英国这方面的论述始见于 18 世纪中叶威廉·斯梅
利（William Smellie，1697—1763）的发现（William Smellie, *A Sett of Anatomical
Tables*, London：[s. n.], 1754）。

[4]　贺川玄悦：《子玄子產論》（卷三），第 3b—4b 页。

中国三部，其中仅直接参考《物理小识》，其余皆据此转引；日本汉文典籍一部，不可谓多。

但不应忽视的是，玄白在译文中多次提及"汉说"。以"解体大意篇第一"为例，在简要论述解剖书的性质、内容以及需解剖人体、禽兽等后，便开始论述解剖方法：

> 其解体之法，有六矣：
>
> 　　其一，在审骨节；
>
> 　　其二，在审机里尔之所在〈汉人所未说者，大小不一，所在有之〉；
>
> 　　其三，在审神经〈汉人所未说者，视听言动〉；
>
> 　　其四，在审脉道所循，及脉之所见〈与汉人所说异也〉；
>
> 　　其五，在审脏之形状及所主；
>
> 　　其六，在审诸筋所集会〈与汉人所说异也〉。[1]

在以上所列的六项解剖方法中，除一、五外，其余四项均可见译者的说明，分别指出：中国学者未曾触及其二"机里尔"、其三"神经"，而其四"脉"、其六"筋"中西所论不同。从中不难看出，在其理解消化并翻译传播西方知识之际，特别注意"汉人所（或未）说"。也就是说，译者身后有一个作为参考系的中国学问。

至于"汉人未说"或"与汉人所说异也"的说法并不确

---

[1]　杉田玄白:《解体新書》（卷一），第1b页。

切。"机里尔"（klier），今译"腺"，中医确不曾论及，先是玄白等人的消化译介，最后由一度为其养子的另一位兰学者宇田川玄真（1769—1834）译定。[1] 筋络的交错集聚与中医并不完全一致，但通常被视作玄白创译的"神经"（zenuw）实际上是继承了葡萄牙语"nervo"——即所谓南蛮医术用语；汉方"筋·髓筋"或音译作"世奴"，进而受到汉语"神液经络"或"元神经脉"的启发，改译而成。[2] "动脉""静脉"等问题，在具体的医理上存在异同；但就翻译而言，正如玄白自己在卷一"格致篇第三"所交代的那样，"私刺古亚题尔（slag-ader）〈此翻动脉，汉人所说动脉是也〉""何儿亚题尔（hol-ader）〈此翻血脉，汉人所说青脉是也〉"[3]，并不完全是字面翻译（后者按字面翻译当作"洞脉""空脉"等）。虽有差异，却也不能因此否认中西学说之间的相通处；正是因为有相通处，才使得理解、翻译并进而阐释成为可能。

借用现代西方阐释学的理论，翻译即阐释实践的一种，阐释实践并非无中生有，而是一场"视域融合"（Horizontver-schmelzung, fusion of horizons）的过程。"视域融合"的实现，首先有其切实的"先行具有"（Vorhabe, fore-having）作基础，进而"先行视见"（Vorsicht, fore-sight）并"先行把握"（Vorgriff, fore-conception）相关内容。[4] 但是"先行视见""先

---

[1] 宇田川玄真译述，诹访俊笔记：《医範提綱》，江户：青藜阁，1805年，"题言"第7b页，卷三第5a页。

[2] 杉本つとむ："第三章：近代日·中言語交渉史序説"，《近代日本語の成立と発展》，第361页。

[3] 杉田玄白：《解体新書》（卷一），第9b页。

[4] 海德格尔：《存在与时间》，陈嘉映、王节庆译，北京：三联书店，2011年，第

行把握"的相关知识与"先行具有"未必完全一致，所以译者必须不断调整认知。就当时的兰学家而言，所谓"先行具有"无疑是包括中医在内的汉学，汉学素养使其"先行视见"并"先行把握"解剖学相关的医学知识，而二者的差别使得他们必须认真考量并判断取舍。

不过客观地说，玄白的取舍判定并非那么客观公正。在"凡例"部分，他对汉学进行了强烈的批判：

> 盖和兰之国，精乎技术，知巧之所及，无不致者矣。而速有德乎四海者，医为最焉。唯以其言语侏离、文字曲钉、作用异常，虽有善书良法，天下靡得而称焉。我家世传而业厥疡医也，复藏其邦书矣。余继箕裘，自童蚌习惯其事，因得窥其书也。然素罕觌之书，至乎其艰奥难解者，竟无由质访焉。望望焉似瞽师之索相者矣。于是乎幡然别取汉土古今之医籍而读之，回复钻味兹年矣。寻究其疗方论说，则穿凿附会，牵强踈卤。欲晰之弥暗，欲匡之弥谬，无可一以寓诸庸焉。芒芒乎若邯郸之学步者矣。盖兰书之所难解者，不过十之七；而汉说之所可采者，则不过十之一耳。遂又专精乎家学，而不问厥它也。……乃旁求获一二知巳焉。于是乎稍稍取其方书，优柔厌饫，相诹相咨，玩愒居诸之际，正得以冰释理顺焉。而后尝试诸事之与物，则左右取之能逢其原，章章乎明如观

177页；伽达默尔：《诠释学 I 真理与方法》，洪汉鼎译，北京：商务印书馆，2013年，第378、434页。

火矣。因取解体之书，依其成说，解割而视，则无一
所失焉。脏府窍关、骨髓脉络，始得识其位置整列焉。
岂不愉快乎！以是观汉说，则其前者近于是而后者不
远于非也。唯《灵枢》中有"解剖而视"之语，则汉
人古必有其法焉。后人不得其传，徒信糟粕为无稽之
言，数千年来竟不识真面目，岂不哀哉！……[1]

　　这是玄白的一段现身说法，诉说寻求"疗方论说"的曲
折历程：先是受阻于荷兰语文字而转求中国知识，然中国知
识多牵强附会，实在难以匡正，几陷于"邯郸学步"之境地；
虽有"解剖而视"之正说，但去古已远，后世学者不得其传，
尽被无稽之谈的糟粕所迷惑。也正因为有感于"盖兰书之所难
解者，不过十之七，而汉说之所可采者，则不过十之一耳"，
才再次翻出家中所藏兰书，与志同道合者结成译社，并亲事解
剖实验，终于得以拨云见日。中国学问值得留存者不过十分之
一的批判，不可谓不激烈。
　　不过意味深长的是，就是在如此强烈批判中国学问之际，
玄白还是援引《黄帝内经·灵枢经》关于解剖的论述。这并不
是说"解剖而视"为其所谓可足采信的十分之一，而更多的是
一种以古驳今，更确切地说是以中医权威论证自己所事解剖探
究及其兰学的合理性。他的这番苦心通过稍后的这段文字表达
得更加明确：

　　凡读斯书者，宜改面目也。汉士古今之医家，说

[1]　杉田玄白：《解体新書》（序图卷"凡例"），第1a—2b页。

藏府骨节者，不为不多焉。而其古者间有窥一斑者焉。虽漆桶扫帚，亦可取也。至乎后世马玄台、孙一奎、滑伯仁、张景岳辈所论三焦椎节者，皆相龃龉，唯阿其所好，臆度传会，千古遂不归一也。吁卤莽亦太甚矣。夫脏府骨节，其位置有一所差焉，则人以何乎立？治因何乎施？斯方先辈欲发乎旧染之际，见厥藏骨与旧说左者，则徒以狐疑，殆类燕人忘燕焉，卒不能瞰分，以归灭裂也。又或震然揭旗鼓，亦皆不知解体之法徒属孟浪。岂不闵乎！惜哉世虽有二豪杰士，污习惑乎耳目者，未能披云雾而见中青天也。苟非改面目者，则不能入其室也。呜呼！人有能有不能，余之不才，断断无它技，唯独于斯业，专精得以明之，诚无惭乎古之人。而其所权舆，要在改面目也。如与余同从事于斯，则庶乎得而至也。虽然余不娴乎文辞，故于斯书者，追余之生质访之可也。[1]

又是一段冗长的引文，但主旨非常明确，即希望读者"读斯书者。宜改面目"。因为中医关于人体构造的论说已经有很多，玄白便同样采取厚古薄今的办法，对马莳（字玄台，明代中期学者，生卒不详）、孙一奎（1522—1619）、滑寿（字伯仁，约1304—1386）、张景岳（1563—1640）等元明学者予以批判；并告诫读者既不要一味怀疑，亦不要以解剖博取眼球；必须改变面目，抛弃成见，才能不被"旧说"所束缚，进而有所发现乃至建树。相比此前的强烈批判，这里的希冀则平稳中

---

[1]　杉田玄白：《解体新書》（序图卷"凡例"），第5b—6b页。

肯很多。也正因为如此，其晚年寻思兰学成功的秘诀时曾言：
"而今反顾，汉学辞章华美，其开亦迟，兰学仅言明其实可也，
易于解悟，其开也速。抑或汉学已开人智在先，故兰学之成也
速亦未可知。"[1]

四、结语：兰学中有待全面挖掘的汉学资源

通过对以《解体新书》及其相关兰学作品的语言和知识两
方面的实证与理论相结合的考察，我们发现汉文在当时确有其
作为"高位语言"的特殊地位及其广泛使用，致使汉字词更加
紧密地融入日本的语言生活中；汉学知识则一直在兰书翻译
过程中发挥了参考系的作用，在"视域融合"的往复循环中，
兰学者得以深化认知，掌握更加精确的知识。从这个角度来看，
江户兰学家的语言文化生活呈现中、西、日交融的状态：其
中兰学固然是主体，亦不能忽视作为基础和参照系的汉学等传
统资源。

至于杉田玄白等学者对汉学的批判，有着很浓的目的论色
彩，即：摆脱其束缚，以抬高兰学的地位。也就是说，汉学在
为江户西学译介提供资源的同时，也不得不接受质疑和挑战，逐
渐丧失独尊的权威性。这也促使我们在探寻汉学等传统学问在
日本以及中国等东方世界近代化进程中的积极作用，同时也不
得不更加客观冷静面对如玄白所批判的缺乏实测等局限性问题。

---

[1] 载于1815年成书的《兰学事始》，当时仅以抄本流传，明治初期得以付梓。参
阅刊本与中文译本，并略做改动。杉田玄白：《蘭学事始》（下卷），[东京]天真楼，
1869年，第11b—12a页；徐克伟译：《兰学事始》，《或问》第13号，2013年，第145页。

附录：刊本兰学作品文体分布

类别	作品（刊行年，是否 [Y/N] 载有汉文序、跋、凡例、导言等）
I 汉文 （18 种）	01.《解体图谱》（1773，N）；02.《解体新书》（1774，Y）；03.《六物新志》（1786，Y）；04.《一角纂考》（1787，Y）；05.《官能真言》（1797，Y）；06.《兰疗方》（1804，Y）；07.《疗方药解》（1806，Y）；08.《眼科新书》（1815—1816，Y）；09.《兰畹摘芳》（1817，Y）；10.《西说观象经》（1822，N）；11.《菩多尼诃经》（1822，N）；12.《疡医新书》（1825—1830，Y）；13.《重订解体新书》（1826，Y）；14.《气海观澜》（1827，Y）；15.《西医方选》（1828，Y）；16.《植学启原》（1833，Y）；17.《理学提要》（1856，Y）；18.《和兰药性歌》（1866，Y）。
II 汉文纲要、汉文训读体解说（8 种）	01.《喎兰新译地球全图》（1796，Y）；02.《医范提纲》（1805，Y）；03.《外科收功》（1813—1814，Y）；04.《西说医原枢要》（1832，N）；05.《兰学重宝记》（1833，N）；06.《和兰用药便览并附录》（1837，Y）；07.《三才穷理颂二百五十二韵》（1838，Y）；08.《气海观澜广义》（1851—1856，Y）。
III 汉文训读体 （38 种）	01.《三国通览图说》（1786，Y）；02.《西洋钱谱》（1787，Y）；03.《兰学阶梯》（1788，Y）；04.《泰西舆地图说》（1789，Y）；05.《海国兵谈》（1791，Y）；06.《和兰天说》（1796，Y）；07.《西说内科撰要》（1796—1797，Y）；08.《官能真言》（1797，Y）；09.《三法方典》（1805，Y）；10.《兰学逵》（1810，Y）；11.《兰学佩觿》（1811，Y）；12.《和兰语法解》（1812，Y）；13.《和兰药镜》（1820，N）；14.《和兰内外要方》（1820，Y）；15.《增补重订西说内科撰要》（1822，Y）；16.《远西观象图说》（1823，Y）；17.《远西医方名物考》（1822—1825，N）；18.《和兰药性辩》（1825，N）；19.《西音发微 附西洋字原考》（1826，Y）；20.《泰西本草名疏》（1829，Y）；21.《语学新书》（1833，Y）；22.《舍密开宗》（1837—1847，Y）；23.《远西草木谱》（1843？，Y）；24.《坤舆图识》（1847，Y）；25.《西医今日方》（1848，Y）；26.《病学通论》（1849，Y）；27.《治痘真诀》（1849，Y）；28.《海岸炮术要略》（1852，Y）；29.《远西武器图略》（1853，N）；30.《海上炮术全书》（1854，N）；31.《泰西七金译说》（1854，Y）；32.《兰语冠履辞考》（1855，Y）；33.《译和兰文语》（1855—1857，Y）；34.《兰学独案内》（1856，Y）；35.《和兰文典便蒙》（1857，Y）；36.《扶氏经验遗训》（1857，Y）；37.《虎狼痢治准》（1857，N）；38.《万宝新书》（1860，N）。
IV 仅标注训点 （3 种）	01.《窝兰麻知加训译》（1857，N）；02.《训点和兰文典》（1857，N）；03.《插译俄兰磨智科》（1857，N）。
V 图册（1 种）	《新订万国全图》（1810，Y）。
VI 和汉混淆文 （14 种）	01.《红毛杂话》（1787，Y）；02.《地球全图略说》（1793，Y）；03.《西游旅谭》（1794，Y）；04.《和兰医事问答》（1795，Y）；05.《兰说辨惑》（1799，Y）；06.《长崎闻见录》（1800，Y）；07.《刻白尔天文图解》（1808，Y）；08.《形影夜话》（1810，Y）；09.《西洋杂记》（1848，Y）；10.《异人恐怖传》（1850，Y）；11.《鲁敏逊漂行纪略》（1857，Y）；12.《飓风新话》（1857，Y）；13.《民间格致问答》（1865，Y）；14.《兰学事始》（1869，N）。

后记

　　拙稿主体改写自笔者博士后出站报告部分章节（徐克伟：
《日本江户西学的汉学基础（1606—1845）》，北京：北京大学
博士后研究工作报告，2019年，第3章"解体新书（1774）的
汉学参考问题"，第57—78页）。其中，前半汉文（语）与附
录部分在笔者博士论文部分章节基础上修订而成（徐克伟：《日
本兰学翻译中的汉学资源及其局限：以〈厚生新编〉（1811—
1845）为中心》，[日本]大阪：关西大学博士学位审查论文，
2017年，第5章"兰学翻译中的文体与译词问题"，第135—
172页）基础上改订而成；后半汉学参考部分原系受北京语言
大学教员胡珍子博士盛意邀请，于其比较文学研究所20周年
所庆活动"2017跨文化论坛：比较视野下的古典与现代，西
方与东方"（2017年10月14日）学术会议上宣读文稿，谨致
谢忱。

文学翻译与跨文化研究

张爱玲、布莱希特、鲁迅论中国戏曲 *

陈丹丹 **

引　言

张爱玲与布莱希特的渊源，包括郑树森教授在内的学者们早已做过考证。当然，这一渊源并非是直接的，而是主要缘于张爱玲的第二任丈夫——美国左翼作家赖雅。赖雅与布莱希特在赖雅与张爱玲结合前就有着很深的友谊。郑树森教授在《张爱玲·赖雅·布莱希特》一文中介绍道：1930年代赖雅成为马克思主义信徒；1940年代，当布莱希特一家避难美国时，赖雅大力资助，与布莱希特一家经常往来。"赖雅更与布莱希特合写两个电影故事，协助布莱希特好几部戏剧的修改和演出。"[1] "一九五六年布莱希特在德国去世。同年赖雅与张爱玲

---

* 本文原刊于《中国文学学报》第5期，2014年12月。有修订。

** 陈丹丹，美国纽约州立大学法明代尔州立学院历史、政治与地理系副教授，河南大学文学院兼职讲座教授。研究领域为：中国现代文学、文化与思想史，兼及明清。

[1] 郑树森编：《张爱玲的世界》，台北：允晨文化实业股份有限公司，1989年，第44—45页。

结合。"[1]

　　研究布莱希特在美生活的詹姆斯·莱恩教授曾在一九七一年到加州拜访过张爱玲，在这次访谈中，张爱玲谈到赖雅如何向自己推荐布莱希特的作品，比如《四川贤妇》（或作《四川好人》），因作品的高质量与中国背景。张爱玲也与莱恩交换了对布莱希特与赖雅友谊的看法。事实上，这份友谊于1950年前后开始出现裂缝，赖雅逐渐与布莱希特失联。在《善隐世的张爱玲与不知情的美国客》一文中，莱恩教授指出张爱玲认为二人之不和大约始于1950年前后。原因是赖雅当年到柏林拜访布莱希特时因感到没有受到密友的对待而觉得被伤害。郑树森教授也在《张爱玲·赖雅·布莱希特》一文中写到赖雅曾因《四川贤妇》之中国背景与《高加索灰阑记》之取材于《灰阑记》而向张爱玲大力推荐。[2]

　　很难说布莱希特的戏剧观念如何影响到张爱玲。正如郑树森教授指出，尽管张爱玲与赖雅在婚后一起去看过布莱希特的戏剧，张爱玲且因特别欣赏而看了两次《三便士歌剧》[3]，但"从后来张爱玲为香港电懋影业公司所编的电影剧本来看（例如《情场如战场》），布莱希特可说完全没有影响"[4]。在这篇文章中，我想检视的不是布莱希特对张爱玲戏剧创作的影响，而是他们对中国戏曲的见解；同时，我也将引入鲁迅对戏曲的

---

[1] 郑树森编：《张爱玲的世界》，台北：允晨文化实业股份有限公司，1989 年，第46页。

[2] 同上，第47页。

[3] "张爱玲在给莱恩教授的一封信提到，特别欣赏看过两次的《三便士歌剧》。"（郑树森编：《张爱玲的世界》，第47—48页）

[4] 同上，第48页。

看法，作为另一个参照系。

据《中国梦：庞德、布莱希特、〈原样〉杂志》（*Chinese Dreams: Pound, Brecht, Tel Quel*）一书，早在1915年，布莱希特与庞德不约而同写出关于中国的作品。[1] 在此书作者看来，布莱希特与庞德的不同在于，庞德直接表达出他对中国的浓厚兴趣，布莱希特对此却并不多谈。然而不多谈并不等于漠不关心。布氏既读中国哲学，也读中国诗歌。在1920年9月的一则日记里，布莱希特提到自己在朋友的介绍下读《老子》，并常深以为然。[2] 他关于《老子》的诗，其后引出本雅明的解读 [3]；他从英文本转译来的中国诗歌，也被认为更具中国性。[4] 此前学界研究已经揭示了布莱希特与中国哲学的渊源：早在1920年代，布氏即悉心研读中国哲学，孔子、孟子、老子、墨翟的哲学尽皆渗透在他的作品中。[5] 哲学与诗歌之外，布莱希特当然更以独特的中国戏曲论闻名。1935年，布莱希特在莫斯科

---

[1] Eric Hayot, *Chinese Dreams: Pound, Brecht*, Tel Quel. Ann Arbor: University of Michigan Press, 2011. 又据胡星亮教授《布莱希特在中国的影响与误读》一文："布莱希特在中国的译介最早可追溯到1929年。20世纪三四十年代，他的《第三帝国的恐惧与灾难》中的两场戏（《告密的人》《两个面包师》）作为'反法西斯短剧'被翻译出版。"（胡星亮：《布莱希特在中国的影响与误读》，《外国文学评论》2007年第4期）

[2] Anne Lijing Xu, *The Sublime Writer and the Lure of Action: Malraux, Brecht, and Lu Xun on China and beyond*（PhD diss., University of Chicago, 2008）.

[3] 布莱希特这首诗题为 "Die Legende von der Entstehung des Buches Taoteking auf dem Weg des Laotse in die Emigration"（"Legend of the Origin of the Book Tao Te Ching on Lao-Tzu's Road into Exile"），参见 Walter Benjamin, *Understanding Brecht*, London & New York: Verso, 1998。

[4] Fredric Jameson, *Brecht and Method*, London & New York: Verso, 2011.

[5] 参见 Renata Berg-Pan's *Bertolt Brecht and China* and Lane Eaton Jenning's *Chinese Literature and Thought in the Poetry and Prose of Bertolt Brecht*；也参见 Anne Lijing Xu 博士论文中对此的概括。

看了梅兰芳的演出。《中国梦：庞德、布莱希特、〈原样〉杂志》一书指出，与布莱希特一起看戏的苏联朋友，除了爱森斯坦与瑟杰·特莱杰亚考夫（Sergei Tretyakov）[1]，还有形式主义理论家维克托·什克洛夫斯基（Viktor Shklovsky），而布莱希特的"陌生化"说与苏联形式主义者的理论有着相当的关联。[2]

在梅兰芳演出后，梅剧团与苏联文艺界进行了一次座谈会。座谈会究竟有哪些人参加？陈恬《历史与空间·梅兰芳访苏座谈会的不同记录》厘清了一些事实。陈恬指出：

> 1988年，《中华戏曲》杂志发表了由梅兰芳先生次子梅绍武翻译的《在1935年莫斯科举行的一次讨论会上的发言》，副标题是"斯坦尼斯拉夫斯基、梅耶荷德、爱森斯坦、戈登·克雷、布莱希特等艺术大师论京剧和梅兰芳表演艺术"。这份会议记录的来源，据梅绍武说是1986年9月梅葆玖赴瑞典演出时得到的，"记录者"为瑞典人拉尔斯·克莱贝尔格（Lars Kleberg）。[3]

这篇文章使得许多学者认可了出席座谈会的名单[4]。但事

---

[1]　瑟杰·特莱杰亚考夫（Sergei Tretyakov），1926年反帝剧作《怒吼吧，中国》的作者。

[2]　Eric Hayot, *Chinese Dreams : Pound, Brecht,* Tel Quel.

[3]　陈恬：《历史与空间·梅兰芳访苏座谈会的不同记录》，《文汇报》（香港），2009年4月18日。

[4]　梁展《布莱希特和鲁迅》一文就根据梅绍武先生译文，做了以下概括："在座者有苏联著名演员和导演斯坦尼斯拉夫斯基（Konstantin Sergejewitsch Stanislawski）、梅耶荷德（Wsewolod Emiolwitsch Meyerhold）、电影家爱森斯坦（Sergei Michailow-

实则是：1970年代，瑞典斯德哥尔摩大学斯拉夫语系教授拉尔斯·克莱贝尔格，因为长时间找不到1935年梅兰芳访苏时的座谈会记录，干脆创作了一个题名为《仙子的学生们》的剧本。在此之中，克莱贝尔格用自己的想象重构了那次座谈会。梅绍武先生翻译的那份"会议记录"，就是克氏的戏剧化重构。在克氏的设定下，斯坦尼斯拉夫斯基、梅耶荷德、爱森斯坦、布莱希特都参加了这次座谈会。虚构总是比现实更精彩。其后，克莱贝尔格教授终于找到了真正的座谈会记录，并以《艺术的强大动力》为题，发表于1992年独联体《电影艺术》杂志第一期。这份真正的记录显示，斯坦尼斯拉夫斯基、布莱希特、戈登·克雷其实都未现身1935年的座谈会。[1]

　　事实上，在梅兰芳访苏之前，国内文艺界已经就他所获得的这一邀请展开讨论。据《布莱希特和鲁迅》一文介绍，在1934年，"国内文坛对梅兰芳出访苏联有两种反应，一派认为梅派艺术之所以受苏联之邀是迎合了苏联正在流行的'象征主义'艺术思潮，而梅兰芳的表演将是'国粹的发扬'；一派认为梅兰芳的传统京剧是与苏联的意识形态格格不入的，因此对此加以嘲讽"[2]。鲁迅对此也给出了自己的反应：1943年6月2日，鲁迅署名"常庚"，在《中华日报·动向》上发表《谁在没落？》一文；11月，鲁迅又署名"张沛"，在《中华日报·动

---

itsch Eisenstein）、特莱杰亚考夫等人。布莱希特应主持人丹钦科的要求对梅兰芳及其表演艺术发表了看法并和爱森斯坦发生了激烈的争论。"（梁展：《布莱希特和鲁迅》，《鲁迅研究月刊》1998年第6期，第31页）

[1]　陈恬：《历史与空间·梅兰芳访苏座谈会的不同记录》，《文汇报》（香港），2009年4月18日。

[2]　梁展：《布莱希特和鲁迅》，《鲁迅研究月刊》1998年第6期，第31—32页。

向》上发表《略论梅兰芳及其他（上）》与《略论梅兰芳及其他（下）》。鲁迅的鲜明态度，使他成为当年批评"梅派"所谓"象征主义"的主力军。

在差不多十年之后，张爱玲也出手论中国戏曲。1943年6月，张爱玲在英文杂志《二十世纪》(*The XXth Century*) 4卷6期发表英文散文 "Still Alive"（直译为《还活着》）[1]。此文的中文版——《洋人看京戏及其他》，则发表于1943年《古今》半月刊第34期。[2] 在下面的章节，我就将比较布莱希特、鲁迅、张爱玲对京剧/中国戏曲的论述。在这个比较之前，我将先对张爱玲的英文文章 "Still Alive" 与中文版《洋人看京戏及其他》做一个比较。

一、英文说京剧与中文说京剧:《洋人看京戏及其他》中英文版对读与比较

《洋人看京戏及其他》与"Still Alive"最显眼的区别，乃是《洋》文开头加了张爱玲借京戏引发大发议论的几段：

用洋人看京戏的眼光来看看中国的一切，也不失

---

[1] 刘绍铭教授指出："Still Alive 原意是'还活着'，但看了内文后，应可明白张爱玲在这里所指的是京剧里的中国人情世态，'纷纭，刺眼，神秘，滑稽'的种种切切，依旧一成不变，'古风犹存'。用英文来讲，正好是 Still Alive。"（刘绍铭：《轮回转生：张爱玲的中英互译》，陈子善编：《重读张爱玲》，上海：上海书店出版社，2008年，第217页）

[2] 张爱玲：《洋人看京戏及其他》，《古今》半月刊第34期，1943年11月，第25—31页。原文为繁体。

为一桩有意味的事。头上搭了竹竿，晾着小孩的开裆裤[1]；柜台上的玻璃缸中盛着"参须露酒"；这一家的扩音机里唱着梅兰芳；那一家的无线电里卖着癞疥疮药；走到"太白遗风"的招牌底下打点料酒[2]……这都是中国。纷纭，刺眼，神秘，滑稽。多数的年青人爱中国而不知道他们所爱的究竟是一些什么东西。无条件的爱是可钦佩的——唯一的危险就是：迟早理想要撞着了现实，每每使他们倒抽一口凉气，把心渐渐冷了。我们不幸生活于中国人之间，比不得华侨，可以一辈子安全地隔着适当的距离崇拜着神圣的祖国。那么，索性看个仔细罢！用洋人看京戏的眼光来观光一番罢。有了惊讶与眩异，才有明瞭，才有靠得住的爱。

为什么我三句离不了京戏呢？因为我对于京戏是个感到浓厚兴趣的外行。对于人生，谁都是个一知半解的外行罢？我单拣了京戏来说，就为了这适当的态度。

---

[1] 在《洋人看京戏及其他》的《古今》杂志版与张爱玲1944年自己发行、中国科学公司印刷、五洲书报社总经销的散文集《流言》(初版)中皆写为"开裆裤"(张爱玲：《洋人看京戏及其他》，《古今》半月刊第34期，1943年11月，第25页)；在大楚报社版1945年印刷发行的《流言》(再版)中所收的《洋人看京戏及其他》中写为"开裆裤"。(张爱玲：《流言》，上海：五洲书报社，1944年，第109页；张爱玲：《流言》，汉口：大楚报社，1945年，第109页)

[2] 《洋人看京戏及其他》的《古今》杂志版写为"打点酒"(张爱玲：《洋人看京戏及其他》，《古今》半月刊第34期，1943年11月，第25页)，五洲书报社版《流言》与大楚报社版《流言》中所收的《洋人看京戏及其他》中皆写为"打点料酒"。(张爱玲：《流言》，上海：五洲书报社，1944年，第109页；张爱玲：《流言》，汉口：大楚报社，1945年，第109页)

登台票过戏的内行仕女们，听见说你喜欢京戏，总是微微一笑道："京戏这东西，复杂得很呀。就连几件行头，那些个讲究，就够你研究一辈子。"可不是，演员穿错了衣服，我也不懂；唱走了腔，我也不懂。我只知道坐在第一排看打武[1]，欣赏那青罗战袍，飘开来，露出红里子，玉色袴管里露出玫瑰紫里子，踢蹬得满台灰尘飞扬；还有那惨烈紧张的一长串的拍板声——用以代表更深夜静，或是吃力的思索，或是猛省后的一身冷汗，没有比这更好的音响效果了。

　　外行的意见是可珍贵的，要不然，为什么美国的新闻记者访问名人的时候总拣些不相干的题目来讨论呢？譬如说，见了谋杀案的女主角，问她对于世界大局是否乐观；见了拳击冠军，问他是否赞成莎士比亚的脚本改编时装剧。当然是为了噱头，读者们哈哈笑了，想着："我比他懂的多。名人原来也有不如人的地方！"一半却也是因为门外汉的议论比较新鲜蠢拙，不无可取之点。[2]

　　以上的段落，并不见于"Still Alive"（为明晰起见，以下称英文版《洋人看京戏及其他》，或简称英文版）。根据刘绍铭教授在《张爱玲的中英互译》一文对这两版的分析，"中文

---

[1]　"打武"的用法可能与我们现在常用的"武打"不同。此处《洋人看京戏及其他》的《古今》杂志版、五洲书报社版《流言》、大楚报社版《流言》中所收的《洋人看京戏及其他》中皆写为"坐在第一排看打武"。（张爱玲：《洋人看京戏及其他》，《古今》半月刊第34期，1943年11月，第25页；张爱玲：《流言》，上海：五洲书报社，1944年，第109页；张爱玲：《流言》，汉口：大楚报社，1945年，第109页）

[2]　张爱玲：《洋人看京戏及其他》，《古今》半月刊第34期，1943年11月，第25页。

稿虽然发表在英文之后，但也有可能是作者先写好了中文，却没有即时拿去发表"。刘认为英文版少了中文的这个开头"涉及读者对象和'认受'（reception）的问题"[1]。中文版《洋人看京戏及其他》的标题，表明张爱玲清楚的作者意识——她借用的是洋人的目光。这几段值得注意的是：其一，张爱玲由京剧展开她的中国论述；其二，张爱玲表明自己的外行视角；其三，张爱玲对京剧的认知是审美的、视觉的，并强调浓烈色彩与声响。不论是洋人的目光还是外行的视角，张爱玲提供的都是已被陌生化了的对京剧与中国的观感，这恰恰与布莱希特强调中国戏曲的陌生化有了异曲同工之妙。而张氏对京剧的色彩与声响的关注，也与布莱希特所强调形式上的美相通。

与中文版不同，英文版直接由话剧《秋海棠》切入，第一段乃是介绍《秋海棠》的基本情况（见表1）。

面向中国读者的中文版没有这一段简介。英文版中，张爱玲接下去介绍了这出戏对其他话剧的影响，中文版则对此稍作改写，这里也比较一下（见表2）。

英文版中的这一段，紧接着上述第一段对《秋海棠》的介绍；中文版的这一段，则是从前面五段荡出去的议论收回到京剧，为此，张爱玲加上一句过渡："然而为了避重就轻，还是先谈谈话剧里的平剧吧。"[2] 当时因为北京改名作"北平"，京剧也称"平剧"。所谓避重就轻，也就是张爱玲立意从作为在新戏剧之现在时的话剧入手来讲"话剧里的平剧"。比较这

---

[1]　参见刘绍铭教授在《轮回转生：张爱玲的中英互译》中更详细的分析（陈子善编：《重读张爱玲》，第217页）。

[2]　张爱玲：《洋人看京戏及其他》，《古今》半月刊第34期，1943年11月，第25页。

表 1

英文版《洋人看京戏及其他》	笔者对英文版的直译 **
Never before has the hardened city of Shanghai been moved so much by a play as by "Autumn Quince" ("Chiu Hai Tang"), a sentimental melodrama which has been running at the Carlton Theater since December 1942. The play, freely adapted from a novel of the same name, has not yet been published, but the majority of the audience attend the performance so regularly that they learn the dialogues by heart and anticipate everything said, repeating aloud the more stirring speeches after the actors. Strong men weep copiously at the tragic downfall of a Peking Opera star, a female impersonator, who answers to the lyrical stage name of Autumn Quince.*	铁石心肠的上海城从未被一部戏像《秋海棠》这样感动过；这个伤感的通俗剧从1942年12月开始就在卡尔登剧场持续演出。这个自由改编于同名小说的剧，尚未出版，但大部分观众如此频繁地出席演出，使得他们已经能背出这些对话，并且跟着演员念诵比较煽情的台词。硬汉子们也都为了一个艺名秋海棠的京剧明星（一个花旦）的悲剧沉沦深深哭泣。

* Eileen Chang, "Still Alive", *The XXth Century*, 432.

** 为了尽可能贴近张爱玲的英文原文，本文中对"Still Alive"各章节的翻译都尽可能直译。后文中所引的所有翻译自"Still Alive"的字句，皆为本人对张爱玲原文的直译，不再一一注明。本文的不少翻译也经过了华东师范大学中文系教授金雯博士与南京大学英文系教授但汉松博士的校阅与修订，在此表示衷心感谢。

表2

英文版《洋人看京戏及其他》	笔者对英文版的直译	中文版《洋人看京戏及其他》
The success of the play has given rise to a host of imitators. At one time there were no less than six plays showing simultaneously in Shanghai which dealt with the private lives of Peking Opera stars and backstage intrigues. ("Peking Opera" is the term used for the prevailing form of Chinese stage play, which is characterized by singing after set tunes and by dialogues in a mixture of the Peking and Hupeh dialects; by conventionalized costumes, masks, and movements; and by the absence of scenery.) The color and atmosphere of Peking Opera strongly prevails in these plays, with here and there a brief interlude of actual Peking Opera. It astounds us to reflect that, although the new theater of China has taken a firmly antagonistic stand against Peking Opera from its very conception, the first real triumph of the new theater is a compromise—a humiliating fact.	这个剧的成功带来了一批模仿者。在一段时间,有不少于六部剧同时在上海上演,这些剧都讲述的是京剧明星们的私生活和后台的纠葛。("京剧"是一个用来意指中国流行的舞台剧形式的术语;这种剧的特色是:用设定的调子唱;在北京与湖北方言的混合中对话;采用传统的服装、脸谱和动作;无布景。)京剧的色彩与气氛在这些剧里比重很大,并且这里那里都穿插着实际的京剧。它使我们惊奇,并意识到,尽管中国的新戏剧已经从其特定的概念出发,采取了一个坚定地反对京剧的立场,新戏剧的第一个真正的成功竟是一个妥协:这不啻为一个丢人的事实。	然而为了避重就轻,还是先谈谈话剧里的平剧罢。《秋海棠》一剧风魔了全上海,不能不归功于故事里京戏气氛的浓。紧跟着《秋海棠》空前的成功,同时有五六出话剧以平剧的穿插为号召。中国的写实派新戏剧自从它的产生到如今,始终是站在平剧的对面的,可是第一出深入民间的话剧之所以得人心,却是借重了平剧——这现象委实使人吃惊。

两段中英文不难发现：英文版谈及新戏剧对京剧（即旧戏剧）的立场时，语气更强硬坚决，在谈及新戏剧的成功竟然依赖于与旧戏剧的妥协时，用了"丢人"这样重的话语；中文版以"站在对面"替换了"坚定地反对"，用"借重了平剧"替换了"妥协"，用"现象委实使人吃惊"替换了"一个丢人的事实"。显然，中文表达不仅在中文语境中更顺畅，也更平和。两个版本都提到了京剧的气氛，但英文版更多加了京剧的色彩。不管是气氛还是色彩，这里强调的都是京剧作为风格与形式——所谓"故事里京戏气氛的浓"以及故事里"京剧的穿插"。

如上节所说，英文版与中文版的相同在于二者都强调京剧的风格与形式。但英文版中，张爱玲打头还强调的是京剧作为题材："京剧明星们的私生活和后台的纠葛"[1]成为话剧的故事内容。为了让期待读者（外国人）能够读懂，张爱玲紧接着还在括号里介绍了什么是京剧及京剧的特征："京剧是一个用来意指中国流行的舞台剧形式的术语；这种剧的特色是：用设定的调子唱；在北京与湖北方言的混合中对话；采用传统的服装。脸谱和动作；无布景。"[2]

接下去的几段，英文版与中文版有一些言辞上的差异。比如，英文版中问的是："京剧为何在中国的娱乐世界里是这样的根深蒂固，并且是这样普遍的一个爱好，虽然它在艺术上的至尊性并非是毫无争议的。"[3]中文版则说的是："为什么京戏

---

[1] 参见表2中笔者拙译。

[2] 张爱玲用 masks 指代脸谱并不太准确。

[3] 原文为："Why is the Peking Opera so deeprooted and universal a favorite in the Chinese entertainment world, although its artistic supremacy is far from undisputed？"（Eileen Chang, "Still Alive", *The XXth Century*, p.432.）此处为我的直译。后文中为

在中国是这样的根深蒂固与普及，虽然它的艺术价值并不是毫无问题的。"[1] 在这里，大多数语句上的差异可以从修辞的层面加以理解（张爱玲自己用中文写文章时，当然会选择更符合中文语境的表达方式），不过有一个小差异也值得加以关注：英文版更强调京剧在娱乐世界的位置（这与张爱玲这篇文章主要是向母语为英文的读者介绍《秋海棠》这部剧有关），中文版则去掉了"娱乐世界"这个特指；英文版中"艺术上的至尊性"这个短语在中文版中写作"艺术价值"——这样，英文版对京剧艺术特质的强调，在中文版中则呈现为对"艺术价值"的一般关注。这两个语词上的差异也就将京戏从艺术时空拉入日常生活的空间。

英文版与中文版的另一个差异是英文版分了小节。在前三段之后，英文版有以下几小节："引用的习惯"（The Quoting Habit）、"浪漫的逃避？"（Romantic Escape？）、"大众与中国式心理"（The Crowd and Chinese Psychology）、"无异端"（No eccentrics）、"永久青春的秘密"（The Secret of Eternal Youth），等等。在"引用的习惯"这一小节中，英文版和中文版都举《秋海棠》中引用的一句"京剧的唱词"："酒逢知己千

行文流畅，大部分来自英文版《洋人看京戏及其他》的引文都由我直接译为中文，不再一一注明。

[1] 此处《洋人看京戏及其他》的《古今》杂志版写为："为什么京戏在中国是这样的根深蒂固与普及的嗜好，虽然它的艺术价值并不是毫无问题的。"（张爱玲：《洋人看京戏及其他》，《古今》半月刊第34期，1943年11月，第25页）而五洲书报社版《流言》、大楚报社版《流言》中所收的《洋人看京戏及其他》中皆写为："为什么京戏在中国是这样的根深蒂固与普及，虽然它的艺术价值并不是毫无问题的。"（张爱玲：《流言》，上海：五洲书报社，1944年，第110页；张爱玲：《流言》，汉口：大楚报社，1945年，第110页）

杯少，话不投机半句多。"[1] 中文版注明这是引用的鼓儿词，英文版则以"旧诗"笼统代之。[2] 能够说得出鼓儿词，可见张爱玲对地方戏的关注；对于外国读者来说，这个具体的知识点可能并不重要，所以在英文版中没有点出。接下去，英文版和中文版都慨叹了中国人的引经据典：英文版仍然更强调"内容"，指出秋海棠如何在剧中被这句话打动，中文版则跳脱戏剧之内容，强调这句口头禅带来的"苍凉"——这里更强调的仍是"意味"。

由话剧对京剧的引经据典，张爱玲又转向传统与过去在现代中国的命运，而京剧几乎可当作传统与过去的代表（见表3）。

通过对照可看出英文版与中文版有着颇大的差异。英文版强调作为经验的"过去"如何演绎出"公众记忆"。套到京剧上，即京剧如何代表着"过去"，并生产出公众的经验与记忆。中文版则抹去了"过去"这个含糊的词语，代之以"历史"这样更明确的词。英文版说的是"京剧与现在社会的关系也具有引文的性质"，中文版则将"引文"改为"口头禅"。这样虽然更显俏皮，但少却了英文版所强调的京剧之生产公众经验与记忆的明确含义。

英文版这一段的最后一部分（"the world of Peking Opera bears a very thin resemblance to the Chinese world in any given stage of our evolution, and yet the public has at the back of its mind the impression that the Peking Opera world, with

---

[1]　张爱玲：《洋人看京戏及其他》，《古今》半月刊第34期，1943年11月，第25页；Eileen Chang, "Still Alive", *The XXth Century*, 432。

[2]　同上。

表3

英文版《洋人看京戏及其他》	笔者对英文版的直译	中文版《洋人看京戏及其他》
Perhaps nowhere else in the world does the past play so active a role in common everyday life – the past in the sense of elucidated experience, communal memories analyzed by the historical viewpoint. If we see the quotations in this light, the relation of Peking Opera to the world of today is also in the nature of a quotation. The world of Peking Opera bears a very thin resemblance to the Chinese world in any given stage of our evolution, and yet the public has at the back of its mind the impression that the Peking Opera world, with its tidy ethics, its beauty and finish, is a faithful representation of the old order. Our elders regret that it has now passed away; two hundred years ago, men of the last dynasty also felt as if it had just ceased to exist. It never did exist. Is it romantic escape, then that it offers us？ *	可能世界上再无一个地方，过去在普通的日常生活中起如此活跃的作用（过去在这里，指的是被阐明的经验，即从历史视角分析而得的公众记忆）。如果从这个角度看待引文，京剧与今日世界的关系也具有引文的性质。京剧的世界与我们进化之中的中国世界的任何特定阶段，仅有着非常细微的相似，但公众仍在其内心有这样的印象：京剧的世界，连同它的对错分明的道德系统，它的美与完成，是旧的秩序的忠实呈现。我们的长辈遗憾于它已经消失了；200年之前，前朝之人也会感觉它刚停止存在。其实它从未存在过。那么，它所提供给我们的，就是浪漫的逃避？	只有在中国，历史仍于日常生活中维持活跃的演出（历史在这里是笼统地代表着公众的回忆）。假使我们从这个观点去检讨我们的口头禅，京戏和今日社会的关系也就带着口头禅的性质。**……

* Eileen Chang, "Still Alive", The XXth Century, p.433.

** 张爱玲：《洋人看京戏及其他》，《古今》半月刊第34期，1943年11月，第25页。

its tidy ethics, its beauty and finish, is a faithful representation of the old order. Our elders regret that it has now passed away; two hundred years ago, men of the last dynasty also felt as if it had just ceased to exist. It never did exist. Is it romantic escape, then that it offers us？”）连同英文版中的下一段（“The Peking Opera is an escape only in the sense of the transition from one point of view to another....The tiny chores in the kitchen, the immediate reality, uninteresting by itself, gains significance through its connection with a more lucid, comprehensible reality”）[1]，在中文版中被张爱玲整合到另一段去。这里也做一个比较（见表4）。

比较表4的第一段的英文版和中文版，可以看出张爱玲如何在英文写作与中文写作中分别凸显京剧的某一方面：在英文版中，张爱玲认为京剧乃是“旧的秩序的忠实呈现”，她同时将这样的一种观点赋予了公众；中文版则更突出京剧的无时间性。英文版虽然也承认“京剧的世界与我们进化之中的中国世界的任何特定阶段，仅有着非常微弱的相似”，但其一，作者至少承认京剧的世界与历史进程中具体时段的“微弱相似”；其二，这是作为让步句来说的，作者更想肯定的是，虽然京剧与现实之“相似”仅微弱，但京剧的世界仍然是旧日秩序的代表。与此不同，中文版完全不提任何京剧与现实的“相似”，而是直接抛出京剧的“永恒”性质（也即其独一无二的“无时间性”）：“京戏里的世界既不是目前的中国，也不是古中国在它的过程中的任何一阶段。”英文版中的让步句，在这

---

[1] 在英文版中，这一段已属于下一小节“Romantic Escape”。

表4

英文版《洋人看京戏及其他》	笔者对英文版的直译	中文版《洋人看京戏及其他》
...The world of Peking Opera bears a very thin resemblance to the Chinese world in any given stage of our evolution, and yet the public has at the back of its mind the impression that the Peking Opera world, with its tidy ethics, its beauty and finish, is a faithful representation of the old order. Our elders regret that it has now passed away; two hundred years ago, men of the last dynasty also felt as if it had just ceased to exist. It never did exist. Is it romantic escape, then, that it offers us?	京剧的世界与我们进化之中的中国世界的任何特定阶段，仅有着非常微弱的相似，但公众仍在其内心有这样的印象：京剧的世界，连同它的对错分明的道德系统，它的美与完成，是旧的秩序的忠实呈现。我们的长辈遗憾于它已经消失了；200年之前，前朝之人也会感觉它刚停止存在。其实它从未存在过。那么，它所提供给我们的，就是浪漫的逃避么？	京戏里的世界既不是目前的中国，也不是古中国在它的过程中的任何一阶段。它的美，它的狭小整洁的道德系统，都是离现实很远的，然而它绝不是罗曼蒂克的逃避——从某一观点引渡到另一观点上，往往被误认为逃避。切身的现实，因为距离太近的缘故，必得与另一个较明彻的现实联系起来方才看得清楚。**
The Peking Opera is an escape only in the sense of the transition from one point of view to another. A cook holds up an emptied vegetable basket to shake off the few leaves of spinach stuck in the bottom. The leaves, a translucent green in the checkered sunlight, remind him of climbers on a trellis. Now the latter is no less real or homely an object than the former, and yet the analogy is pleasing, as it calls up associations to things which mean more to us because men's thoughts have dwelt upon them and men's art has shaped those thoughts to advantage. The tiny chores in the kitchen, the immediate reality, uninteresting by itself, gains significance through its connection with a more lucid, comprehensible reality.*	京剧仅仅在从某一观点引渡到另一观点上，是一种逃避。一个厨子，将倒空了的菜篮举起来，以抖落粘在篮底的几根菠菜叶。这些叶子，在交织的阳光里呈现透明的绿色，使他想起棚子上的爬藤。现在，后者并不比前者更不真实或更家常，但这模拟是令人愉悦的，因为（把菠菜比作爬藤）唤起与那些对我们来说意义更多的事物的联系（这些事物的意义更为丰富，是因为人类的想法栖居其上，而人类的艺术又使这些想法得以成型）。厨房里的细微的琐事，自身并无趣的切身的现实，通过与一个更清晰、易于理解的现实联系起来而获得意义。	

* Eileen Chang, "Still Alive", *The XXth Century*, p.433.

** 张爱玲：《洋人看京戏及其他》，《古今》半月刊第34期，1943年11月，第27页。

里变为主句，并且是非常肯定的主句。英文版更看重京剧与现实的关联："京剧的世界，连同它的对错分明的道德系统，它的美与完成，是旧的秩序的忠实呈现。"中文版则更强调京剧与现实的距离："它的美，它的狭小整洁的道德系统，都是离现实很远的。"概括来说，英文版更强调京剧的"内容"——京剧作为"旧的秩序的忠实呈现"；中文版则更强调京剧的"风格"与"形式"——京剧的无时间性或者说跨时间性。在中文版的另一处，张爱玲写道："最流行的几十出京戏，每一出都供给了我们一个没有时间性质的，标准的形势……"[1] 对京剧所携带的"道德系统"，英文版是从内容上加以强调；中文版则从内容上加以否定——连这个"道德系统"，都是"离现实很远"的。英文版中"tidy ethics"里的"tidy"，有"整洁有序"之意，但并没有"狭小"之意。具体说来，是指对与错之间泾渭分明，这里微妙地倾向于道德系统的内容，可以理解为京剧有严苛的道德主义或道德说教[2]；而张爱玲中文中所使用的词语"狭小整洁"，则形式意味极浓。尽管英文版与中文版都试图将"道德系统"吸纳到"形式"中去（两个版本都将"道德系统"与京剧形式与风格上的"美与完成"并置），但英文版最终仍给出一个内容的对应（"道德系统"对应于"旧的秩序的忠实呈现"）；而中文版则通过内容上的否定，将"狭小整洁的道德系统"从形式上加以强调。同时，用"狭小整洁"这个通常形容具体空间的、触目可见的词语去形容抽象的"道德系统"，乃是一种陌生化的独特比喻，将"道德系统"具象化

---

[1]　张爱玲：《洋人看京戏及其他》，《古今》半月刊第 34 期，1943 年 11 月，第 25 页。

[2]　此处对 "tidy ethics" 的细致分辨，也要感谢南京大学英文系教授但汉松博士。

与视觉化了，正呈现出张爱玲在中文写作上的确擅长使用鲜明的、出人意料的比喻。

英文版第二段首尾两句中间的部分也是同样鲜明的比喻："一个厨子，将倒空了的菜篮举起来，以抖落粘在篮底的几根菠菜叶。这些叶子，在交织的阳光里呈现透明的绿色，使他想起棚子上的爬藤。"中文版去掉了这一比喻，就可以更强调京剧与现实的距离感。"切身的现实，因为距离太近的缘故，必得与另一个较明彻的现实联系起来方才看得清楚。"——这其实也是将现实／经验"陌生化"之后再来理解。张爱玲在英文写作与中文写作中的增删与表达的不同体现了她不同的语感。

英文版"引用的习惯""浪漫的逃避？""大众与中国式心理""无异端""永久青春的秘密"这些小节中的内容，大部分在中文版中得以呈现；只是有些段落有前后的调整，有些字句有张爱玲自己的修改。但英文版中还有一些章节在中文版中消失，比如张爱玲对京剧之"言"与"乐"的介绍。关于"言"的部分在题为"文言与白话"（Classical and Colloquial Speech）[1] 的小节中（这一小节只有一段）；关于音乐、声腔与唱词的部分在题为"对简洁的强调"（Emphasis on Brevity）的小节中。这两部分以洋人为预期读者，并不存于中文版之中。关于"言"的问题，张爱玲提出新文学来作为京剧的参照物。在她看来，京剧在其少量的对话中将文言与白话做了一个完美结合：文言"虽则陈腐，但却是不可或缺的，因为它掌握着大多数中国人深爱的成语。借助这些短语之力，文言可以以一

---

[1] 尽管"Classical and Colloquial Speech"并非"文言与白话"的通用译法，但为语言通畅，此段"Classical and Colloquial Speech"都回译为"文言与白话"。

种令人惊异的简短的方式表达最复杂的情感。"[1] 此处也涉及中国人引用的习惯。在张爱玲看来，即便是新文学，也不能克服中国人对引用的爱好。尽管新文学也在致力于文言与白话的调和，但没有其他任何文艺形式能比京剧更让这两种语言和谐地交融。[2]

与"言"相比，京剧更多用的还是吟唱，即"乐"的部分。张爱玲大胆下结论：京剧最重要的就是它的音乐，而"在所有的中国艺术之中"，京剧之音乐"反映出对简洁的极端甚至是不相称的强调"[3]。当然，张爱玲以自家人的口吻说，这也是因为"在艺术上，我们似乎不能欣赏巨大的复杂的结构"[4]。她接下去指出："欧洲交响乐只有在其作为一个整体时，形式才能分辨得出；对于中国人来说，交响乐乃是收不住又令人费解的庞然大物。京剧的曲调既简短，又工整，效果即刻呈现，每一行每一节为半独立整体。"[5] 在这里，张爱玲将京剧与西洋

---

[1]　Eileen Chang, "Still Alive", *The XXth Century*, p.435. 原文为："In its scanty dialogues the Peking Opera employs a mixture of classical and colloquial speech. The former, though outworn, is indispensable because it has at its command the majority of those set phrases which the Chinese so dearly love. With the aid of these phrases the classical language is able to convey the most complex feelings in an amazingly short sentence."

[2]　同上。

[3]　同上。原文为："The music of Peking Opera reflects the extreme and perhaps disproportionate emphasis on brevity in all forms of Chinese art."

[4]　同上。原文为："We do not seem able to appreciate vast complicated construction in art."

[5]　同上。原文为："European symphonies, in which form is discernible only when viewed as a whole, are to the Chinese a giant, unintelligible, sprawling mass. The Peking Opera tunes are short and shapely, and their effect instantaneous. Every line and stanza is a semidetached entity."

交响乐相比较，并强调京剧的简洁与自成一体：交响乐依靠全盘去凸显自己的形式，京剧的形式则蕴藏在字句之间。京剧似乎没有一个庞大的整体，某种程度上自成段落，但此种自成段落又构成一种别具一格的"形式"。接下去张爱玲又介绍了京剧的板式，如摇板（the Swing Beat）、慢板（the Slow Beat）、快板（the Quick Beat）、原板（the Original Beat），等等。[1] 张爱玲向外国读者介绍，正是这些声腔"作为表达之渠道覆盖了整个情绪之范围"："愤怒、急切、惊喜都用快板表现。一个沉思或忧郁的人则用慢板唱。"[2] 这些对京剧的基本介绍，在中文版中消失了。

关于伶人的声音，张爱玲也拿西洋歌剧的演员与京剧的角儿相比。为了让外国读者更易理解，张爱玲将"生"的声音比之于西洋的男高音或男中音；关于"旦"的声音，张爱玲却称其更接近于鸟或笛子的声音，而非西洋的女高音。张爱玲强

---

[1]　Eileen Chang, "Still Alive", *The XXth Century*, p.435。原文为："the Swing Beat, the Slow Beat, the Quick Beat, the Reversed Beat, the Original Bet, etc." 这些英译的术语的确都能找到对应的京剧术语：摇板（the Swing Beat）、慢板（the Slow Beat）、快板（the Quick Beat）、原板（the Original Beat）。可见张爱玲的翻译策略就是直译。据此策略推测，张爱玲翻译为"the Reversed Beat"的术语有可能是"倒板"——因为张爱玲乃是直接从字面翻译。但擅唱京剧的徐芃教授指出，张爱玲将"原板"直译为"the original beat"可能恰恰体现出张如其本人自述，乃是京剧的外行：在京剧术语系统中，倒板也会写为"导板"，作为特定的戏曲板式，并不是"the reversed beat"的意思。但张爱玲如果是直接从字面理解，很容易翻译为"the reversed beat"。徐芃教授也提出另一种可能性：如果张爱玲的确深谙京剧，那可能她翻译为"the reversed beat"的术语是"二六"。在术语的含义上来说，"二六"翻译为"the reversed beat"更有道理。

[2]　Eileen Chang, "Still Alive", *The XXth Century*, p.435。原文为："As vehicles of expression these cover the entire emotional range. Anger, haste, ecstatic surprise are keyed to the Quick Beat. A man in a reflective or melancholy mood sings in the Slow Beat."

调,"旦"的声音并不追求"自然",这也是为何戏迷更喜欢男旦。值得注意的是,张爱玲在这里点出了京剧的某种"非自然性"。换言之,京剧将"旦"的声音"陌生化"为鸟或笛子的声音,这也构成京剧之独特"程序"的一部分。[1]

其后张爱玲在"紫砂壶"(Clay Teapots)一节中继续讨论京剧之唱词。她所强调的也是唱词之程序化的一面:与声腔相配的唱词,在使用的词语的元音上要遵循诸般严格限制。[2]张爱玲并不认为戴着镣铐跳舞有多难,甚至认为这种限制刺激了中国思想的生长。[3]接下去张爱玲就大发议论,称中国人在固定的模式下往往创作最佳,譬如唐诗宋词。[4]张氏由此也声东击西,顺便把新诗批评一下,认为新诗之所以不大成功,就是因为其"对形式的否定"(negation of form)。[5]在此基础上,张爱玲转而又阔谈中国人,认为"中国人在人生的大事上,不是一个追求自我的民族"[6]。"也许正因为此,"张爱玲揶揄道,"他们在小事上非常自私以作为补偿。"[7]所谓"大事",就比如"可以让远邻与子孙了解自己民族"的艺术:在中国,不变的

---

[1] 张爱玲固然也分析了人们选择男旦的其他原因:"尽管培训女演员的花费远远减少,之前对女演员出现在戏院的道德限制也已被取消,但男旦"音量更大,形象更持久,一旦成名也不会嫁给金主和退休"。但这不过是对京剧常识性的介绍。与此相比,张爱玲所注意到的京剧的"非自然性"更值得关注。(Eileen Chang, "Still Alive", *The XXth Century*, p.435.)

[2] Eileen Chang, "Still Alive", *The XXth Century*, p.436.

[3] 同上。

[4] 同上。

[5] 同上。

[6] 同上。

[7] 同上。

是"形式第一"[1]。所以，传统的形式永远占据压倒性地位。艺术家的个人成功乃是取决于以下的标准：即艺术家"在多大程度上融入了传统的形式"。[2] 由此，在中国，艺术家的"原创性"在于他/她如何用"原创性"克服他/她身上"可能卓越却阻碍自身与传统形式切合的那些质素"。[3] 在纵论了中国艺术的"形式至上"之后，张爱玲回到"紫砂壶"那个比喻。她指出："对于中国的紫砂壶来说，茶壶越老，茶味越好，因为多孔的黏土可以将经了日子的茶的精华吸出。"[4] 她由此也回到京剧的程序化。既然传统之形式无法被抛弃，张爱玲顺势也为京剧的创新者打圆场。张爱玲比喻道，京剧的创新者们以"自身个性的微妙气息"，丰富了传统形式那"永恒的铸型"，而"若说他们留下了自身个性的印记，则意味着对已有形式的过度篡改"[5]。

张爱玲在英文版中用"谦逊"来形容中国人对"形式"的态度，并认为如此态度"在其他领域也很明显"："在政治的层面，中国人从来不想把私人理论置于社会模型之上。"[6] 张爱玲

---

[1] Eileen Chang, "Still Alive", *The XXth Century*, p.436.

[2] 同上。

[3] 同上。

[4] 同上。原文为："With the clay teapots of China, the older the pot the better the tea tastes in it, because the porous clay has sucked up the essence of the tea of other days."

[5] 同上。原文为："the innovators in Peking Opera enrich the eternal mold with the faint aroma of their own personalities. To say that they leave behind the imprints of their personalities would suggest too much violence done to the pre-existing form."

[6] 同上。原文为："The humility of the Chinese attitude toward form is equally manifest in other fields. Politically, the Chinese never dream of imposing their own private theories upon existing social patterns."

所举的例子是历史上的三个改革家（王莽、王安石、康有为）都把传奇的圣人皇帝作为自己新制度的资源。[1] 在张爱玲看来，这显示出一种"对过去与现在作为整体之完整性的意识"[2]。换言之，由京剧之程序化，张爱玲进一步讨论到"形式"的问题；但她说的"形式"，并非仅指风格意义上的，而是由内到外、由思想／思维方式到表达的定式与模型。她更进一步将"形式"由文本拓展到社会层面，从而进一步讨论传统与变革、现在与过去的关系问题。[3] 以"紫砂壶"为小节标题，体现了张爱玲明晰的"预期读者"意识；但另一方面，"紫砂壶原理"是否真的能帮助外国读者更好理解张爱玲想表达的传统／过去／形式的力量，却也是个问题。

英文版中题为"壁垒森严的角色类型"（Watertight Types）[4] 的小节也并没出现在中文版中。承接着上面"紫砂壶"一节中对个人与社会之关系的讨论，张爱玲指出，许多通俗京剧没有任何个人性的创造天才。在她看来，京剧的题材是大写的"人"（Man），但不是"个人"。她一五一十写下京剧的角色："武生、武旦、老生、小生、青衣、花旦、小丑、文丑、武丑，等等。"[5] 她又认为这些"壁垒森严的角色类型"不过是

---

[1]　Eileen Chang, "Still Alive", *The XXth Century*, p.436.

[2]　同上。原文为：" Rather does it show a consciousness of the integrity of the past and present as a whole."

[3]　同上。

[4]　同上。张爱玲用 "watertight" 去形容京剧的角色类型，意指每个角色区分得很严格，不可相互逾越。"watertight" 就是说彼此之间的间隔连水都透不过去，在这里我姑且将 "watertight" 意译为 "壁垒森严的角色类型"（此处解释与翻译也要感谢南京大学英文系教授但汉松博士）。

[5]　同上。

怀有"不同情绪与身份"的"人"。[1]张爱玲倒也意识到这种"全盘的概括化"必然牺牲布景,因为历史背景无足轻重。[2]换言之,角色的抽象化也同时抽空了历史。接下去,张爱玲就将话题引向中国人对"人"的重视。张爱玲大胆下结论:

> 中国是唯一一个忠于人之本来面目的国度。中国人更感兴趣的是普通人,而非普通人的欲望目标——苦行者、超人、刻板的战斗机器、技术娴熟的专业人士。满足于严格的"人"的层面,在京剧中很明显。中国自有其诸种幻想及关于超自然的缤纷的故事,但中国的神秘剧(连同其华丽的诸神与妖怪)从未获得过永久性的流行。[3]

英文版中的这一段,在中文版《洋人看京剧及其他》中并无。但这里,张爱玲对"人"而非"超人"的看重,与她在《谈女人》中所强调的甚是相通。在《谈女人》一文中,张爱玲认为,"超人的文明"是"男子的文明"[4],"超人是男性的,神却

---

[1] Eileen Chang, "Still Alive", *The XXth Century*, p.436.

[2] 同上。

[3] 同上。原文为:"China is the only country consistently loyal to Man as he is. The Chinese are more interested in the ordinary man than in his aspirations—the ascetic, the superman, the regimented fighting machine, the skilled specialist. This contentment with the strictly human plane is clearly marked in Peking Opera. China has its fantasies, its colorful stories of the supernatural, but the Chinese mystery plays with their gorgeous gods and demons have never enjoyed any permanent popularity."

[4] 张爱玲:《谈女人》,张爱玲:《流言》,北京:北京十月文艺出版社,2012年,第66页。

带有女性的成分"[1]。这里所说的"神"其实是应在"人"的层面上理解，按照张爱玲的解释："超人是进取的，是一种生存的目标。神是广大的同情，慈悲，了解，安息"[2]；"女人是最普遍的，基本的，代表四季循环，土地，生老病死，饮食繁殖。女人把人类飞越太空的灵智拴在踏实的根桩上"[3]。

在讨论了"人"的问题之后，张爱玲在"中国道德"（Chinese Morals）这一节中转向对"道德"的探讨。在她看来，"京剧虽然看上去被一套对错分明的道德符码所掌控，但对中国人来说，道德永远不是一种宗教"[4]。道德说教是一回事，普罗大众却只想拥有中庸而非道德完美的人生。张爱玲用大众"心理衣橱里的礼拜日服装"[5]来比喻京剧里的道德："礼拜日服装"通常是最好的衣服（往往是周日去教堂才穿），如果置换到国内的语境，就是所谓"出客的衣裳"。通过这个比喻，张爱玲点出京剧中的道德也许只是给人看的。由此，张爱玲也认为旧道德标准的坍塌并不会影响群众对京剧的热情。显然，通过将京剧里的道德弱化，张爱玲采取了与新文学干将所不同的对京剧的态度，这也与她对新文学观念保持距离的一贯姿态相通。在之前"文言与口语"一节中，张爱玲也拿新文学与京剧

---

[1]　张爱玲：《谈女人》，张爱玲：《流言》，北京：北京十月文艺出版社，2012年，第67页。

[2]　同上。

[3]　同上。

[4]　Eileen Chang, "Still Alive", *The XXth Century*, p.437. 原文为："Although the operas are apparently governed by a tidy moral code, morality never amounts to a religion with the Chinese."

[5]　同上。原文为："the morals in Peking Opera were to the audience only the Sunday clothes in their psychological wardrobe."

做模拟，甚至认为京剧比新文学更包容了文言与口语的结合；在这里，张爱玲再次拿新文学这个参照物凸显京剧的独特性。

英文版中，在分析了京剧的基本特征之后，张爱玲引入了"样本"（Samples）这一小节。她首先提问："中国并不是尚武的国家"，何以京剧中"武戏占绝对多"[1]？英文版的表述比较简洁："中国人并不是一个好战的种族，但军人充满迅疾变化、兴奋、跌宕起伏的生活，与那些从政经商之人有颇多可类比的内容。"[2] 中文版则又化入张爱玲特有的、与读者的娓娓谈心：

> 最迅疾的变化是在战场上，因此在战争中我们最容易看得出一个人的个性与处世的态度。楚霸王与马谡的失败都是浅显的教训，台下的看客，不拘是做官，做生意，做媳妇，都是这么一回事罢了。

"最迅疾的变化是在战场上"有一种浓缩的场面感：英文版中"军人充满迅疾变化、兴奋、跌宕起伏的生活"，在中文版中浓缩到了戏台上的"武戏"。楚霸王与马谡之失败作为"浅显的教训"，在中文版中对"做媳妇"的人也可借鉴。可见在中文的写作中，张爱玲更擅长把文艺批评也化为"人生指南"的方方

---

[1] 英文版中，"武戏"写为"war plays"。

[2] 英文版原文为："the Chinese are not a warlike race, but the life of a military man, full of the swiftest changes, excitement, and ups and downs, provides much material for analogy to the official or business career."（Eileen Chang, "Still Alive", *The XXth Century*, p.437.）中文版改写为："中国并不是尚武的国家，何以武戏占绝对多数？单只根据《三国演义》的那一串，为数就可观了。最迅疾的变化是在战场上，因此在战争中我们最容易看得出一个人的个性与处事的态度。楚霸王与马谡的失败都是浅显的教训，台下的看客，不拘是做官，做生意，做媳妇，都是这么一回事罢了。"（张爱玲：《洋人看京戏及其他》，《古今》半月刊第34期，1943年11月，第26—27页）

面面，并且她不是高高在上的，而是从各个立场将心比心。熟悉了旧式大家庭的复杂关系与钩心斗角，张爱玲深知，在中国"做媳妇"的确需要有大将的审时度势与杀伐决断。在英文版中，张爱玲也指出京剧里的各种"战上一战"的"程式化"：最终总不外乎通向"头领及众手下的个人好运"。[1] 在这里，更宏大广阔的主题被张爱玲抽空了，种种战场驰骋被削减为个人的人生奋斗与际遇。这也可以有两个方向的读解：一、这不啻是另一种意义上的"人生学"（尽管中文版中并没有这一句话）；二、张爱玲也可能是借此点出京剧内容意旨上的某种同化。

下一段对京剧《红鬃烈马》的讨论既见于中文版又见于英文版，但中文版语言更有风致更俏皮。在英文版中，张爱玲省却了薛平贵、王宝钏、代战公主的名字；中文版则加入这些名字，像说自己周围的熟人，与读者推心置腹。中文版中像"薛平贵致力于他的事业十八年，泰然地将他的夫人搁在寒窑里像冰箱里的一尾鱼"[2] 这样突出的比喻，在英文版中则是平实的叙述。中文版用激烈的语气批评薛让王宝钏"在一个年轻的，当权的妾的手里讨生活！"[3] 并让读者也设身处地："难怪她封了皇后之后十八天就死了——她没这福分。"[4] 正如上文所说，张爱玲擅长从不同的立场将心比心：前一句"讨生活"以感叹号作结，后一句又跟一句"她没这福分"，仿佛你一言我一

---

[1] 原文为："A war in Peking Opera is never directed toward any other end except the personal fortune of the leader and his dependents." （Eileen Chang, "Still Alive", *The XXth Century*, p.437.）

[2] 张爱玲：《洋人看京戏及其他》，《古今》半月刊第34期，1943年11月，第26页。

[3] 同上。

[4] 同上。

语，构成了背后说人八卦的相互对话（连愤怒都绘声绘色，一定要以感叹号表达强烈愤慨），像极了平民在茶余饭后对社会新闻大发议论——一面唏嘘，叹一句"作孽"，一面也暗自庆幸自己并没有这样惨。相似的意思在英文中虽没多少分差，也终隔一层。英文版在叙述"王宝钏之死"后直接下结论道："这就是京剧的魅力，它让男主角因此并不让人少同情。"[1] 让人陡觉意思过于跳跃。中文版则加了一句"可是薛平贵虽对女人不甚体谅，依旧被写成一个好人"[2] 之后才说"京戏的可爱就在这种浑朴含蓄处"[3]，意思上就更完整。张爱玲欣赏的正是京剧道德上的混沌。

再下一段对《玉堂春》及延伸出去的对电影《香闺风云》的讨论，英文版提供更多事实与细节；中文版中，张爱玲更潇洒地挥洒才情，并加添幽默感。比如，中文版比英文版多了一句："良善的妓女是多数人的理想夫人。"[4] 再下两段对《乌盆计》与《乌龙院》的探讨，则中英文版相差不多——当然，张氏的中文表达更卓绝是不争的事实。有意思的是，张爱玲在英文版中将《乌龙院》的故事概括为"糖心爹地的主题"（*the sugar-daddy theme*），但这个"糖心爹地"是不被爱的、受挫的，用张爱玲本人在中文里所写的就是："花钱的大爷"饱尝了单恋的痛苦。于是，张爱玲在中英文版中都指出这个故事如何以"同情的笔触勾画了宋江"。"糖心爹地受挫记"在中文

---

[1] Eileen Chang, "Still Alive", *The XXth Century*, p.437. 原文为："Such is the charm of Peking Opera that it makes the hero no less sympathetic a role on that account."

[2] 张爱玲：《洋人看京戏及其他》，《古今》半月刊第34期，1943年11月，第26页。

[3] 同上。

[4] 同上。

版中又更形象地被表述为："姐儿爱俏"每每过于"爱钞"。这里可见张爱玲于中英文语境之间的游走。用"糖心爹地"来描述宋江当然并不准确，但张爱玲剔去了对传统所认定的"坏女人"的道德化描写与评判，更倾向于将这个故事在更普遍的情境下进行理解："盖世英雄——但是一样地被女人鄙夷着，纯粹因为他爱她而她不爱他。"很显然，张爱玲对这一个传统的故事进行了现代的读解。此种独出机杼的诠释让人联想起她更年轻时对"霸王别姬"故事的新阐释。在那个"故事新编"的结尾，自杀的虞姬内心独白："我比较喜欢那样的收梢。"因为如果霸王胜利了，她将得到诸如"贵人"的封号，而这不过是"终身监禁的处分"；霸王失败了，她自杀，她才成为霸王唯一的爱人。虞姬，不过是一个普遍意义上的、偏执地渴望"纯粹的爱"的女人。张爱玲对《乌龙院》的讨论，在中英文版中都引用了一个对话：

> 最可悲的便是他没话找话说的那一段：
>
> 生：手拿何物？
>
> 旦：你的帽子。
>
> 生：嗳，分明是一只鞋，怎么是帽儿呢。
>
> 旦：知道你还问！

看去平淡无奇的一段对话，张爱玲从中读出微妙的心酸，这正是作家的敏感。中文版中，因为上文已经提到了"盖世英雄——但是一样地被女人鄙夷着，纯粹因为他爱她而她不爱他"，引用到此戛然而止，张爱玲并未再加议论。但如上所说，张爱玲已点出了这没话找话所体现的男人的可悲：女人的不耐烦与看不起跃然纸上。英文版中，张爱玲先点出了他如何可怜地试图展开对话，引用之后又概括为"一个不被需要的男人的受折磨的感情和并不会爱他的女人的残忍"。无论是中文版或是英文版，张爱玲都从一个传统文本中提炼出了某个具有现代意味的情境：男女之间交流的重重阻碍，情感的永不能抵达，永恒的感情与表达的错位。

这一段"没话找话"在《秧歌》中有相似的场景。农民金根去上海看帮佣的妻子月香，城市带给他的压迫感让他与妻子之间也出现隔阂。他每天坐在月香帮佣人家的厨房，拼命与妻子找话说：

> 他们的谈话是断断续续的，但是总不能让它完全中断，因为进进出出的人很多，如果两人坐在一起不说话，被人看见一定觉得很奇怪。金根向来是不大说话的，他觉得他从来一辈子也没说过那么许多话。
>
> ……
>
> 上火车以前，他最后一次到她那里去。今天这里有客人来吃晚饭，有一样鸭掌汤，月香在厨房里，用一把旧牙刷在那里刷洗那腥气的橙黄色鸭蹼。他坐了下来，点上一支香烟，他的包袱搁在板凳的另一头。在过去的半个月里，他们把所有的谈话资料都消耗尽了，现在绝对没有话可说了。在那寂静中，他听见有个什么东西在垃圾桶里窸窣作声。
>
> "那是什么？"他有点吃惊地问。
>
> 是一只等着杀的鸡，两只脚缚在一起暂时摞在垃

坂桶里。[1]

尽管金根与月香有深挚的爱，但仍有一种外力（城市的压迫性力量）让他们之间的关系发生异化。张爱玲显然很擅长描写男人与女人之间的力的相互作用：复杂多面的关系拉扯、九曲连环的心思纠葛、被阻滞的情感——这真是非常"现代人"的情感与现代派的写法。

中文版中，传统京剧《玉堂春》《乌盆计》《乌龙院》与电影《香闺风云》（和《玉堂春》放在一起讨论）的这几段，并没有被归入同一部分；在英文版中，它们则被归入同一小节，并题为"向导女与糖心爹地"（Girl Guide and Sugar Daddy）——此处"向导女"是指电影《香闺风云》中挥霍了家产而不得不去"向导社"做向导的富家女女主角。在张爱玲看来，《香闺风云》继承了《玉堂春》所表达的中国男性对又美又有德性的女性的向往。张爱玲调侃，这是"现代的中国人"不愿放弃的"积习相沿的理想"。她举的例子就是《香闺风云》"为了节省广告篇幅，报上除了片名之外只有一行触目的介绍：'贞烈向导女'"[2]。在英文版中，张爱玲将这一广告语写为"The Chaste Girl Guide"[3]。

在"向导女与糖心爹地"这一小节之后，张爱玲在"恐怖滑稽戏"（The Macabre Burlesque）中讨论了《纺棉花》，并由此引入对中国人与"法"之关系的讨论。这一节也见于中文

---

[1] 张爱玲：《秧歌》，台北：皇冠文化出版有限公司，2001年，第26—27页。

[2] 同上。

[3] Eileen Chang, "Still Alive", *The XXth Century*, pp.437—438.

版。中英文版都提到"中国人的幽默是无情的"[1]，也都强调了《纺棉花》的"非正式的空气"，以及对京剧之"重规矩"的小小逃脱与放纵。[2] 但英文版更介绍了些事实，比如主角如何戏仿"四大名旦"；中文版则在表达上更轻松惬意，并且更着眼于形式——比如英文版只略微提到主角与观众对话，中文版则更点出了这种形式上的互动："观众偶然也可以插嘴进来点戏，台上台下打成一片。"[3]

英文版中，在"恐怖滑稽戏"之后是"狡黠的中国人"（The "Wicked" Chinese）一节。张爱玲继续由《纺棉花》延伸到中国人的"狡黠"。在中文版中，张爱玲写道："中国人每每哄骗自己说他们是邪恶的。"[4] 但这所谓"邪恶"，也不过是日常生活中的某些恶作剧与小捣乱，琐琐细细、不妨碍大是大非的"小奸小坏"。关于如何骂人，中文版中加了中国人与英国人的对照：

> 据说全世界惟有中国人骂起人来是有条有理，合逻辑的。英国人不信地狱之存在也还咒人"下地狱"，又如他们最毒的一个字是"血淋淋的"，骂人"血淋

---

[1] 张爱玲：《洋人看京戏及其他》，《古今》半月刊第34期，1943年11月，第26页。中文版原文为："中国人的幽默是无情的。"英文版则写为 "the callousness in the Chinese sense of humor"（Eileen Chang, "Still Alive", *The XXth Century*, pp.437—438.）。

[2] 中文版："《新纺棉花》之叫座固然是为了时装登台，同时也因为主角任意唱两支南腔北调的时候，观众偶然也可以插嘴进来点戏，台上台下打成一片，愉快的，非正式的空气近于学校里的游艺余兴。京戏的规矩重，难得这么放纵一下，便招得举国若狂。"（张爱玲：《洋人看京戏及其他》，《古今》半月刊第34期，1943年11月，第26页）

[3] 张爱玲：《洋人看京戏及其他》，《古今》半月刊第34期，1943年11月，第26页。

[4] 同上。

淋的驴子"，除了说人傻，也没有多大意义，不过取
其音调激楚，聊以出气罢了。[1]

通过对《洋人看京戏及其他》中英文版的对读，可以发
现：在英文版中，张爱玲更多强调京剧之"形式"的问题，
并在这个问题上将京剧与西方艺术做了对比。

二、"汉唐一路传下来的中国"：从戏曲中发明"中国"

1. 大中国或俗世中国：
现代文化史上之《秋海棠》与张爱玲之中国想象

在1940年代红极一时的话剧《秋海棠》是张爱玲写作《洋
人看京戏及其他》的由头。倘若把张爱玲的文章放入中国现代
文化史上《秋海棠》被接受的谱系，我们可以看出张爱玲与其
他论者的显著不同。与此一脉相承，张爱玲在《洋人看京戏及
其他》中所阐发的中国想象也独树一帜。

话剧《秋海棠》改编自秦瘦鸥小说《秋海棠》。邵迎建在
《张爱玲看〈秋海棠〉及其他——没有硝烟的战争》一文中认
为，"《秋海棠》是沦陷区时的上海的一个关键词"[2]：

---

[1]　张爱玲：《洋人看京戏及其他》，张爱玲：《流言》，北京：北京十月文艺出版社，
2012年，第10页。此处，《洋人看京戏及其他》的《古今》半月刊版为："据说全
世界骂起人来是有条有理，合逻辑的。"（张爱玲：《洋人看京戏及其他》，《古今》半
月刊第34期，1943年11月）

[2]　邵迎建：《张爱玲看〈秋海棠〉及其他——没有硝烟的战争》，陈子善编：《重读
张爱玲》，第316页。

《秋海棠》的原作为小说，作者秦瘦鸥。小说于1941年1月6日开始在上海发行量最大的《申报》副刊《春秋》连载，每天八百到一千字，占一块豆腐干的版面，相当于一个较大的电影广告。到1942年2月13日春节前夕结束，共计三百三十二回。7月出版单行本（上海金城图书公司）。11月改编为申曲上演，连演四十一场，破申曲历史纪录。同年12月24日起由上海艺术剧团在卡尔登影戏院公演话剧，连演四个多月，共计两百余场，观众总数达十八万人，开创话剧演出新纪录。[1]

在文章中，邵迎建强调了《秋海棠》文本中的"国族论述"与"中国意识"。秋海棠是主人公为自己起的艺名，这个名字虽听去香艳，实则背后是沉甸甸的家国情怀：

中国的地形，整个儿连起来，恰象一片秋海棠的叶子，而那些野心的国家，便象专吃海棠叶的毛虫，有的已在叶的边上咬去了一块，有的还在叶中央吞噬着，假使再不能把这些毛虫驱开，这片海棠叶就得给它们啮尽了。[2]

胡平生《抗战前十年间的上海娱乐社会（1927—1937）》

---

[1] 邵迎建：《张爱玲看〈秋海棠〉及其他——没有硝烟的战争》，陈子善编：《重读张爱玲》，第317页。

[2] 这段来自《秋海棠》。转引自邵迎建：《张爱玲看〈秋海棠〉及其他——没有硝烟的战争》，陈子善编：《重读张爱玲》，第321页。

指出："电影之外抗战前十年间上海人最普遍的娱乐消遣，当属京剧。"[1] 邵迎建在《张爱玲看〈秋海棠〉及其他——没有硝烟的战争》一文中引用了加藤彻对当时京剧在中国状况的论述：

> 对中国人来说，地方剧是确认自己的族群，增强同一族群集团成员团结之心的手段。在战火纷飞的时代，京剧跨越沦陷区·国统区·解放区，成为象征中华民族这一大族群集团的唯一剧种。[2]

可见得，当时各方政治力量都在京剧这个领域争夺自己对百姓的影响力。邵迎建在《张爱玲看〈秋海棠〉及其他——没有硝烟的战争》一文中，还原了话剧《秋海棠》的部分内容：

> 首先是在序幕中，以幕后一声凄厉的"苦啊"开始，大红囚衣的苏三登台，秋海棠首次亮相。继而是在罗府与罗湘绮定情的场面。一曲《罗成叫关》，慷慨激昂："黑夜里，闷坏了，罗士信！西北风，吹得我，透甲如冰。耳边厢，又听得，金声响震；想必是，那苏烈，鸣锣收兵……"[3]

邵迎建对此的诠释是：

---

[1] 邵迎建：《张爱玲看〈秋海棠〉及其他——没有硝烟的战争》，陈子善编：《重读张爱玲》，第327页。

[2] 同上。

[3] 同上，第329页。

舞台上的秋海棠，忽而化为明朝名妓美苏三，忽而又成隋唐英雄俏罗成；受冤、受难，内忧、外患，斩关未成、乱箭穿心……历史经典全部复活，活生生的过去化为看不见的纤维，织成了眼前的形象。他，是男人又是女人，是父亲也是母亲，是囚犯更是英雄……他有过去的辉煌，有现在的悲怅，更有未来的希望。他是你，是我，是我们大家，是"沦陷区同胞"，是"中华民族性格底影子"！[1]

邵迎建强调的是《秋海棠》如何带着"中华民族性格底影子"唤起"沦陷区同胞"的民族认同。不同于邵迎建，张爱玲对《秋海棠》的读解显示了不同的进路：其一，完全避开政治性；其二，她所想象的中国，不是政治实体意义上的大中国（在当时，"大中国"也满目疮痍了），而是日常生活中的中国、俗世的中国。《秋海棠》中感动张爱玲的，是"酒逢知己千杯少，话不投机半句多"这样诞生于中国人情社会的警句。张爱玲所看重的，是京剧中的中国人的生活世界：法、礼、道德。这样的世界正展现一个俗世中国：

用洋人看京戏的眼光来看看中国的一切，也不失为一桩有意味的事。头上搭了竹竿，晾着小孩的开裆裤；柜台上的玻璃缸中盛着"参须露酒"；这一家的扩音机里唱着梅兰芳；那一家的无线电里卖着癞疥疮

---

[1] 邵迎建：《张爱玲看〈秋海棠〉及其他——没有硝烟的战争》，陈子善编：《重读张爱玲》，第330页。

药；走到"太白遗风"的招牌底下打点料酒……[1]

2."汉唐一路传下来的中国"：从戏曲中发明"中国"

《中国的日夜》是张爱玲的一篇重要散文。在这篇文章中，张爱玲借上海街头的申曲声，描述了自己想象中的"汉唐一路传下来的中国"：

> 申曲还在那里唱着，可是词句再也听不清了。我想起在一个唱本上看到的开篇："谯楼初鼓定天下……隐隐谯楼二鼓敲……谯楼三鼓更凄凉……"第一句口气很大，我非常喜欢那壮丽的景象，汉唐一路传下来的中国，万家灯火，在更鼓声中渐渐静了下来。[2]

在这里，我想用"汉唐一路传下来的中国"作为一个隐喻，去形容张爱玲由戏曲出发所构想的世界：既名之为"汉唐一路传下来"，就表明一种历史感；"壮丽的景象"终究要归于"万家灯火"，又表明张爱玲在戏曲里首先"发现"中国人的日常生活，以及普遍的人的生活与人性。中文版《洋人看京戏及其他》打头即开论中国。在整个文章中，对京剧的议论经常转入对"中国人"或"中国性"的普遍论述。可见，张爱玲不是为说京剧而说京剧，她说的其实是——中国。比如，由《秋

---

[1] 张爱玲：《洋人看京戏及其他》，《古今》半月刊第34期，1943年11月，第25页。关于此引文中几个词语的分辨，参见第165页第2条注释。

[2] 张爱玲：《中国的日夜》，张爱玲：《流言》，北京：北京十月文艺出版社，2012年，第265页。

海棠》里的京剧唱词，张爱玲马上接到中国人"引经据典"的习惯与两千年的过去，并继之以关于中国的大判断：

> ……中国人向来喜欢引经据典。……但凡有一句适当的成语可用，中国人是不肯直截地说话的。
>
> ……
>
> 只有在中国，历史仍于日常生活中维持活跃的演出（历史在这里是笼统地代表着公众的回忆）。[1]

其后，张爱玲讨论了各种京剧剧目，并且不断将此与"中国论述"联系起来。张爱玲写道：

> 最流行的几十出京戏，每一出都供给了我们一个没有时间性质的，标准的形势——丈人嫌贫爱富，子弟不上进，家族之爱与性爱的冲突……《得意缘》《龙凤呈祥》《四郎探母》都可以归入最后的例子，出力地证实了"女生外向"那句话。[2]

这既可以说是中国特色的生活，也可以拓展为人的生活。从《红鬃烈马》中，张爱玲看到了"男性的自私"以及京剧在道德上的"浑朴含蓄处"。[3] 此外，由于英文版是向外国读者推出京剧，张爱玲也多加了些种族与阶级层面的介绍：

---

[1] 张爱玲：《洋人看京戏及其他》，《古今》半月刊第34期，1943年11月，第25页。

[2] 同上，第25—26页。

[3] 同上，第26页。

19世纪的中国人发现京剧足以呈现他们的种族传承。京剧最忠实地反映了国族特质与倾向，因为它是从农民阶层自然发源而来，并没有来自上层的人为的介入。[1]

这一段显然颇有可质疑处。而在中文版中，张爱玲并没有提到国族或农民阶层。

在张爱玲眼中，戏曲的世界是一个家常又富于人情的世界。在《中国的日夜》中，张爱玲从现代都市上海的街头，听到申曲里的小市民生活，所谓"入情入理有来有去的家常是非"[2]。张爱玲还从戏曲中"发现"中国人的幽默观与独特审美趣味，比如《乌盆计》"叙说一个被谋杀的鬼魂被幽禁在一只用作便桶的乌盆里"[3]。在西方人看来，中国人大概毫无幽默感，因为他们居然将"这种污秽可笑的，提也不能提的事"与"崇高的悲剧成分搀杂在一起"。[4]但张爱玲却解释道："那是因为中国人对于生理作用向抱爽直态度，没有什么不健康的忌讳，所以乌盆里的灵魂所受的苦难，中国人对之只有恐怖，没有憎嫌与嘲讪。"[5]《新纺棉花》乃是一个由"因奸致杀"的"阴

---

[1]　Eileen Chang, "Still Alive", *The XXth Century*, pp.434。原文为："The nineteen-century Chinese found Peking Opera an adequate embodiment of their racial inheritance. Peking Opera reflects the national traits and inclinations most faithfully because it is a natural growth originating from the peasantry, with very little artificial interference from the higher quarters."

[2]　张爱玲：《中国的日夜》，张爱玲：《流言》，北京：北京十月文艺出版社，2012年，第265页。

[3]　张爱玲：《洋人看京戏及其他》，《古今》半月刊第34期，1943年11月，第26页。

[4]　原杂志写为"搀"。

[5]　张爱玲：《洋人看京戏及其他》，《古今》半月刊第34期，1943年11月，第26页。

惨的题材"抽出的"轰动一时的喜剧",张爱玲据此推论"中国人的幽默是无情的"[1]。除却中国人"用典"的习惯和对历史的看法,张爱玲亦从京戏中看出了中国人对"法"的认知及其与"法"的关系:"中国人喜欢法律,也喜欢犯法。所谓犯法,倒不一定是杀人越货,而是小小的越轨举动,妙在无目的。"[2]

在张爱玲看来,中国人在戏里戏外都被裹在拥挤里:

> 拥挤是中国戏剧与中国生活里的要素之一。中国人是在一大群人之间呱呱堕地[3]的,也在一大群人之间死去——有如十七八世纪的法国君王。……中国人在哪里也躲不了旁观者。上层阶级的女人,若是旧式的,住虽住在深闺里,早上一起身便没有关房门的权利。冬天,棉制的门帘挡住了风,但是门还是大开的,欢迎着阖家大小的调查。清天白日关着门,那是非常不名誉的事。即使在夜晚,门闩上了,只消将窗纸一舐,屋里的情形也就一目了然。
>
> 婚姻与死亡更是公众的事了。闹房的甚至有藏在床底下的。病人"回光返照"的时候,黑压压聚了一屋子人听取临终的遗言,中国的悲剧是热闹,喧嚣,排场大的,自有它的理由,京戏里的哀愁有着明朗,

---

[1] 张爱玲:《洋人看京戏及其他》,《古今》半月刊第34期,1943年11月,第26页。

[2] 同上。

[3] 此处,《洋人看京戏及其他》的《古今》半月刊版、1944年五洲书报社版《流言》及1945年大楚报社版《流言》所收的《洋人看京戏及其他》皆写为"呱呱堕地"。(张爱玲:《洋人看京戏及其他》,《古今》半月刊第34期,1943年11月,第27页;张爱玲:《流言》,上海:五洲书报社,1944年,第115页;张爱玲:《流言》,汉口:大楚报社,1945年,第115页)

火炽的色彩。[1]

这里不妨与鲁迅对京剧的看法做一个比较。在《社戏》中，小说中的"我"描述自己的两次看戏经历，抱怨京剧的台上台下都太过拥挤。鲁迅所抱怨的是：

其一，台上戏太吵，颜色太重。第一次是"在外面也早听到冬冬地响。我们挨进门，几个红的绿的在我的眼前一闪烁"[2]；刚要挤过去，"耳朵已经嗡嗡的响着了"[3]。第二次专门等叫天却等不着，"于是看小旦唱，看花旦唱，看老生唱，看不知什么角色唱，看一大班人乱打，看两三个人互打……"[4]"这台上的冬冬嗡嗡的敲打，红红绿绿的晃荡，加之以十二点，忽而使我省悟到在这里不适于生存了。"[5]这两次描述，鲁迅都强调"红红绿绿"的浓重色彩，并用"嗡嗡"去形容戏台上的轰响。

其二，台下看戏的地方也太拥挤，太闹腾。第一次是"戏台下满是许多头"[6]，第二次是"人都满了，连立足也难"[7]。当文本中的"我"已经受不了台上的敲打而要"用力往外只一挤"，"我"立刻"觉得背后便已满满的"[8]。甚至当"我"已经

[1]　张爱玲:《洋人看京戏及其他》,《古今》半月刊第34期, 1943年11月, 第27页。
[2]　鲁迅:《社戏》,《鲁迅全集》第1卷, 北京:人民文学出版社, 1995年, 第559页。
[3]　同上。
[4]　同上, 第560页。
[5]　同上, 第560—561页。
[6]　同上, 第559页。
[7]　同上, 第560页。
[8]　同上, 第561页。

挤出去了，但见"大门口却还有十几个人昂着头看戏目"[1]。接下去，鲁迅特地用"沁人心脾"的清爽夜气[2]，来更加衬托"戏"的世界的吵闹与芜杂。

同样用浓墨重彩去刻画戏台中国的喧哗与躁动，张爱玲的描绘带着同情与理解：

> 中国的悲剧是热闹，喧嚣，排场大的，自有它的
> 理由，京戏里的哀愁有着明朗，火炽的色彩。

作为一个热爱世俗生活的作家，张爱玲并不反感"拥挤"。这里的"拥挤"，一方面是从风格、戏剧形式的审美来说，另一方面是从中国人的生活世界来说。同样由戏台拓展到中国人的人生，鲁迅由京剧的"拥挤"联系到国民性与中国人的看戏心态，他所批判是"戏"与"看戏"背后的庸常；但张爱玲所津津乐道的，却恰恰是这"庸常"。在张爱玲看来，因为生活世界过度"拥挤"，中国人当然"缺少私生活"，而"因为缺少私生活，中国人的个性里有一点粗俗"[3]。群居生活同时也造成中国人"心理"上的中庸与从众心态：

> 群居生活影响到中国人的心理。中国人之间很少
> 有真正怪癖的[4]。脱略的高人嗜竹嗜酒，爱发酒疯，或

---

[1] 鲁迅：《社戏》，《鲁迅全集》第1卷，第561页。

[2] 同上。

[3] 张爱玲：《洋人看京戏及其他》，《古今》半月刊第34期，1943年11月，第27页。

[4] 此段涉及"怪癖"之处，在《洋人看京戏及其他》的《古今》杂志版中写为："中国人之间很少有真正怪癖。……然而这都是循规蹈矩的怪癖，不乏前例的。"（张爱玲：

是有洁癖，或是不洗澡，讲究扪虱而谈，然而这都是循规蹈矩的怪癖，不乏前例的。他们从人堆里跳出来，又加入了另一个人堆。[1]

京剧将中国人的群居生活搬上舞台，也就是将中国人的生活世界搬上舞台；如前所述，张爱玲看重的正是这一个浑然天成的生活世界。张爱玲同时也强调京剧的规律性，戏台上的"礼仪"，以及由此呈现出的一个有"礼"的世界：

到哪儿都脱不了规矩。规矩的繁重在舞台上可以说是登峰造极了。京戏里规律化的优美的动作，洋人称之为舞蹈，其实那就是一切礼仪的真髓。礼仪不一定有命意与作用，往往只是为行礼而行礼罢了。[2]

由此，张爱玲也由戏曲出发，对中国人的"礼"及"礼

《洋人看京戏及其他》，《古今》半月刊第34期，1943年11月，第27页）在1944年五洲书报社总经销的散文集《流言》（初版）、1945年大楚报社版《流言》（再版）以及1992年金宏达、于青所编《张爱玲文集》（安徽文艺出版社）第4卷中皆写为："中国人之间很少有真正怪癖的。……然而这都是循规蹈矩的怪癖，不乏前例的。"（张爱玲：《流言》，上海：五洲书报社，1944年，第116页；张爱玲：《流言》，汉口：大楚报社，1945年，第116页；金宏达、于青编：《张爱玲文集》第4卷，合肥：安徽文艺出版社，1992年，第26页）在2001年皇冠文化出版有限公司"张爱玲典藏全集"第8册《散文卷一：1939—1947年作品》以及2012年青马（天津）文化有限公司出品、北京十月文艺出版社"张爱玲全集"第6册《流言》中皆写为："中国人之间很少有真正怪癖的。……然而这都是循规蹈矩的怪癖，不乏前例的。"（张爱玲：《散文卷一：1939—1947年作品》，台北：皇冠文化出版有限公司，2001年，第17页；张爱玲：《流言》，北京：北京十月文艺出版社，2012年，第12页）

[1] 张爱玲：《洋人看京戏及其他》，《古今》半月刊第34期，1943年11月，第27页。

[2] 同上。

的世界"做了个人化理解与反思。上述引文的第一段似乎在从"形式"的方面理解京剧的"规矩"以及由此体现出的"礼仪的真髓"。所谓"礼仪不一定有命意与作用,往往只是为行礼而行礼罢了",乃是蜕去"礼仪"的"内容"(命意与作用),而凸现"礼仪"之为"形式"(所谓"为行礼而行礼");但与此同时,张爱玲又强调京剧里"规律化的优美的动作"不仅是"审美形式"。在张爱玲看来,戏曲的世界足以体现一个有"礼"的世界。在《论写作》一文中,张爱玲由所谓"五更三点望晓星,文武百官上朝廷。东华龙门文官走,西华龙门武将行。文官执笔安天下,武将上马定乾坤……"的"申曲里的几句套语",联想到当朝官员或夫人的"宇宙观"及"天真纯洁的,光整的社会秩序"[1]。与这个有秩序又有"礼"的世界相配的,是古道德所灌注的温厚的"伦理世界":

> 不知道人家看了"空城计"是否也像我似的只想掉眼泪。为老军们绝对信仰着的诸葛亮是古今中外罕见的一个完人。在这里,他已经将胡子忙白了。抛下卧龙冈的自在生涯出来干大事,为了"先帝爷"一点知己之恩的回忆,便舍命忘身地替阿斗争天下,他也背地里觉得不值得么?锣鼓喧天中,略有点凄寂的况味。[2]

有意思的正是张爱玲如何从热闹中听出寂寥。在《女性的

---

[1] 张爱玲:《论写作》,张爱玲:《流言》,北京:北京十月文艺出版社,2012年,第83—84页。

[2] 张爱玲:《洋人看京戏及其他》,《古今》半月刊第34期,1943年11月,第27页。

精神——有关或无关乎张爱玲》一书中，万燕认为这一段体现了张爱玲对"两千年君主专制"的不满："扶不起的阿斗在张爱玲看来正是走到末日的君主专制的象征。"[1] 但在我看来，这里更有一种直面乱世之君子的寂寥：恪守儒家伦理道德的诸葛亮，为"一点知己之恩"，舍命酬知己。而京剧恰恰展现了这个道德世界的冷热两面：一面是"锣鼓喧天"的堂皇，一面是"凄寂的况味"[2]——"如人饮水，冷暖自知"。

在一个有"礼"的世界，"礼仪"也应当有特定的规定性。在《洋人看京戏及其他》中，张爱玲甚至仔细分辨了现代中国人到底适合磕头还是鞠躬。她一方面强调磕头的形式美——"磕头磕得好看，很要一番研究"[3]；一方面由"学生们鱼贯上台领取毕业文凭"判断出"中国人大都不会鞠躬"[4]。但"礼仪"作为"形式"，不只要与"宇宙观"及"光整的社会秩序"相配，也要与"感情"这样的"内容"相符合。张爱玲批评《侬本痴情》里顾兰君和丈夫决裂竟然伸手握别。在张爱玲看来，"这一幕，若在西方，固然是入情入理，动人心弦"[5]，但中国人"在生离死别的一刹那，动了真感情的时候，决想不到用握手作永诀的表示。在这种情形之下，握手固属不当，也不能拜辞，也不能万福或鞠躬"[6]。讨论完毕，张爱玲下结论："现代的中国

---

[1]　万燕：《女性的精神——有关或无关乎张爱玲》，上海：同济大学出版社，2008年，第95页。

[2]　张爱玲：《洋人看京戏及其他》，《古今》半月刊第34期，1943年11月，第27页。

[3]　同上。

[4]　同上。

[5]　同上，第28页。

[6]　同上。与张爱玲认为戏曲中有"礼"的观点可以对读的，是东方蝃蝀由电影《太太万岁》所引发的评论。由《太太万岁》开头为拜寿而胡乱抓的沙发垫子，东方蝃

是无礼可言的，除了在戏台上。"[1] 在这里，张爱玲其实触及了中国之现代化过程中的某种尴尬之处：中国人的生活世界与伦理世界，在现代性的境遇下很难找到合适的形式。此中也可见张爱玲对"现代性"一以贯之的态度：她既与"现代"亲，又会倒退一步，对之投以微妙的质疑与反讽。

三、"社戏""女吊"与"地母"：鲁迅与张爱玲笔下的戏曲与乡土世界

1.《社戏》与《华丽缘》

鲁迅的《社戏》和张爱玲的《华丽缘》都借戏曲将读者邀约到了乡土中国，与此同时，这两个文本也都有着直接地对戏曲之审美的表现。

蝶批评"现代中国人的生活没款式"。接下去东方蝴蝶对现代中国文艺大发议论："尤其写到强烈感情的时候往往显得牵强。这是早已有人说过了，当中国电影要表现'分别'的场面很难有适当的款式，握手吧，只适宜于二个青年人，而且握手也不够表示出生死契阔的感情。鞠躬吧，鞠躬这个礼仪还不够流行……"由于东方蝴蝶此文发表于1948年，而他又在写作上学习张爱玲，可以推断他这里所引的极有可能是张爱玲之前的看法。之后东方更以《风雪夜归人》《不了情》、绍兴戏《十八相送》为例，细细讨论分手时应当如何表达"礼"与"情"（值得注意的是张爱玲本人也谈绍兴戏）。东方蝴蝶自陈"看国片时往往比看美片感动"，因为在国片中他"看到了中国人的生活"。这里他对"现代中国人的生活没款式"的批评，与张爱玲对戏曲展现了有"礼"的世界的称赞，有着相似的思路（参见东方蝴蝶：《银灯的旁边》，《大公报》1948年1月12日"大公园"。转引自李晓红：《1947年上海报刊中的张爱玲电影》，林幸谦编：《张爱玲：文学·电影·舞台》，香港：牛津大学出版社，2007年，第175—176页。李晓红亦认为东方蝴蝶此篇《银灯的旁边》"从题目到内容都是向张爱玲致意"）。

[1] 张爱玲：《洋人看京戏及其他》，《古今》半月刊第34期，1943年11月，第28页。

在本文第三节，我们已经了解了鲁迅怎样借《社戏》中的叙述人"我"，批评京剧的拥挤和吵闹。当然，鲁迅和张爱玲都着意描写了戏曲的声势浩大，但张爱玲更愿意被那声势浩大所征服，而《社戏》中的"我"则宁愿那声势被野外的空间稀释掉。张爱玲《〈传奇〉再版序》对"蹦蹦戏"如是描述：

> 拉胡琴的一开始调弦子，听着就有一种奇异的惨伤，风急天高的调子，夹着嘶嘶的嘎声。天地玄黄，宇宙洪荒，塞上的风，尖叫着为空虚所追赶，无处可停留。一个穿蓝布大褂的人敲着竹筒打拍子，辣手地："侉！侉！侉！"索性站到台前，离观众近一点，故意压倒了歌者："侉！哓哇！哓哇！"一下一下不容情地砸下来，我坐在第二排，震得头昏眼花，脑子里许多东西渐渐地都给砸了出来，剩下的只有最原始的。在西北的寒窑里，人只能活得很简单，而这已经不容易了。[1]

虽则被"震得头昏眼花"，张爱玲却满意于"脑子里许多东西渐渐地都给砸了出来，剩下的只有最原始的。"对《社戏》中的"我"来说，如此劈头盖脸的震荡却是不可忍的：

> 我向来没有这样忍耐的等待过什么事物，而况这身边的胖绅士的吁吁的喘气，这台上的冬冬喤喤的敲

---

[1] 张爱玲：《〈传奇〉再版序》，张爱玲：《流言》，上海：五洲书报社，1944年，第203—204页。

打，红红绿绿的晃荡，加之以十二点，忽而使我省悟到在这里不适于生存了。[1]

所以，"我"只能接受在乡下空旷处的"野戏"：

> 但是前几天，我忽在无意之中看到一本日本文的书，可惜忘记了书名和著者，总之是关于中国戏的。其中有一篇，大意仿佛说，中国戏是大敲，大叫，大跳，使看客头昏脑眩，很不适于剧场，但若在野外散漫的所在，远远的看起来，也自有他的风致。[2]

这里所强调的是台上台下的距离："冬冬喤喤的敲打"与"红红绿绿的晃荡"必须在"野外散漫的所在"，才能由于距离的阻滞而显出另一种"风致"。由这一议论，"我"回忆起幼时所看的社戏。但在具体说到戏之前，"我"先介绍了当时的小山村以及儿时与伙伴的日常嬉乐（诸如"掘蚯蚓"）。与伙伴的游戏，使得少年的"我"可以暂时逃离书本世界。所以，平桥村对少年之"我"，乃是"可以免念'秩秩斯干幽幽南山'"的"乐土"。接下去鲁迅就荡开一笔，借"我"在赴社戏途中所见所想，给出对这一"乐土"的白描图：

> 两岸的豆麦和河底的水草所发散出来的清香，夹杂在水气中扑面的吹来；月色便朦胧在这水气里。淡

---

[1] 鲁迅：《社戏》，《鲁迅全集》第1卷，第560—561页。

[2] 同上，第561页。

黑的起伏的连山，仿佛是踊跃的铁的兽脊似的，都远远的向船尾跑去了，但我却还以为船慢。他们换了四回手，渐望见依稀的赵庄，而且似乎听到歌吹了，还有几点火，料想便是戏台，但或者也许是渔火。

那声音大概是横笛，宛转，悠扬，使我的心也沉静，然而又自失起来，觉得要和他弥散在含着豆麦蕴藻之香的夜气里。[1]

因为背景是在旷野处，鲁迅的这段描写也极舒展，并带有一种清逸之气。"我"在路途中领略到"潺潺的船头激水的声音"[2]"碧绿的豆麦田地"[3]、扑面的清香、朦胧在水汽里的月色。远远望去，心目中料想的戏台不过是"几点火"，走进了才发现这"几点火"其实是渔火。在这样淡的背景下，戏台"模胡在远处的月夜中，和空间几乎分不出界限，我疑心画上见过的仙境，就在这里出现了"[4]。于是，在室内近距离让"我"不能忍受的"红红绿绿"，此刻也在仙境中被乌黑的船篷衬托起来："不多时，在台上显出人物来，红红绿绿的动，近台的河里一望乌黑的是看戏的人家的船篷。"[5]

不妨来看看张爱玲在《华丽缘》中所描写的戏台：

闵少奶奶对于地方戏没什么兴趣，家下人手又缺，

---

[1] 鲁迅：《社戏》，《鲁迅全集》第1卷，第564页。

[2] 同上。

[3] 同上。

[4] 同上，第564—565页。

[5] 同上，第565页。

她第二天送了我去便回去了。这舞台不是完全露天的，只在舞台与客座之间有一小截地方是没有屋顶。台顶的建筑很花梢，中央陷进去像个六角冰纹乳白大碗，每一只角上梗起了棕色陶器粗棱。戏台方方的伸出来，盘金龙的黑漆柱上左右各黏着一份"静"与"特等"的纸条。右边还高挂着一个大自鸣钟。台上自然有张桌子，大红平金桌围。[1]

这个并非完全露天的戏台，以浓重的色彩描绘出来，并接之以对中国日常生活的想象：

> 下午一两点钟起演。这是我第一次看见舞台上有真的太阳，奇异地觉得非常感动。绣着一行行湖色仙鹤的大红平金帐幔，那上面斜照着的阳光，的确是另一个年代的阳光。那绣花帘幔便也发出淡淡的脑油气，没有那些销洋庄的假古董那么干净。我想起上海我们家附近有个卖杂粮的北方铺子。他们的面粉菉荳赤豆，有的装在口袋里，屉子里，玻璃格子里，也有的盛在大磁瓶里，白磁上描着五彩武侠人物，瓶上安着亭亭的一个盖，磁盖上包着老蓝布沿边（不知怎么做上去的），里面还衬着层棉花，使它不透气。衬着这蓝布垫子，这瓶就有了浓厚的人情味。这戏台上布置的想必是个中产的仕宦人家的上房，但是房间里一样还可以放着这样的瓶瓶罐罐，里面装着喂雀子的小米，或

---

[1] 张爱玲：《华丽缘》，《大家》1947年第1卷第1期，第10页。

是糖莲子。可以想象房间里除了红木家具屏风字画之外还有马桶在床背后。乌沉沉的垂着湘簾，然而还是满房红焰焰[1]的太阳影子。仿佛是一个初夏的下午，在一个兴旺的人家。[2]

有意思的是这个乡野戏台唤起的是张爱玲对上海一个北方铺子的回忆，并继之以对戏台上再现的生活的想象。与此处描写类似，张爱玲对戏台上生角旦角的刻画也是重笔写其色彩。[3]

与张爱玲浓墨重彩的写法不同，鲁迅更多以云淡风轻的写实的方式描述"看戏的人"的活动：

> ……其时台下已经不很有人，乡下人为了明天的工作，熬不得夜，早都睡觉去了，疏疏朗朗的站着的

---

[1] 张爱玲：《华丽缘》，《大家》1947年第1卷第1期，第11页。在这个杂志版中，"红焰焰"写为"红燄燄"。

[2] 同上。

[3] 比如："老生是个阔脸的女孩子所扮，虽然也挂着乌黑的一部大胡须，依旧浓妆艳抹，涂出一张红粉大面。天气虽在隆冬，看那脸色总似乎香汗淫淫。他穿的一件敝旧的大红金补服，完全消失在大红背景里。"又："小生的白袍周身绣蓝鹤，行头果然光鲜。他进去打了个转身，又换了件柠檬黄满绣品蓝花鸟的长衣，出门作客，拜见姑母。坐下来，便有人护惜地替他把后襟掀起来，高高搭在椅背上，台下一直可以看见他后身大红裤子的白裤腰与黑隐隐的汗衫。"又："其实这旦角生得也并不丑，厚墩墩的方圆脸，杏子眼，口鼻稍嫌笨重松懈了些；腮上倒是一对酒涡，粉荷色的面庞像是吹涨了又用指甲轻轻弹上两弹而侥幸不破。头发仿照时行式样，额前堆了几大堆；脸上也为了趋时，胭脂搽得淡淡的。身穿鹅黄对襟衫子，上绣红牡丹，下面却草草系一条旧白布裙。和小生的黄袍一比，便给他比下去了。一幕戏里两个主角同时穿黄，似乎是不智的，可是在那大红背景之前，两个人神光离合，一进一退，的确像两条龙似的，又像是端午节闹龙舟。"（同上，第11—12页）

不过是几十个本村和邻村的闲汉。乌篷船里的那些土财主的家眷固然在，然而他们也不在乎看戏，多半是专到戏台下来吃糕饼水果和瓜子的。所以简直可以算白地。[1]

来看戏之前，"我"就知道"他们在戏台下买豆浆喝"[2]；戏上演之时，人们"也不在乎看戏，多半是专到戏台下来吃糕饼水果和瓜子的"[3]；"我"疲倦时，果然托伙伴"买豆浆去"[4]。这样，鲁迅笔下的乡村，更像是写实的、具象的；而张爱玲笔下的乡村，不仅更是想象的、抽象的，而且还带有某种象征性：

> ……绍兴戏的社会是中国农村，可是不断的有家里人出去经商，赶考，做官，做师爷，"赚铜板"回来。绍兴戏的歌声永远是一个少妇的声音，江南那一带的女人常有这种样的：白油油的阔面颊，虽有满脸横肉的趋势，人还是老实人；那一双漆黑的小眼睛，略有点蝌蚪式，倒挂着，瞟起人来却又很大胆，手上戴着金戒指金镯子，身上胖胖的像布店里整匹的白布，闻着也有新布的气味。生在从前，尤其在戏文里，她大概很守妇道的，若在现在的上海杭州，她也可以在游艺场里结识个把男朋友，背夫卷逃，报上登出"警告

---

[1] 鲁迅：《社戏》，《鲁迅全集》第1卷，第565页。

[2] 同上，第563页。

[3] 同上，第565页。

[4] 同上。

逃妻汤玉珍"的小广告，限她三日内回家。但是无论在什么情形下，她都理直气壮，仿佛放开喉咙就可以唱上这么一段。板扎[1]的拍子，末了拖上个慢悠悠的"嗳——嗳——嗳！"虽是余波，也绝不要弄花巧，照样直着喉咙，唱完为止。那女人的声音，对于心慌意乱的现代人是一粒定心丸，所以现在从都市到农村，处处风行着，那歌声肉哚哚地简直可以用手扪上去。这时代的恐怖，仿佛看一张恐怖电影，观众在黑暗中牢牢握住这女人的手，使自己安心。[2]

如果说张爱玲将戏台置放在"现代/前现代""都市/乡村"的对立关系之中，那么鲁迅在《社戏》中则以儿童的视角展现乡野，笔法上洗尽铅华。比如对众人决定散戏的描写是："三四人径奔船尾，拔了篙，点退几丈，回转船头，驾起橹，骂着老旦，又向那松柏林前进了。"[3]"我"在回程路上，则看到如下之景：

月还没有落，仿佛看戏也并不很久似的，而一离赵庄，月光又显得格外的皎洁。回望戏台在灯火光中，却又如初来未到时候一般，又漂渺得像一座仙山楼阁，满被红霞罩着了。吹到耳边来的又是横笛，很悠扬；我疑心老旦已经进去了，但也不好意思说再回去看。

---

[1]　张爱玲：《华丽缘》，《大家》1947年第1卷第1期，第13页。"板扎"在此杂志版中写为"板絷"。

[2]　同上，第12—13页。

[3]　鲁迅：《社戏》，《鲁迅全集》第1卷，第566页。

不多久，松柏林早在船后了，船行也并不慢，但周围的黑暗只是浓，可知已经到了深夜。他们一面议论着戏子，或骂，或笑，一面加紧的摇船。这一次船头的激水声更其响亮了，那航船，就像一条大白鱼背着一群孩子在浪花里蹿，连夜渔的几个老渔父，也停了艇子看着喝采起来。[1]

总而言之，张爱玲与鲁迅通过写社戏而描写的乡土中国，有着莫大的区别：前者使用的是想象兼象征手法；后者则既写实，又写意。

2. 戏台上的"女吊"与"地母"

除却对乡土世界日常性的描写，鲁迅和张爱玲也都用浓墨重彩刻画了戏台上的极端人物。《〈传奇〉再版序》中对"蹦蹦戏"花旦的特写与鲁迅《女吊》中对"女吊"的塑造颇有可比较性。鲁迅笔下的"女吊"有"石灰一样白的圆脸，漆黑的浓眉，乌黑的眼眶，猩红的嘴唇"[2]；张爱玲对"谋杀亲夫的玩笑戏"中的荡妇的描写则是：

> 阔大的脸上塌着极大的两片胭脂，连鼻翅都搭红
> 了，只留下极窄的一条粉白的鼻子，这样装出来的希
> 腊风的高而细的鼻梁与她宽阔的脸很不相称，水汪汪

---

[1] 鲁迅：《社戏》，《鲁迅全集》第1卷，第566—567页。

[2] 鲁迅：《女吊》，《鲁迅全集》第6卷，第618页。

的眼睛仿佛生在脸的两边，近耳朵，像一头兽。她嘴里有金牙齿，脑后油腻的两绺青丝一直垂到腿弯，妃红衫袖里露出一截子黄黑，滚圆的肥手臂。[1]

以上两个描写都有相似的意象：隆重的红，极端的白。两个描写也都有声响：鲁迅笔下的"女吊"是伴着"悲凉的喇叭"[2] 出场；张爱玲则如前面的章节所写，将蹦蹦戏演出的调子形容为"奇异的惨伤"，声势更浩大：

> 拉胡琴的一开始调弦子，听着就有一种奇异的惨伤，风急天高的调子，夹着嘶嘶的嗄声。天地玄黄，宇宙洪荒，塞上的风，尖叫着为空虚所追赶，无处可停留。一个穿蓝布大褂的人敲着竹筒打拍子，辣手地："傍！傍！傍！"索性站到台前，离观众近一点，故意压倒了歌者："傍！哐哇！哐哇！"一下一下不容情地砸下来，我坐在第二排，震得头昏眼花，脑子里许多东西渐渐地都给砸了出来，剩下的只有最原始的。在西北的寒窑里，人只能活得很简单，而这已经不容易了。[3]

张爱玲所强调的是"天地玄黄，宇宙洪荒"的原始性——

---

[1]　张爱玲：《〈传奇〉再版序》，张爱玲：《流言》，上海：五洲书报社，1944年，第204—205页。

[2]　鲁迅：《女吊》，《鲁迅全集》第6卷，第617页。

[3]　张爱玲：《〈传奇〉再版序》，张爱玲：《流言》，上海：五洲书报社，1944年，第203—204页。

这也与她对京剧的原始性的喜爱一脉相承。在她的描写中,"风急天高的调子,夹着嘶嘶的嘎声","塞上的风",所有的色彩、所有的声响都"一下一下不容情地砸下来"。鲁迅则没有给"女吊"铺垫这样粗犷辽阔的情境,而是给了"女吊"可以慢慢酝酿情绪的空间。于是"女吊""两肩微耸,四顾,倾听,似惊,似喜,似怒,终于发出悲哀的声音"[1]。

蹦蹦戏花旦的形象是怎样的?首先,这个形象没有什么道德性。其次,这个形象要合乎人生的安稳的底子——张爱玲写道:"扮作李三娘的一个北方少女,黄着脸,不搽一点胭脂粉,单描了墨黑的两道长眉,挑着担子汲水去。"[2]也就是说,这样的女子是要在任何情况下支撑起生活的。再次,这个女子要有野性,像张爱玲着重突出的"荡妇"。但对张爱玲更重要的是家常性与野性统一起来。所以,"荡妇"谋杀亲夫之后仍然镇定地关心诉说着"生活",所谓"谁家的灶门里不生火?哪一个烟囱里不冒烟?"[3]张爱玲之后特意解释:

> 蛮荒世界里得势的女人,其实并不是一般人幻想
> 中的野玫瑰,燥烈的大黑眼睛,比男人还刚强,手里
> 一根马鞭子,动不动抽人一下,那不过是城里人需要
> 新刺激,编造出来的。将来的荒原下,断瓦颓垣里,
> 只有蹦蹦戏花旦这样的女人,她能够夷然地活下去,

---

[1] 鲁迅:《女吊》,《鲁迅全集》第6卷,第618页。

[2] 张爱玲:《〈传奇〉再版序》,张爱玲:《流言》,上海:五洲书报社,1944年,第204页。

[3] 同上,第205页。这也很容易让人联想起张爱玲曾写过的上海封锁中的一幕:一位妇人在封锁之时,要求回家做饭去。

在任何时代，任何社会里，到处是她的家。[1]

如果说鲁迅所突出的是"女吊"作为一种"带复仇性的，比别的一切鬼魂更美，更强的鬼魂"[2]，那么张爱玲刻画的蹦蹦戏花旦则类似于她经常强调的"地母"形象，强劲的生命力伴随着道德上的含混性。

四、鲁迅、布莱希特与张爱玲论京剧之比较

在张爱玲、布莱希特、鲁迅这三位之中，若单纯做一个时间上的比较，其实鲁迅是最早发表对梅兰芳与京剧之看法的。1925年，在《论照相之类》中，鲁迅嘲笑了梅兰芳"麻姑"扮相的"黛玉葬花"，并由此批判了所谓"男人扮女人"。在前面的章节，我们已经分析了张爱玲如何从京剧看中国社会的特征（比如"拥挤"）；而从鲁迅《社戏》中对观戏时台上台下之"拥挤"的描写，我们也可以看出他对京剧的抵触情绪。在1934年的几篇文章中，鲁迅都批评了梅兰芳和京剧。发表于1934年6月2日《中华日报·动向》的《谁在没落？》一文中，鲁迅以嘲讽的语气否认了中国画与京剧的象征元素：

> 倘说：中国画和印象主义有一脉相通，那倒还说得下去的，现在以为"切合苏俄正在盛行之象征主

<hr>

[1]　张爱玲：《〈传奇〉再版序》，张爱玲：《流言》，上海：五洲书报社，1944年，第205页。

[2]　鲁迅：《女吊》，《鲁迅全集》第6卷，第614页。

义"，却未免近于梦话。半枝紫藤，一株松树，一个老虎，几匹麻雀，有些确乎是不像真的，但那是因为画不像的缘故，何尝"象征"着别的什么呢？[1]

鲁迅别出心裁地将京剧的"脸谱和手势"称为"代数"，而非"象征"[2]。他质问道："它除了白鼻梁表丑脚，花脸表强人，执鞭表骑马，推手表开门之外，那里还有什么说不出，做不出的深意义？"[3]

与鲁迅不同，布莱希特与张爱玲则都承认京剧的象征性。在《中国戏剧表演艺术中的陌生化效果》一文中，布莱希特指出：

> ……中国古典戏曲大量使用象征手法。一位将军在肩膀上插着几面小旗，小旗多少象征他率领多少军队。穷人的服装也是绸缎做的，但它却由各种不同颜色的大小绸块缝制而成，这些不规则的布块意味着补丁。各种性格通过一定的脸谱简单地勾画出来。双手的一定动作表演用力打开一扇门等等。舞台在表演过程中保持原样不变，但在表演的同时却把道具搬进来。[4]

---

[1] 鲁迅：《谁在没落？》，《鲁迅全集》第5卷，第487—488页。

[2] 同上，第488页。

[3] 同上。

[4] 布莱希特著，丁扬忠等译：《布莱希特论戏剧》，北京：中国戏剧出版社，1990年，第192页。

这里，布莱希特点出京剧的象征手法与程序化。类似的，在《洋人看京戏及其他》中，张爱玲也强调京剧在感情表达上的程序化：

> 历代传下来的老戏给我们许多感情的公式。把我们实际生活里复杂的情绪排入公式里，许多细节不能不被剔去，然而结果还是令人满意的。感情简单化之后，比较更为坚强，确定，添上了几千年的经验的份量。个人与环境感到和谐，是最愉快的一件事。而所谓环境，一大部分倒是群众的习惯。[1]

除却感情表达上的程序化，张爱玲还强调审美／表演形式上的程序化：

> 京戏里的人物，不论有什么心事，总是痛痛快快说出来；身边没有心腹，便说给观众听，语言是不够的，于是再加上动作，服装，脸谱的色彩与图案。连哭泣都有它的显著的节拍——一串由大而小的声音的珠子，圆整，光洁。[2]

如前所述，在英文版《洋人看京戏及其他》中，张爱玲将京剧与西洋歌剧相比较。在张爱玲看来，如同中国人最爱引经据典，言语举止都在一个框架内，京剧的世界也是一个"循

---

[1] 张爱玲：《洋人看京戏及其他》，《古今》半月刊第34期，1943年11月，第27页。

[2] 同上。

旧例"的世界。在英文版《洋人看京戏及其他》中，张爱玲指出，对于京剧而言，"身体与口头表达的不同因素，都被系统化了"[1]。这样，只要动了其中一个因素，整个框架都会为之改变。张爱玲由此强调京剧对常规的严格执行。[2] 在接下去的一段，张爱玲将京剧的这种"常规化"与"程序化"与处于婴儿期和青春期的文明相联系。显然，英文版和中文版有各自陈述的方式：

This method of conventionalization, with its crude thoroughness, its childlike intensity, is no different from that of the dramas of many infantile and adolescent civilizations. But China's is the only case in which this technique has been evolved and perfected when the civilization was already past its maturity.[3]

京戏的象征派表现技术极为彻底，具有初民的风格，奇怪的就是，平戏在中国开始风行的时候，华夏的文明早已过了它的成熟期。[4]

在这里，中英文版的表达有相当差异：在英文版中，张爱玲承接上文，点出京剧的某种"常规化"的方法；在中文版中，张爱玲则将"常规化的方法"换为"象征派表现技术"。可见得，张爱玲对京剧之象征派的讨论是在中文的语境中。

---

[1] Eileen Chang, "Still Alive", *The XXth Century*, p.434.

[2] 同上。

[3] 同上。

[4] 张爱玲：《洋人看京戏及其他》，《古今》半月刊第34期，1943年11月，第28页。

对戏曲之"象征性"的强调，使得张爱玲甚至在地方戏中都能"发现""最大胆的象征手法"。《华丽缘》中如是说：

> 那布景拆下来原来是用它代表床帐。戏台上打杂的两手执着两边的竹竿，撑开那绣花幔子，在一旁伺候着。但看两人调情到热烈之际，那不怀好意的床帐便涌上前来。看样子又像是不成功了，那张床便又悄然退了下去。我在台下惊讶万分——如果用在现代戏剧里，岂不是最大胆的象征手法。[1]

除却对象征性的强调之外，布莱希特与张爱玲还有其他共通处。比较布莱希特的上述文章与张爱玲的《洋人看京戏及其他》，可以看到许多可以对话的地方：

其一，二者都强调京剧表演与观看中的"惊愕"体验。布莱希特说：

> 演员力求使自己出现在观众面前是陌生的，甚至使观众感到意外。他所以能够达到这个目的，是因为

---

[1] 张爱玲:《华丽缘》,《大家》1947年第1卷第1期，第14页。《小团圆》中将此段改写为："两个检场的一边一个，撑着一幅帐子——只有前面的帐檐帐门——不确定什么时候用得着，早就在旁边蠢动起来，一时涌上前来，又掩旗息鼓退了下去，少顷又摇摇晃晃耸上前来。生旦只顾一唱一和，这床帐是个莎洛伊德的象征，老在他们背后右方徘徊不去。"（张爱玲:《小团圆》，北京：北京十月文艺出版社，2009年，第229—230页）王安忆曾在《改编〈金锁记〉》一文中提到她一个类似的象征化的构思："当他们已经分家以后，季泽回过头上曹七巧家哄骗她，我希望舞台上有一副簾幕的，他们隔着簾幕说话，隔着簾幕动作，将簾幕卷在身上，我说这就是一场床上戏，这就是一场性的戏。"（王安忆:《改编〈金锁记〉》，林幸谦编:《张爱玲：文学·电影·舞台》，第26页）这样的构思的确抓住了张爱玲作品中戏曲化与象征化的精魂。

他用奇异的目光看待自己和自己的表演。这样一来，
他说表演的东西就使人有点儿惊愕。[1]

张爱玲说的则是："用洋人看京戏的眼光来观光一番罢。
有了惊讶与眩异，才有明瞭，才有靠得住的爱。"[2]这几乎可作
为布莱希特观点的回声。如果说布莱希特着重于演员对自身的
陌生化了的"奇异的目光"，张爱玲则直接指向一个"外行"
观众的"惊讶与眩异"。但布莱希特所说的演员对自身的"惊
愕"也由此带来观众的"惊愕"。对于老戏迷来说，观看京剧
的过程可能是闭目听戏的过程，因而这份"惊愕"很难用来形
容熟极而流的戏痴，而正好用来描绘张爱玲所说的洋人。

其二，布莱希特与张爱玲都强调台上台下直接的互动。布
莱希特强调中国戏曲演员"为观众表演"的自我意识：

> 中国戏曲演员的表演，除了围绕他的三堵墙之外，
> 并不存在第四堵墙。他使人得到的印象，他的表演在
> 被人观看。……中国戏曲演员总是选择一个最能向观
> 众表现自己的位置，就像卖武艺人一般。另一个方法
> 就是演员目视自己的动作。譬如：表现一朵云彩，演
> 员表演它突然出现，由轻淡而发展成为浓厚，表演它
> 的迅速的渐变过程，演员看着观众，仿佛问道：难道
> 不正是这样的吗？但是演员同时看着自己的手和脚的
> 动作，这些动作起着描绘检验的作用，最后也许是在

---

[1] 布莱希特著，丁扬忠等译：《布莱希特论戏剧》，北京：中国戏剧出版社，1990年，
第193页。

[2] 张爱玲：《洋人看京戏及其他》，《古今》半月刊第34期，1943年11月，第25页。

赞美。演员清晰的目光看着地面，舞台为他提供的艺术创造的空间大小并不存在什么破坏演员想象力的东西。演员把表情（观察的表演）和动作（云彩的表演）区分开来，动作不因此而失真，因为演员的形体姿势反转过来影响他的脸部表情，从而使演员获得他的全部表现力。……一种完美的胜利！演员借助它的形体动作描绘出脸部表情。[1]

与此相似，张爱玲也注意到京戏中演员如何直接向观众诉衷肠，《洋人看京戏及其他》中如是说：

> 京戏里的人物，不论有什么心事，总是痛痛快快说出来；身边没有心腹，便说给观众听，语言是不够的，于是再加上动作，服装，脸谱的色彩与图案。连哭泣都有它的显著的节拍——一串由大而小的声音的珠子，圆整，光洁。因为这多方面的夸张的表白，看惯了京戏觉得什么都不够热闹。台上或许只有一两个演员，但也能造成一种拥挤的印象。[2]

在英文版中，张爱玲也格外强调演员与观众"直接"的交流。[3] 如前面的章节所述，这种台上台下直接的交流要靠语

---

[1] 布莱希特著，丁扬忠等译：《布莱希特论戏剧》，北京：中国戏剧出版社，1990年，第192—193页。

[2] 张爱玲：《洋人看京戏及其他》，《古今》半月刊第34期，1943年11月，第27页。

[3] Eileen Chang, "Still Alive", *The XXth Century*, p.433. 原文为："Whatever preys upon the peace of mind of the inhabitants of the Peking Opera world, they 'have it

言、动作的程式化来展现：不只是言语，还有特定的"姿态、曲调、动作，服装，脸谱的色彩与图案"[1]。中文版中漂亮的句子（"连哭泣都有它的显著的节拍——一串由大而小的声音的珠子，圆整，光洁"）在英文版中也很别致："Even sobbing is exquisitely timed—a diminuendo of round and polished drops of sound."[2]

英文版《洋人看京戏及其他》中，张爱玲更强调："所有这些表达的方法都是不自然的。男人用嬉皮士招摇的方式走路，女人用的则是胆怯而切碎的步伐。"[3] 这里所谓"嬉皮士招摇的方式"，乃是为了让外国读者更易于理解，而绝非对京剧非常贴切的形容；但这样的形容已足够展现出张爱玲如何强调京戏表达上的"程式化"，这种"程式化"绝非对日常生活中言语动作的写实再现。中文版中，张爱玲写的是"语言是不够的"；在英文版中，张爱玲更明确地点明"从我们的日常经验就知"[4]，表演中仅仅靠口白是不够的。

其三，布莱希特与张爱玲都强调台上台下所共享的经验，并将此经验进一步上升为历史。如上所述，台上台下所共享的不只是可视的表演，还有其背后的经验。布莱希特注意到：

---

out,' if not with other characters in the play, then straight with the audience."

[1]　中文版写为："于是再加上动作，服装，脸谱的色彩与图案。"（张爱玲：《洋人看京戏及其他》，《古今》半月刊第34期，1943年11月，第27页）英文版原文为"gestures, tune, movement, costumes, the colors and patterns of the facial makeup."（Eileen Chang, "Still Alive", *The XXth Century*, p.433）

[2]　Eileen Chang, "Still Alive", *The XXth Century*, p.433.

[3]　同上。原文为："All these means of expression are highly unnatural. Men walk in a hippy swagger and women in timorous mincing steps…"

[4]　同上。原文为："They express themselves flauntingly, not only in spoken words（which we know from our own daily experience to be inadequate）…"

渔家姑娘所表演的划船，一方面是经过陌生化的、抽象的表演，与直接观感不符；另一方面，"这个驾驶小舟的故事好像是有历史根源的，许多歌曲传诵着它，这不是一般的划船，而是一个人人都知道的故事。这个闻名的渔家姑娘的每一个动作都构成一幅画画，河流的每一个拐弯都是惊险的，人们甚至熟悉每一个经过的河湾"[1]。这里，布莱希特强调台上台下所共享的"历史根源"。如何划船，如何经过河流的每一个拐弯，虽然并不来自观众目光所及，却来自根植于他们心中的经验。在对经验的强调之后，布莱希特将渔家姑娘的划船与皮斯卡托导演的《好兵帅克》中的行军联系起来。在他看来，"帅克三天三夜日顶太阳夜披月光赶赴前线的行军分明是难以达到的，这完全是历史地来看这次行军，作为一个事件，它引起人们的注意并不亚于拿破仑在1812年向俄国进军的场面"[2]。在这里，布莱希特强调了中国戏曲里"历史"的在场与历史化的表现手法：以抽象的表演，将所发生的作为历史事件而非偶然来表现。布莱希特这样的看法也与他的"史诗戏剧"的概念相契合。

与布莱希特相似，张爱玲在《洋人看京戏及其他》中英文版中，也都强调历史感、过去与传统：

> 《秋海棠》里最动人的一句话是京戏的唱词，而京戏又是引用的鼓儿词："酒逢知己千杯少，话不投机半句多。"烂熟的口头禅，可是经落魄的秋海棠这么一回味，凭空添上了无限的苍凉感慨。中国人向来喜

---

[1] 布莱希特著，丁扬忠等译：《布莱希特论戏剧》，北京：中国戏剧出版社，1990年，第193页。

[2] 同上，第194页。

欢引经据典。美丽的，精警的断句，两千年前的老笑话，混在日常谈吐里自由使用着。这些看不见的纤维，组成了我们活生生的过去。传统的本身增强了力量，因为它不停地被引用到新的人，新的事物与局面上。[1]

英文版《洋人看京戏及其他》中也格外提到了"经验"：

可能世界上再无一个地方，过去在普通的日常生活中起如此活跃的作用（过去在这里，指的是被阐明的经验，即从历史视角分析而得的公众记忆）。[2]

在中文版中，这一句话被改写为：

只有在中国，历史仍于日常生活中维持活跃的演出（历史在这里是笼统地代表着公众的回忆）。假使我们从这个观点去检讨我们的口头禅，京戏和今日社会的关系也就带着口头禅的性质。[3]

英文版中的"过去"，在中文版中被明确地上升为"历史"。京剧不只是公众记忆与传统的载体，也是历史的载体。

---

[1]　张爱玲：《洋人看京戏及其他》，《古今》半月刊第34期，1943年11月，第25页。

[2]　Eileen Chang, "Still Alive", *The XXth Century*, p.433。原文为："Perhaps nowhere else in the world does the past play so active a role in common everyday life — the past in the sense of elucidated experience, communal memories analyzed by the historical viewpoint."

[3]　张爱玲：《洋人看京戏及其他》，《古今》半月刊第34期，1943年11月，第25页。

其四，布莱希特与张爱玲都强调演员与角色、表演与现实、过去与现在之间的互文关系。布莱希特看重演员的自我观察：

> 演员在表演时的自我观察是一种艺术的和艺术化的自我疏远的工作，它防止观众在感情上完全忘我地和舞台表演的事件融合为一，并十分出色地创造出二者之间的距离。但这绝不排斥观众的感受，观众对演员是把他作为一个观察者来感受的，观众的观察和观看的立场就这样地被培养起来了。[1]

通过自我观察与自我疏远，演员与角色构成若即若离的关系。在受中国戏曲之取消"第四堵墙"启发的《简述产生陌生化效果的表演艺术新技巧》一文中，布莱希特指出：

> ……演员在舞台上不可完全转变为表演的人物。他不是李尔、阿巴贡、好兵帅克，他是在表演这些人。……他绝对不试图使自己（并且借此也使别人）幻想由此而完全转变成了另外一个人。……
>
> 一旦放弃完全转变，演员表达出来的台词就不至于像是一种即兴，而会像一种引证。毫无疑问，他要给这种引证以各种语气，给他的言论以丰满的人的、具体的形象……[2]

---

[1] 布莱希特著，丁扬忠等译：《布莱希特论戏剧》，北京：中国戏剧出版社，1990年，第194页。

[2] 同上，第210页。

有意思的是，张爱玲在《洋人看京戏及其他》中也都强调京剧与社会之间的"引文"关系。不妨再引用之前引过的两段话：

> 《秋海棠》里最动人的一句话是京戏的唱词，而京戏又是引用的鼓儿词："酒逢知己千杯少，话不投机半句多。"烂熟的口头禅，可是经落魄的秋海棠这么一回味，凭空添上了无限的苍凉感慨。中国人向来喜欢引经据典。美丽的，精警的断句，两千年前的老笑话，混在日常谈吐里自由使用着。这些看不见的纤维，组成了我们活生生的过去。传统的本身增强了力量，因为它不停地被引用到新的人，新的事物与局面上。[1]……
>
> 只有在中国，历史仍于日常生活中维持活跃的演出（历史在这里是笼统地代表着公众的回忆）。假使我们从这个观点去检讨我们的口头禅，京戏和今日社会的关系也就带着口头禅的性质。[2]

如同前章所分析的，在英文版《洋人看京戏及其他》中，中文版中的"口头禅"这个词其实是"引文"。"引文"即意味着可以用一件事物说明另一件。"引用"在这里不只是修辞，而是构成过去与现在、传统与当下、戏与现实之间的"结构性"关系。从上述引文可以看出，传统是以这种"引用"的方式介

---

[1] 张爱玲：《洋人看京戏及其他》，《古今》半月刊第34期，1943年11月，第25页。
[2] 同上。

入当下与现实。在中英文版《洋人看京戏及其他》中，张爱玲甚至指出这种"引用"的习惯使得中国人固着于某些文化遗产与心理定式，再怎样异端，有怎样的怪癖，也不过是循规蹈矩的异端与怪癖，所以某些另类不过是"从人堆里跳出来，又加入了另一个人堆。"[1] 当张爱玲阐明"京戏里的世界既不是目前的中国，也不是古中国在它的过程中的任何一阶段"[2] 之后，她也就涉及京剧在处理与现实之关系上的独特之处。在她看来，京剧对现实并非直接的写实再现："它的美，它的狭小整洁的道德系统，都是离现实很远的。"[3] 但这并不意味京剧不能指涉现实或与现实毫无关联。在英文版中，张爱玲问道：京剧只是浪漫的逃避么？在中文版中，她直接由上句"它的美，它的狭小整洁的道德系统，都是离现实很远的"转折：

> 然而它决不是罗曼谛克的逃避——从某一观点引渡到另一观点上，往往被误认为逃避。切身的现实，因为距离太近的缘故，必得与另一个较明彻的现实联系起来方才看得清楚。[4]

如果说布莱希特"史诗戏剧"论的一个核心要点是"现实的历史化"[5]，那么张爱玲强调的也正是以京剧作为引文或中

---

[1] 张爱玲：《洋人看京戏及其他》，《古今》半月刊第34期，1943年11月，第27页。

[2] 同上。

[3] 同上。

[4] 同上。

[5] 陈平原：《鲁迅的〈故事新编〉与布莱希特的"史诗戏剧"》，《陈平原小说史论集（上）》，石家庄：河北人民出版社，1997年，第109页。

介，以"历史化"的方式映照、介入现实。

正如张爱玲对中国戏曲之形式的看重，布莱希特对中国与中国戏剧／戏曲的兴趣，很大程度上应从形式上加以理解。莱恩在《善隐世的张爱玲与不知情的美国客》一文中介绍道：张爱玲曾向他介绍赖雅与布莱希特在来往信件中讨论"延续中国式戏剧"，并想在纽约演出。他们设想编入每天的新闻事件，不分场次地演出，并借鉴中国共产党所提倡的街头样板戏的形式。[1]

郑树森也在《张爱玲·赖雅·布莱希特》一文中写道：

> 布莱希特来美后，曾与赖雅热烈讨论将每日的新闻大事搬上舞台的可能性，当时两人心目中的形式主要是三〇年代风行的"活动报纸剧场"（The Living Newspaper）；这种流动演出，基于省略布景道具的经济及时空转换的利便，曾向梅兰芳一九三〇年颇为轰动的访美演出借鉴[2]。布莱希特则是在一九三五年访问纽约时，在左派电影导演约瑟夫·卢西（Joseph Losey）引领下，初睹这个剧场形式。可惜两位剧作家的讨论始终没有实现。[3]

与布莱希特不同，张爱玲和鲁迅一方面非常看重审美形式，另一方面也因为身处中国文化内部，得以更进一步讨论京

---

[1] 詹姆士·莱昂著，叶美瑶译：《善隐世的张爱玲与不知情的美国客》，《联合文学》第13卷第6期，1997年4月。

[2] 原书此处写为"借鑑"。

[3] 郑树森编：《张爱玲的世界》，第45—46页。

剧的风格、内容，及其与中国社会与文化的关联。在《法会和歌剧》一文中，鲁迅嘲笑了"金刚法会"邀请梅兰芳、胡蝶等来"表演歌剧"。他揶揄道：

> 盖闻昔者我佛说法，曾有天女散花，现在杭州启会，我佛大概未必亲临，则恭请梅郎权扮天女，自然尚无不可。但与摩登女郎们又有什么关系呢？[1]

在《略论梅兰芳及其他（上）》一文中，鲁迅借梅兰芳为由头，阐明他对雅俗文化的看法。在他看来，梅兰芳原本是"俗人的宠儿"，却被"士大夫"装进了"玻璃罩"。鲁迅对"梅剧"的反感，主要是由于它的"士大夫化"：

> ……梅兰芳不是生，是旦，不是皇家的供奉，是俗人的宠儿，这就使士大夫敢于下手了。士大夫是常要夺取民间的东西的，将竹枝词改成文言，将"小家碧玉"作为姨太太，但一沾着他们的手，这东西也就跟着他们灭亡。他们将他从俗众中提出，罩上玻璃罩，做起紫檀架子来。教他用多数人听不懂的话，缓缓的《天女散花》，扭扭的《黛玉葬花》，先前是他做戏的，这时却成了戏为他而做，凡有新编的剧本，都只为了梅兰芳，而且是士大夫心目中的梅兰芳。雅是雅了，但多数人看不懂，不要看，还觉得自己不配看了。
>
> ……

---

[1] 鲁迅：《法会和歌剧》，《鲁迅全集》第5卷，第451页。

他未经士大夫帮忙时候所做的戏，自然是俗的，甚至于猥下，肮脏，但是泼剌，有生气。待到化为"天女"，高贵了，然而从此死板板，矜持得可怜。看一位不死不活的天女或林妹妹，我想，大多数人是倒不如看一个漂亮活动的村女的，她和我们相近。[1]

　　从上述这些文字可以看出，鲁迅并非反感京剧或梅兰芳本身，而是反感将其高贵化。鲁迅认为，梅兰芳一旦被士大夫化或雅化，也就从此远离了普通人的趣味和喜好。雅化的京剧是"不死不活的天女"，远不如与群众相近的"漂亮活动的村女"。[2] 换言之，鲁迅反而欣赏京剧的"俗""泼剌""有生气"。[3]1934年9月8日发表于《大晚报·剪影》的犁然的《在梅兰芳马连良程继先叶盛兰的欢宴席上》一文，曾如实记录梅兰芳谈话："中国旧戏原纯是象征派的，跟写实的话剧不同。"[4] 鲁迅据此在《略论梅兰芳及其他（下）》中，进一步嘲笑梅兰芳"中国戏是象征主义，剧本的字句要雅一些"的说法。[5] 联系鲁迅在《社戏》中表达的对野戏的爱好，很显然，鲁迅认为京剧应该保留其民间形态，反对士大夫将其"由俗变雅"。

　　本来，张爱玲与鲁迅对戏曲及其展现的中国形象有着大相径庭的理解。张爱玲由戏台上想象出一个中国，鲁迅却极反感

---

[1]　本文原署名"张沛"，发表于1934年11月5日《中华日报·动向》。又见鲁迅：《略论梅兰芳及其他（上）》，《鲁迅全集》第5卷，第579—580页。

[2]　鲁迅：《略论梅兰芳及其他（上）》，《鲁迅全集》第5卷，第580页。

[3]　同上。

[4]　参见鲁迅：《略论梅兰芳及其他（下）》，《鲁迅全集》第5卷，第583页，注释4。

[5]　同上，第582页。

京剧舞台上呈现的中国。对于京剧之雅俗的看法，张爱玲与鲁迅也既有交叉，也有区分：

首先，鲁迅与张爱玲都欣赏京剧乃至其他戏曲的"俗"。张爱玲更由"中国戏剧与中国生活里"的"拥挤"展开，认为正因为"缺少私生活，中国人的个性里有一种粗俗"[1]。

其次，同样是赞同京剧的民间性，鲁迅将这种民间性与"象征主义"对立起来。在他看来，梅兰芳走所谓"象征主义"之路，恰恰是抛弃了那种民间性。与鲁迅不同，张爱玲一方面认同京剧乃"粗鄙的民间产物"，一方面也将这种"粗鄙"的民间性与京剧的象征性联系起来：

> 京戏的象征派表现技术极为彻底，具有初民的风格，奇怪的就是，平剧在中国开始风行的时候，华夏的文明早已过了它的成熟期。粗鄙的民间产物怎么能够得到清朝末叶儒雅风流的统治阶级的器重呢？纽约人听信美术批评家的热烈的推荐，接受了原始性的图画与农村自制的陶器。中国人舍昆曲[2]而就京戏，却是违反了一般评剧家的言论。文明人听文明的昆曲，恰配身份，然而新兴的京戏里有一种孩子气的力量，合了我们内在的需要。中国人的原始性没有被根除，想必是我们的文化过于随随便便之故。就在这一点上，我们不难找到中国人的永久的青春的秘密。[3]

---

[1] 张爱玲：《洋人看京戏及其他》，《古今》半月刊第34期，1943年11月，第27页。

[2] 原杂志此处写为"崐曲"（同上，第28页）。

[3] 张爱玲：《洋人看京戏及其他》，《古今》半月刊第34期，1943年11月，第28页。

不同于鲁迅将"象征主义"与剧本的"雅"相关联，张爱玲认为"京戏的象征派表现技术极为彻底"具有"初民的风格"。在英文版中，张爱玲的用语是"crude thoroughness"（粗朴的彻底性）。既然"平戏在中国开始风行的时候，华夏的文明早已过了它的成熟期"，那么京剧的流行就由一种"返璞归真"的味道。在鲁迅那里，京剧本身已分了雅俗；在张爱玲这里，与京剧的"俗"相对的，则是昆曲的"雅"。[1] 由民间气息，张爱玲进一步导向京剧的原始性与孩子气。在这个意义上，她对京剧特质的议论，就不能不放在"现代性"语境中来看。她对原始性的看重，曲折展现了她对现代世界与现代性的意见。与张爱玲相比，鲁迅更多的是在雅／俗、"士大夫－知识分子"／民间这样的二元对立结构中来看待京剧的问题。在这里我们也可以看到张爱玲、布莱希特、鲁迅论中国戏曲的相通处：首先，他们都对审美形式极度敏感与重视；其次，他们都强调戏曲的原始的、天真的质素——不管他们是否将此与"象征主义"联系起来。与此同时，三者对戏曲之原生态的爱好，又反过来证明了他们的知识分子要求与趣味。

---

[1]　在面向外国读者的英文版中，张爱玲更具体地将京剧与被文人所精致化的昆曲做了对比。

海外《论语》英译文学阐释译本之语体特征探讨
——以语料库统计为辅助

强晓 *

前　言

在国内《论语》译介史的研究中，不少研究者将译本进行了分类，如杨平将其分为中国译者和外国译者所译之译本 [1]，李钢将其分为西方中心主义下产生的译本和文化多元主义语境下产生的译本等 [2]，王琰将当代《论语》英译分为面向理论和现实的译本与面向文本和历史的译本等 [3]。王勇曾将《论语》英译本分为"学者型"和"文学型"两大类 [4]，是笔者所发现

---

* 强晓，复旦翻译系讲师，主要研究方向为典籍英译。开设"论语英译""典籍英译"等课程，曾在《翻译季刊》、Translation Review 等期刊发表相关论文。

[1] 杨平：《〈论语〉英译的概述与评析》，《浙江教育学院学报》2009年第4期，第37—47页。

[2] 李钢：《和而不同——历史文化视阈下的〈论语〉英译研究》，湖南师范大学博士学位论文，2012年。

[3] 王琰：《〈论语〉英译与西方汉学的当代发展》，《中国翻译》2010年第3期，第24—32页。

[4] 王勇：《〈论语〉英译的转喻视角研究》，上海交通大学博士学位论文，2009年。

的唯一明确将"文学型"译本作为一个群体来考察的研究者，考虑到了非专业读者的需求。不过他对于"文学型"译本的定义还只局限于译文的风格，考察也较为简略。

本文将采用一种较为综合、立体的划分标准，将海外《论语》英译本分为"文学阐释"和"非文学阐释"两大类。划分标准主要为译者对原作的阐释态度，而这种态度体现于译者在前言或导论中的自述、译文风格、加注策略、译本目标读者群及出版策略等各个方面。孔子曰："言之无文，行而不远。"文学阐释译本的行文风格，也可成为《论语》在当代进一步向西方世界传播的参考。

同时，本文首次将语料库统计的方法一定规模地用于《论语》英译本语体特征的分析。笔者将本研究涉及的8个《论语》英译本的正文部分全部转化成电子版，并用语料检索软件Word 和 Wordsmith 6.0对这4组译本进行了各种统计，作为例证的补充。贝克（Mona Baker）曾在一篇讨论用语料库统计的方法研究文学译者风格的文章中指出，我们应探讨文学译者是否会在使用词汇、句法、连接词甚至标点时显示出某种偏好和一致性，借助语料统计发现其中可能存在的"模式"[1]。虽然本研究考察的不是严格意义上的"译者风格"，而是文学阐释译本作为一个整体呈现的语言风格，但贝克提出的研究思路却同样适用。

---

[1] Mona Baker, "Toward a Methodology for Investigating the Style of a Literary Translator", in *Target*, 12（2）, 2000, p.248.

一、海外《论语》英译的文学阐释译本

《论语》英译的文学阐释，是指译者意识到或努力挖掘《论语》的文学性，并且尽量在译文和注释中体现原文的文学性。文学诠释的思路大致有两种：一是将原文视为一种传记文学，力求表现孔子及众弟子的个性情感；二是努力再现原文简约的文风，创造出"警句"（aphorisms）的效果。需要指出的是，文学阐释并不一定意味着忽略原文的历史性和思想性——实际上，由于《论语》的思想性远超过其文学性，对其单一而纯粹的文学阐释也是不可能的。接下来，我们将逐一考察较为典型的四个文学阐释译本，分别阐述其文学阐释视角在译本中的体现。

（一）赖发洛译本（1909）[1]

赖发洛译本的辅文本包括了7页的导论、163条脚注和14页的人名地名索引表。导论简要介绍了孔子的生平，也略提到《论语》的成书及真伪；脚注多介绍历史背景，大多简略，有90多条不超过四个词。仔细研读导论不难发现，译者对于孔子生平的描述，文笔生动而富有情感，读上去更像是历史人物传记，而不是单纯的历史。

赖发洛译本文学态度的最大体现在于：他处处竭力再现原文的语言风格。在导论的结尾处他指出，精炼和流畅是《论

---

[1]　Leonard A Lyall, *The Sayings of Confucius*, London：Longmans, Green and Co. Ltd., 1909.

语》语言的显著特点，这必然是长期润色和打磨的结果。赖发洛的译文正体现了这种精炼和流畅，读来有明显的警句风格。

值得一提的是，赖译共有三版，跨时近三十年，而且在两次修订中，译文遣词造句都有较大改动。在这么长的时间段内两次对译文形式进行大刀阔斧的修改，在《论语》英译史上可谓独此一家。[1] 经比对，这些改动较少涉及对原文内容理解的变化，而大多只是译文表达形式的改变，在更贴近原文句型结构的同时，变得更加生动形象、朗朗上口。这一锤词炼句的过程，从另一个侧面反映了译者的文学态度。

赖译初版便被选入"哈佛经典"（Harvard Classics）第44卷。该系列于1909年由哈佛大学校长艾略特（Charles W. Eliot）和哈佛英文系教授尼尔森（William A. Neilson）共同编纂而成，旨在为强调广博知识面、价值观和道德感、社会参与意识和多元视角的"人文教育"（"liberal education"，也有人译为"博雅教育"）提供读本。艾略特称，每天只需花15分钟读一读这些经典，便可获得"人文教育"。该系列由拥有当时美国最畅销杂志之一 *Collier's* 的 Collier and Son 出版社出版，宣传力度很大，共印刷15次。[2]

---

[1]　理雅各和刘殿爵也曾在修订版中修改译文。但理雅各的改动极少，且主要涉及对原文的理解变化。刘殿爵除了改变了一些对原文理解外，主要是力求使行文变得更加紧凑。据史嘉柏统计，这些行文上的变化大约平均每页有一个；不过，他认为这些改动总的来说微不足道，而且很多和原译文一样啰唆。参见 David Scharberg, "'Sell it！Sell it！'：Recent Translations of Lunyu," in *Chinese Literature：Essays, Articles, Reviews*, 23, 2001, p.128。

[2]　以上数据为 Worldcat 检索所得结果，参见：http：//www.worldcat.org/wcidenti-ties/lccn-n2010-8125。

（二）林语堂译本（1938）[1]

　　林语堂的《论语》译本并不是全译本，也不是单独成书，只是《孔子的智慧》（*The Wisdom of Confucius*）全书的一章，标题为"The Aphorisms of Confucius"。译者在译序中指出，读《论语》犹如读巴特利特（John Bartlett）的《名句大全》，其中的警语名句会让人回味，引起"无限沉思想象和赞叹"。《论语》的美不光在于它的思想，还在于用极简的语言表现出了孔子的性格，类似中国的山水画，用寥寥数笔便可表现出无穷的意味。他还将《论语》的美与鲍斯威尔（James Boswell）的传记文学《约翰逊传》作比，认为孔子和弟子们的谈话如同 Johnson 和他的文人朋友们的交谈一样有魅力；还认为孔子的性格有和 Johnson 类似的霸气和自信，即便发"武断偏执之论"，也自有动人的力量；而孔子的众弟子也是各有个性。在全书的导论中，林语堂还指出，孔子情感丰富、充满艺术家的气质，他既和蔼温驯、又疾恶如仇，有时也会发风趣诙谐之词。

　　译者对于原文的分类和排序也体现出其文学态度。十大类的前五类，按顺序分别是"孔子自述与旁人之描述""孔子之情感与艺术生活""谈话之风格""霸气"和"急智与智慧"，凸显了孔子的性格、与他人的对话风格，以及他所说的带有普遍性道理的警句。而真正体现孔子核心思想的"仁"和"君子"等概念，则被排在了后五类。从篇幅看，前五类共116条，后五类仅88条。林译一共只有17条脚注，其中介绍历史背景的只有两条。林译采用了"括号加注"的策略，即用括号将一些

---

[1]　Yutang Lin, *The Wisdom of Confucius*, New York：Random House Inc., 1938.

解释性的句子或短语直接插在译文当中。据统计，这类注释共有82条，大大超过了其脚注。

《孔子的智慧》于1938年由世界著名文学出版商蓝登书屋（Random House）在纽约出版。此书是"现代文库"（Modern Library of the World's Best Books）系列之一，该系列以经典文学作品为主，是蓝登书屋的起家力作。此前林语堂的《吾国与吾民》（My Country and My People）于1935年在美国出版，引起了不小的轰动；1937年著作《生活的艺术》（The Importance of Living）更是连续位于美国畅销书排行榜榜首52周，再版了40余次。而蓝登书屋正是在此情况下向林语堂主动约稿 [1]，促成了《孔子的智慧》的诞生。这说明出版社想借林语堂当时在美国的影响力和名气，来拓宽此书的销售面。1943年，蓝登书屋又为该书出了插图版，由插画师 Jeanyee Wong 为书配上了20多幅彩图，更加显示出面向广大读者的意向。

（三）庞德译本（1951）[2]

庞德在译序中表示，《论语》文风简洁，其中的对话栩栩如生；而他翻译《论语》的目标，正是要努力再现这样的简洁文风和谈话感觉。他的译文的确相当简洁，其字数在所有译本中，仅多于赖发洛译本。

庞德对于《论语》的文学态度，主要体现在他对汉字的意

---

[1] 邢娟妮、孙良好：《论林语堂笔下的孔子形象》，《温州大学学报》2008年第4期，第8页。

[2] Ezra Pound, *Confucius：The Great Digest, the Unwobbling Pivot, the Analects* （10th Printing），New York：New Directions Publishing Corporation, 1951/1969.

象诠释上。虽然他并未将《论语》本身视为文学作品，但他对汉字的解读方式却是充满诗意和文学性的。在理解《论语》时，他虽然也参考了理雅各和波蒂埃的译本和注释，但他常常根据自己对汉字的意象诠释来解读原文，给出与他们不同的诠释。庞德曾说，他在1937年的夏天花了六周的时间，在一本极为博学的注释本的帮助下，"闭关"研读了"四书"原文。每当他和该注释本意见相左，或是对某些内容感到困惑时，他只能通过看"汉字和偏旁部首的样子（the look of the characters and radicals）"来继续他的解读。他的结论是，学者在研究儒家经典时"知道"的太多，"看到"的太少。[1] 庞译共有224条注释，但大多为引用理雅各和波蒂埃的译法片段，还有不少便是用他的"意象诠释法"来解释原文，涉及历史背景的一共只有两条。

庞译最早发表于美国著名的文学杂志《哈德逊评论》1950年春季号和夏季号；1951年又和他之前发表的《大学》和《中庸》英译本一起，由美国新方向出版公司（New Directions Publishing Corporation）作为"石刻经典"（Stone Classics）系列之一在纽约出版。该出版社的宗旨是成为"有实验精神的作家检验其创新的发表平台"[2]。1969年，该译本又首次以平装本在纽约出版，同时由加拿大企鹅图书公司在加拿大出版。之后，此平装版本在美国至少印刷了10次。此外，庞译在1951年也作为"Square Dollar Series"系列之一发行了题为"Confucian Analects"的单行本。该系列都是轻薄的"小

---

[1] Noel Stock, *The Life of Ezra Pound*, London：Routledge & Kegan Paul, 1970, pp.440—441.

[2] 参见：http://ndbooks.com/about/a-brief-history-of-new-directions。

册子"（pamphlet），从标题看应该只售一美元，类似中国20世纪八九十年代大为畅销的"五角丛书"，应为面向大众的普及性读物。之后又多次再版 [1]。

（四）利思译本（1997）[2]

利思的译本主要分为导论、正文和尾注三大部分，分别为17页、99页和108页，还有一个3页多的前言。利思在前言中写道："虽然这部作品是我毕生研究汉学的结晶，但我却未像发表学术作品时那样署上我的本名，而是用了笔名，其用意是要表明这是一部'作家'的翻译。"[3] 在谈到已有的译本时，利思认为，有些译本文笔优雅却准确不足，有些译本虽内容准确却表达不够精当，所以他希望自己能"兼顾学问与文学"。

在导论中，利思认为读《论语》不能光凭学者的研究和考证，而更要有"灵敏的听力"，要有艺术家和小说家对于风格的敏感，这样就会发现其中贯穿了明显统一的风格，而这种风格背后，正是孔子强有力的个性。所以他又说，孔子有力而复杂的个性是《论语》的脊梁，是整本书的黏合剂；读者若足够敏感，便可从中听出孔子"独特的声音"。在利思眼中，孔子绝不是一个古板严肃、一本正经的布道者和老学究，而是一个对生活充满激情、感情丰富、强壮英武、有冒险精神和行动

---

[1] 如何莫邪提到的版本：Ezra Pound, *Confucian Analects*, London：Peter Owen limited, 1956。

[2] Simon Leys, *The Analects of Confucius*, New York/London：W. W. Norton &Company, 1997.

[3] 利思的本名为李克曼（Pierre Ryckmans）。

力的人。此外，利思在尾注中引用了不少文学家的话，有约20处。大多篇幅较长，有具体的形象、论证充分、鞭辟入里、娓娓道来，个别还有故事情节。

利译于1997年由诺顿公司（W.W. Norton & Company）出版，在纽约和伦敦同时发行。在译序中，利思明确指出，该译本不仅仅面向学者同人，更首先面向非专业人士——那些希望拓宽文化视野而又不能直接阅读原著的读者。

二、海外《论语》英译文学阐释译本的语体特征

所谓"语体特征"（register features），是指普遍而频繁存在于某文本种类中的、能起到重要传播功能的语言特征。[1] 兰哈姆（Richard A. Lanham）在《分析散文》一书中，用客观的、描述性的术语将散文的语言特征概括成了一系列对比组，并探索了不同语言特征背后的不同的传播功能。本文在此借用其中三组相反的语体特征，即"动词风格和名词风格"（verb and noun styles）、"意合和形合"（parataxis and hypotaxis）以及"有声风格和无声风格"（voiced and unvoiced styles）[2]——它们为我们提供了客观的概念框架，而其中的对比又较好地概括了文学和非文学阐释文本之间的差异。笔者将以此作为讨论的

[1] Douglus Biber and Susan Conrad, *Register, Genre, and Style*, Cambridge/ New York : Cambridge University Press, 2009, pp.16, 53.

[2] Richard A. Lanham, *Analyzing Prose*（2nd Edition）, Beijing : Peking University Press, 2004, pp.11—47, 102—118.

出发点，并在必要时进行拓展和补充。

为了更好地探求文学阐释译本作为一个群体的共性，我们也选取了四个与之同时期的非文学阐释译本，作为参照对象进行共时比较。组成的四对译本分别为：赖发洛和翟林奈[1] 译本，林语堂和威利[2] 译本，庞德和魏鲁男[3] 译本，利思和安乐哲、罗斯文[4] 译本。

（一）"动词风格"和"名词风格"

兰哈姆认为，"动词风格"是一种基于"动作"（action）的风格，"名词风格"则是一种基于"状态"（stasis）的风格。前者的典型结构是"subject + verb"，并常以"一系列悦人耳目的排比式的短语"形式出现；后者的典型结构是"noun + 'is' + prepositional phrase"，其中介词短语的位置既可出现在"is"之前，也可出现在之后。从兰哈姆的例证中可以看出：动词风格中的"verb"往往是行为动词，其中的"subject"则往往是具体的人和物；动词风格句中常常包含丰富的形象，读起来节奏明快，朗朗上口——形象悦"目"，节奏悦"耳"。而名词风格中的"noun"则往往是较为抽象的名词，或是由

---

[1] Lionel Giles, *The Sayings of Confucius : A New Translation of the Greater Part of the Confucian Analects*, London : Hazell, Watson & Viney, Ltd., 1907.

[2] Arthur Waley, *The Analects of Confucius*, New York : Random House, 1938.

[3] James R. Ware, *The Sayings of Confucius*, New York : The New American Library of World Literature, Inc., 1955.

[4] A Roger T.mes and Henry Rosemont, Jr, *The Analects of Confucius : A Philosophical Translation*, New York : Ballantine Publishing Group, 1998.

动词和形容词转化而来的名词（nominalizations）；介词短语常常以"of"和"by"等来引导。从篇幅上看，后者也明显长于前者。[1] 在《论语》文学和非文学阐释的译本中，随处可见这两种风格的对比。例如：

（1）（子曰：）"道千乘之国，敬事而信，节用而爱人，使民以时。"（1.5）[2]

赖译：… "To guide a land of a thousand chariots, honour business, be true and sparing, love the people, and time thy claims upon them."

翟译：… In ruling a country of a thousand chariots there should be scrupulous attention to business, honesty, economy, charity, and employment of the people at the proper season.

（2）（微生亩谓孔子曰：）"丘何为是栖栖者与？无乃为佞乎？"……（14.32）

林译：… "Why are you so self-important and constantly rushing about？ Don't you talk a little bit too much？"

威译：… "Ch'iu, what is your object in going round perching now here, now there？ Is it not simply to

---

[1]　Lanham, pp.11—28.

[2]　本文中提到的所有《论语》章节编号，都依照杨伯峻《论语译注》（中华书局，2009年）中的划分标准。

show off the fact that you are a clever talker？"

两种风格的对比见下表（译文共三句，分别以 S1、S2 和
S3 指代）：

		主语	谓语动词	
文学阐释译本	S1	(you)	honour, love, and time	
	S2	you	rush	
	S3	you	talk	
非文学阐释译本	S1	attention to…, charity, and employment of	be	
	S2	object in …	is	
	S3	it (object)	is	

（表1）

不过，除了严格意义上的"名词风格"句，非文学阐释译
本中还常常出现其"变体"，例如：

（3）子曰："君子食无求饱，居无求安……"（1.14）

庞译：He said：A gentleman eats without trying to
stuff himself, dwells without seeking quietude…

魏译："If the prince does not seek satiety at table
or ease at home …"

（4）（有子曰：）"其为人也孝弟，而好犯上者，
鲜矣……"（1.2）

利译：…"A man who respects his parents and his elders would hardly be inclined to defy his superiors.…"

安译：…"It is a rare thing for someone <u>who has a sense of filial and fraternal responsibility</u>（*xiaoti* 孝弟）to have a taste for defying authority.…"

这两例中，画线部分的分句并不是严格意义上的"名词风格"句。因为它们的主语都是具体的人，谓语动词也分别是行为动词"seek"和"have"，而不是系动词"be"。然而，和文学阐释的译文对比后不难发现，它们的谓语动词较为空洞、抽象——更重要的是，它们的宾语都不是具体的名词，而是"satiety""ease"和"responsibility"这样的"nominalizations"。因此，它们缺少了"动词风格"句的动作感，可以视为"名词风格"句的一种变体。事实上，严格意义上的"动词风格"和"名词风格"只是界定了一个标尺的两端，任何一个译本都可以在这条标尺上找到自己的位置。为了更加准确地为每个译本"定位"，就需要使用更加客观的语料库统计的方法进行量化。

笔者通过使用 Wordsmith6.0 的 Concord 检索功能，统计出了各译本中"名词化用法"（norminalizations）的数量[1]：

---

[1]　具体方法为：首先在"Concord"的"seach word"中输入搜索符号："*tion/*sion/*ance/*ence/*ancy/*ancies/*ency/*encies/*ture/*ship/*erty/*ment/*ity/*ism/*hood/*ness/*lion/*lty/*esy/*sies/*ties/*nies/*tery/*teries/*val/*ssal/*esty"，得出由这些后缀结尾的单词的数量；再输入搜索符号："government/*garment/duties/ties/city/future/venture/ceremonies/cites/business/vermillion/nature/sentence/advance/section/vassal/occasion/literature/sculpture/hence/worship/guilty/education/chance/fuction/

文学 阐释	赖发洛译本	林语堂译本	庞德译本	利思译本
	208	152	372	411
非文学 阐释	翟林奈译本	威利译本	魏鲁男译本	安乐哲译本
	371	477	502	445

（表2）

　　由于林语堂译本和翟林奈是节译本，与全译本缺乏可比性，笔者还分别对威利译本根据林译选编后的节译本（简称"威节"）以及赖发洛译本根据翟译选编后的节译本（简称"赖节"）中的名词化用法做了统计；并且根据威节和威利全译本中名词化用法的比例（以及赖节和赖发洛全译本中名词化用法的比例），推算出林语堂译本（翟林奈译本）若为全译本可能的名词化用法数量。具体如下：

林语堂译本	威节	林语堂全译本推算结果
152	179（477）	405
赖节	翟林奈译本	翟林奈全译本推算结果
140（208）	371	551

（表3）

将林语堂和翟林奈全译本推算结果分别代入表2，我们便

---

quality/qualities/authority/position/station/nation/mission/sentiment/moment/augment/
mention/harness/*culture/opportunity/opportunies/libation"，以从第一次搜索的结果
中去除非名词化用法的抽象名词。两次搜索出的数量差则基本为统计结果。但在此结
果基础上还要进一步检查，统计其余非名词化用法的抽象名词，尤其是抽象的核心概
念词。

得出了更有可比性的表4：

文学阐释	赖发洛译本	林语堂译本（推）	庞德译本	利思译本
	208	405	372	411
非文学阐释	翟林奈译本（推）	威利译本	魏鲁男译本	安乐哲译本
	551	477	502	445

（表4）

从表3中可以看出，文学阐释译本整体使用名词化用法的数量要明显少于非文学阐释译本——尤其是赖发洛译本，远远少于其他译本。这和我们前文的例证分析结果是一致的：赖译的特点正是用词形象，以"动"取胜；而辜鸿铭译本则喜欢反复释义，以繁复见长。总体说来，文学阐释译本更接近"动词风格"，而非文学阐释译本更接近"名词风格"。所以，从传播功能上看，文学阐释更加形象，非文学阐释更加抽象；前者更好地体现了人物的主体性和能动性，而后者则更倾向从客观角度描述事物存在的状态。

（二）"意合"与"形合"

兰哈姆在谈到"意合"和"形合"时举例说，恺撒大帝说的"I came; I saw; I conquered"是"意合"；但如果改作"Since it was I who arrived, and I who saw how the land lay, the victory followed as a matter of course"，那就是"形合"。前者中，各分句只是以并排的形式呈现给读者，它们彼此的联系留给读

者自己去决定——兰哈姆用了"syntactic democracy"一词来概括其特点；后者中各分句的从属关系则已经明确[1]。不难看出，《论语》原文的句型是较为典型的意合，而文学阐释译文总的说来尽量保留了这一特征。例如：

（1）（子贡曰：）"贫而无谄，富而无骄。何如？"子曰："可也。未若贫而乐，富而好礼者也。"……（1.15）

魏鲁男译文：… "What would you say of the man who, though poor, does not flatter; of the man who, though rich, is not proud？" "They are right enough, but they are not to be compared with the one who, though poor, is happy, and the one who, though rich, is fond of the rites."

魏鲁男的译文，通过给原文添加各部分的逻辑主语（you, man, they, the one）、介词（of）、表转折的连词（but）以及关系代词（who），点明各部分关系，把短而"断"的原文变成了结构缜密的长句。试比较文学阐释译本的译法：

庞译：…Poor and no flatterer, rich and not high-horsey, what about him？ / He said：Not like a fellow who is poor and cheerful, or rich and in love with precise observance.

---

[1] Lanham, p.29.

利译：…"'Poor without servility; rich without arrogance.' How is that？" The master said："Not bad, but better still:'Poor, yet cheerful; rich, yet considerate.'"

这两种译法都比魏鲁男的要更加意合，利思的版本几乎完全和原文的句法一致，只是添加了一个"but"，和魏鲁男的译法形成了鲜明而有趣的对比。

同样，"形合"和"意合"也只是一个渐变体的两端，同是文学阐释的译本，在这个渐变体上的位置也各不相同。例如：

（2）（子曰："）吾与回言终日，不违，如愚。退而省其私，亦足以发，（回也不愚。"）（2.9）

赖译：…If I talk all day to Hui, like a dullard, he never stops me. But when he is gone, if I pry into his life, I find he can do what I say.…

林译：…I have sometimes talked with Huei for a whole day, and he just sits still like a fool. But then he goes into his own room and thinks about what I have said and is able to think out some ideas of his own.…

庞译：…I have talked a whole day with Hui and he sits quiet as if he understood nothing, then I have watched what he does.…

利译：…I can talk all day to Yan Hui—he never raises any objection, he looks stupid. Yet, observe him when he is on his own：his actions fully reflect what he learned....

四个版本所用连接词的性质（即所引导的分句的类型）和数量见下表：

	定语从句	方式状语从句	条件状语从句	时间状语从句	转折关系并列句	顺承关系并列句	联合关系并列句
赖译			if（2）	when	but		
林译					but	then	and（3）
庞译		as if				then	and
利译				when	yet		

（表5）

其中，后三列的连接词更能带来形合的效果，前几列的连接词则更能带来意合的效果。可以看出，在该例中，赖译最为形合，利译最为意合，林译和庞译则居中。

事实上，"介词 + which"是典型的形合"利器"，可以组织出句法缜密的复合长句。笔者同样用 Wordsmith 6.0 的 Concord 功能对所有译本的"介词 + which + 从句"结构进行了统计：

文学阐释	赖发洛译本	林语堂译本	庞德译本	利思译本
	0	0	0	6
非文学阐释	翟林奈译本	威利译本	魏鲁男译本	安乐哲译本
	8	12	8	11

（表6）

从表中不难看出，文学阐释的译本总体使用该结构较少，而非文学阐释的译本总体较多。

从文学效果来看，形合和意合哪个更好，并没有简单的结论。前者曲折婉转，后者则简短明快。但是，从贴合原文风格的角度看，意合的短句似乎更加对应《论语》的句式和谈话的语体。四个文学译本明显偏意合，并在庞德译本中达到顶点，走向了另一个极端。庞德常常直接用逗号连接几个短句甚至句子的碎片，正如兰哈姆所说，意合风格具有内在的诗歌化的倾向，而庞德正是充分发挥了这种倾向：他通过对汉字的"读图法"，创造出丰富的意象，用诗意的语言部分地中和了过度意合带来的支离破碎之感。相比之下，赖发洛、林语堂和利思的译文较为意合而又不走极端，较好地符合了警句的体裁惯例。尤其是林语堂译文，更是直接以"the Aphorisms of Confucius"作为标题，并通过删节、选编打造警句风，小标题的加入更加符合了警句以主题为组织方式的体裁惯例。

（三）"有声风格"和"无声风格"

所谓"有声风格"，指的是一种可以听得到"人物声音"（human voice）风格；而"无声风格"正好相反，指的是"缺乏人情味的"（impersonal）、"客观中立的"（neutral）风格 [1]。前者较好地概括了文学阐释译本的整体特点，后者则更适用于非文学阐释。林语堂曾说，《论语》是孔子与门人"私下对

---

[1]　Lanham, pp.102—118.

谈的实录"，有很多"人情味"[1]；庞德也在《论语》译序中说，要表现一种"如闻其声"的感觉（the sense of the live man speaking）[2]；利思更是直接使用了"voice"一词，认为《论语》的任何读者都应敏锐地捕捉其中"孔子独特的声音"（Confucius's unique voice）[3]。——他们所说的"人情味"和"声音"等，正是"有声风格"所体现的内容。例如：

（1）（子曰：）"我非生而知之者，好古，敏以求之者也。"（7.20）

赖译：…"I was not born to understanding. I loved the past, and questioned it earnestly."

翟译：…In me, knowledge is not innate. I am but one who loves antiquity and is earnest in the study of it.

（2）（子曰：）"兴于诗，立于礼，成于乐。"（8.8）

林译：…"Wake yourself up with poetry, establish your character in li and complete your education in music."

威译：…Let a man be first incited by the Songs, then given a firm footing by the study of ritual, and finally perfected by music.

（3）子曰："攻乎异端，斯害也已。"（2.16）

庞译：He said：Attacking false systems merely harms you.

---

[1] 林语堂：《孔子的幽默》，北京：群言出版社，2011年，第2—3页。

[2] Pound, p.194.

[3] Leys, p.XXI.

魏译："It is indeed harmful to come under the sway of utterly new and strange doctrines."

其中语法成分的分析如下表（译文共三句，分别以 S1-S6 指代）：

	文学阐释译本（有声风格）			非文学阐释译本（无声风格）		
	主语	谓语动词	宾语 / 表语	主语	谓语动词	宾语 / 表语
S3-5	（you）	行为动词	your + 名词	（you）	let	a man + be + 动词被动态
S2	I	行为动词		I	系动词	
S1	I	系动词		抽象名词	系动词	
S6	动名词	行为动词	you	it（指代动词不定式）	系动词	形容词

（表 7）

由上表中可以看出，有声风格常常以"you"为主语（但都在祈使句中省略了），以具体行为动词为谓语，有时还用"you"或"your + 名词"作宾语。这些词的使用，使得听者直接参与到孔子的谈话之中。相比之下，无声风格常常使用"let + 宾语 + 动词被动态"的结构——这种结构表面上也是以"you"为主语，但却因被动语态的使用给听者"事不关己"的感觉；而且"let"之后的直接宾语也往往是抽象名词、动词不定式，或是除了"你""我"之外的人（如"a man""him""them"等）。此外，有声风格还常用"I"作主语，再配上行为动词作谓语；而无声风格则常以抽象名词或指代动词不定式的"it"为主语，再配上系动词和表语，失去了第一人称作为主语带来的亲切感和人情味。

为了量化各译本的有声／无声风格，笔者分别统计了各译本的"let"表祈使的总使用次数，并去除了其中"let us"的用法[1]——因为这种用法一般都承接了具体的行为动词，再加上和"us"的使用拉近了与听者的距离，反倒体现了一定的有声风格。统计结果见下表：

文学阐释	赖发洛译本	林语堂译本（推）	庞德译本	利思译本
	5	2	3	5
非文学阐释	翟林奈译本（推）	威利译本	魏鲁男译本	安乐哲译本
	25	8	38	6

（表 8）

从上表中可以看出，文学阐释译本使用代表无声风格的"let"结构的次数，总体少于非文学阐释的译本，尤其是庞德译本和魏鲁男译本的差距更是惊人。

实际上，有声／无声风格与之前讨论的动词／名词、意合／形合风格也有相关之处——因为名词、形合风格往往比动词、意合风格要更加正式，因而也就更趋向无声风格。从传播功能上看，有声风格较好地体现了谈话感和孔子的人情味，为突显孔子的个性和情感奠定了基础，也较好地符合了谈话体人物传

---

[1] "let me"引导的祈使句和"let him""let them"等相比，也较为接近有声风格。但在笔者重点研究的这八个《论语》译本中，"let me"引导的祈使句的主语都不是指交谈的对方"you"，并非征求对方的意见或向对方提出建议和请求，而不过是表达个人意愿的一种委婉方式。从这个意义上说，它比"I"直接做主语的句子要更加"无声"。所以笔者在统计代表无声风格的"let"结构时，并未将这类句子去除。

记的体裁惯例。

三、结语

程子说，读《论语》须"将诸弟子问处便作自己问，圣人答处便作今日耳闻"[1]。林语堂建议读者全身心参与书中，用自己的悟性去理解，用自己的经验去验证。[2] 梁启超也提议身体力行，使古人所教变为自己所得。[3] 可见，要想从《论语》中获益，需要将其"内化""个人化"，在个人的体验和感悟的基础上"仁者见仁，智者见智"。从这个意义上说，有血有肉的孔子形象正可以为读者"内化"孔子之教诲提供了最鲜活的道德榜样。[4]

总的看来，文学阐释译本的风格更加形象化：一是用词的形象化，二是孔子个性的形象化。用词的形象化，主要体现为文本"动词"风格的语体特征，即多用包含具体形象的动词和名词。孔子个性的形象化，主要体现为文本的"有声"及"意合"的语体特征，即较好地表现了孔子的"声音"和谈话的语气，体现了孔子的亲切和人情味。这些特点都可让读者如见其人、如感其情，并由孔子推至己身，更好地将《论语》中的思想付诸个人实践。

---

[1] 朱熹：《四书章句集注》，北京：中华书局，2011年，第47页。

[2] Lin, p.157.

[3] 梁启超：《国学要籍研读法四种》，北京：国家图书馆出版社，2008年，第169页。

[4] Amy Olberding, "The Educative Function of Personal Style in the Analects", in *Philosophy East and West*, 57.3, 2007, pp.357—358.

翻译文本的经典化

——以新国际版《圣经》为例

杨佳莹*　崔峰**

前　言

　　随着考据学的发展、语言的演变，以及人类学研究对《圣经》所产生的时代与文化背景的新认识，20 世纪的美国基督教界掀起了一股《圣经》翻译热潮，《圣经》翻译理论与翻译过程（translation procedures）遂成为研究重点。[1] 20 世纪下半叶为美国《圣经》翻译最为活跃的时段。从 1952 年至 1990年，就推出了 27 个英文《圣经》译本和 28 个《新约》翻译。[2]20世纪英译《圣经》的涌现基本上依据两条传统的翻译主线：

---

* 杨佳莹，新加坡南洋理工大学人文学院翻译专业硕士研究生。主要研究领域为翻译史。

** 崔峰，新加坡南洋理工大学人文学院中文系博士、Senior Lecturer，MTI 课程副主任，南洋理工大学 Main PhD Supervisor。主要研究领域为翻译史、比较文学、中外文学关系等。

[1] Mona Baker, *Routledge Encyclopedia of Translation Studies*, New York：Routledge, 2001, pp.22—23.

[2] Bruce M. Metzger, *The Bible in Translation：Ancient and English Versions*, Michigan：Baker Academic, 2001, p.68.

第一条是对以往英译《圣经》的校订；第二条则是对原始文本的重译。[1] 于1978年出版的新国际版（*New International Version*）是此时期最具代表性的英译《圣经》之一。

新国际版甫一问世，其首印的120万本《圣经》即告售罄[2]。新国际版也因此取代了三个半世纪以来广受欢迎的钦定版，成为美国基督教界最畅销的英译《圣经》。[3] 新国际版除了成为基督教徒普遍阅读的英译《圣经》之外，也由各神学院与教会选用于教材、布道及刊物发行中。

由于《圣经》在美国的广泛流传，美国学界对《圣经》的研究一直呈现多样化的研究视角：《美国生活中的圣经》（*The Bible in American Life*）一书探讨了美国人在日常生活中如何运用《圣经》。作者以访谈形式，结合史学、社会学和神学等学科来理解《圣经》在美国社会扮演的角色。[4]《后现代圣经》（*The Postmodern Bible*）一书从后现代理论的视角审视《圣经》的阅读方式。[5] 该书从结构主义、心理分析学、女性主义等理论视角解读《圣经》，并探讨教会和文化等权力如何塑造了读者对《圣经》的阅读习惯。[6]

除了上述研究《圣经》对美国社会产生的影响外，亦有

---

[1] John Barton, *The Bible：The Basics*, New York：Routledge, 2010, p.33.

[2] Paul Gutjahr, "The Everlasting Bible from King James to 'Light Speed'", in *Humanities*, 32, 6, 2011, p.19.

[3] Ibid.

[4] Philip Goff, Arthur E. Farnsley II, and Peter J. Thuesen, *The Bible in American Life*, New York：Oxford University Press, 2017.

[5] George Aichele et al., *The Postmodern Bible*, New Haven：Yale University Press, 1995.

[6] Ibid.

学者针对个别英译《圣经》进行了研究。阿利斯特·麦葛福（Alister McGrath）以钦定版（*King James Version*）《圣经》为研究对象，追溯该译本的历史，探讨促使此译本产生的因素、分析该译本的翻译策略，并探究钦定版在现代英语的发展中所扮演的举足轻重的角色。[1] 麦金华（George Kam Wah Mak）则以中文《圣经》译本和合本为研究对象，探讨英国及海外《圣经》公会（British and Foreign Bible Society）在此译本的成型过程如何扮演赞助人的角色，并在原始文本的择取过程中发挥了哪些意识形态层面的影响。[2]

虽然《圣经》翻译研究多样化，但是对于新国际版的研究，学者们大多从语言学角度分析该译本。例如温·皮薛士（Vern S. Poythress）对比了新国际版的原版与再版当中所改用的性别包容性语言（gender inclusive language）。[3] 另外，也有学者对包括新国际版在内的各《圣经》译本的易读性进行了研究 [4]。

除了针对翻译成品探讨译本的措辞是否得当之外，同样值得思考的是圣书卷为什么被出版？由谁出版？翻译行为的动机是什么？翻译过程中的选词有怎样的特点？圣书卷的发行方式是什么？有哪些参与者？他们扮演了怎样的角色？翻

---

[1]   Alister McGrath, *In the Beginning : The Story of the King James Bible*, London : Hodder & Stoughton, 2001.

[2]   George Kam Wah Mak, "'Laissez-faire' or Active Intervention ? The Nature of the British and Foreign Bible Society's Patronage of the Translation of the Chinese Union Versions," in *Journal of the Royal Asiatic Society*, 20, 2, 2010, pp.167—190.

[3]   Vern S. Poythress, "Gender Neutral Issues in The New International Version of 2011," in *Westminster Theological Journal*, 73, 1, 2011, pp.79—96.

[4]   John R. Yeatts and Kathryn W. Linden, "Text Comprehension of Various Versions of the Bible," in *Journal for the Scientific Study of Religion*, 23, 1, 1984, pp.1—18.

译过程与圣书卷出版时的时代语境产生了怎样的互动？据此，本文将探讨新国际版形成的背景、成型阶段受到的影响、翻译过程、译作出版后产生的影响力，以及这些因素如何促使该译本成为广受欢迎的英文《圣经》。[1] 本文也将从"诗学"（poetics）、"赞助人"（patronage）及"意识形态"（ideology）等角度 [2]，探讨作为翻译文本的新国际版《圣经》如何经典化（canonisation）的过程。

一、经典化

"经典化"一词的定义众说纷纭，若从圣典的视角理解该词汇，"经典"一般指涉的是权威著作的列表或汇集。[3] 该定义泛指基督教与犹太教推崇的圣书，即由希伯来语与亚兰语写成的《旧约》以及以希腊语写成的《新约》。[4] 因此，早期基督教的经典建构过程并不关心文本辞藻是否华丽，或文本可能对读者存有多大的吸引力。这些经典建构者对于自己的工作都持有非常明确的概念，即文本的择取应该如何"符合"（measure up）他们所属的宗教社团制定的标准，或者是否顺

[1]　Paul C. Gutjahr, "Sacred Texts in the United States," in *Book History*, 4, 2001, pp.335—370.

[2]　安德烈·勒费弗尔：《翻译、改写以及对文学名声的制控》，上海：上海外语教育出版社，2010年，出版前言。

[3]　Richard N. Soulen and R Kendall Soulen, *Handbook of Biblical Criticism*, Louisville：Westminster John Know Press, 2002, p.29.

[4]　Ibid.

应他们的"规范"（norm），即宗教社团要传授的教义。[1]

"经典"的另一定义则是指社群的意识形态代表，也就是说社群以制定的"经典"提倡他们的信仰，并维护社群在社会中的地位。[2] 同时，"经典"也作为一种平台，让他人测试社群意识形态的健全性，同时揭露其他社群思想上的矛盾和不足。[3] 如此看来，不同的社群可建立自己的"经典"，以用于巩固自身意识形态的合法性。

埃文·佐哈尔（Itamar Even-Zohar）认为"经典化"意味一个文化当中占主导地位的社群所认同的文学规范与作品（即涵盖模式与文本），其最为显著的作品被社群保存下来并构成历史遗产的一部分。[4] 勒菲弗尔（André Lefevere）则提出经典化或有经典化潜力对一部文学作品的流传有着深远影响。[5] 知名出版社往往给予经典作家的关注较多，因此有经典化潜力的作品更容易被出版。[6]

一部经典化作品的建构，涉及"诗学"与"赞助人"这两个概念，它们制约着文学系统内外。首先，"诗学"由两个部分组成：一是文学技巧、体裁、主题、典型的人物和情节以

---

[1]　John Guillory, "Canon," in Frank Lentricchia and Thomas McLaughlin ed., *Critical Terms for Literary Study, Second Edition*, Chicago：University of Chicago Press, 1995, p.233.

[2]　Charles Altieri, "An Idea and Ideal of a Literary Canon," in *Critical Inquiry*, 10, 1,1983, p.39.

[3]　Ibid.

[4]　Itamar Even-Zohar, "Polysystem Studies," in *International Journal for Theory and Analysis of Literature and Communication*, 11, 1, 1990, pp.17—39.

[5]　André Lefevere, *Translation, Rewriting and The Manipulation of Literary Fame*, Shanghai：Shanghai Foreign Language Education Press, 1992, p.21.

[6]　Ibid.

及象征等文学要素的库存；二是文学在社会系统当中扮演什么角色，或应该扮演什么样的角色——这一概念对主题的选择有着重要影响，即所选主题需顺应社会系统的标准，文学作品才会受到重视。[1] 诗学是制约作品经典化的要素之一，并在文学系统内部运作，但诗学同时又受意识形态支配。[2]

其次，文学系统外部的"赞助人"，指的是能促使或阻碍文学的阅读、创作和改写的要求（包括人与机构等）。[3] 而赞助系统可通过意识形态、经济利益和社会地位三个方面发挥作用。[4] 上述提出经典化的定义，体现了《圣经》的经典化也是由赞助人的意识形态影响和管制的；只有顺应宗教社团所制定的标准与规范的章节，才能收录于经典汇集当中。

二、诗学

"诗学"并非一成不变，会随着时间的推移而演变[5]。新国际版的缘起与源语文本的选择并非偶然，受当时基督教界的主导"诗学"影响。一方面，该翻译项目的实施响应了语言发展的演变与更新，为现代读者提供更符合现代英文表述、更通俗易懂的《圣经》翻译。另一方面，考据学的发展以及

---

[1] André Lefevere, *Translation, Rewriting and The Manipulation of Literary Fame*, Shanghai：Shanghai Foreign Language Education Press, 1992, p.33.

[2] Ibid，p.21.

[3] Ibid，p.22.

[4] Ibid，p.23.

[5] Ibid，p.42.

考古发现的新《圣经》抄本，影响了新国际版项目的工作者对原始文本的择取。

（一）语言的演变与更新

备受推崇的钦定版虽然在20世纪持续保持其经典地位，但使用于400多年前的语言与现代英文的表述形式已然产生隔阂，因此钦定版也应随着语言的发展进行更新即成为题中应有之义。从19世纪开始，各基督教机构陆续修改钦定版并推出这些修订的《圣经》，其中包括英语修订版、美国标准版、修订标准版、新美国标准版、新修订标准版，等等。[1]

新国际版就是在这样的前提下形成的。最初，提议翻译一部新的英文《圣经》的是美国"基督归正教会"（Christian Reformed Church）[2] 西雅图分部的一名成员霍华德·朗（Howard Long）[3]。他对当时美国读者所能购买并阅读的英译《圣经》感到不满，而且他用钦定版传福音时常常遇挫：许多

---

[1]　Bruce M. Metzger, *The Bible in Translation : Ancient and English Versions*, pp.46—93.

[2]　Christian Reformed Church, "Christian Reformed Church Governance"（http : // www.crcna.org/welcome/christian-reformed-church-governance）。基督教归正教会在美国与加拿大一共有1000多个教会分部。基督教归正教会在治理方面采取两种手段：一是对教会当中各集会的治理，涉及各教会理事、教派区域集会以及教派总议会。对于各集会，基督教归正教会采取"横性治理"（horizontal ecclesiastical structure），因此教会理事、教派区域集会以及教派总议会层层推进，扩大治理势力。二是对教会参与的各项工作，如传道、神学院等工作的治理。

[3]　John H. Stek, "The New International Version : How It Came To Be," in Glen G. Scorgie, Mark L. Strauss and Steven B. Voth ed., *The Challenge of Bible Translation*, Michigan : Zondervan, 2003, pp.235—236.

人认为钦定版的古英语不仅奇怪、离奇，甚至有些滑稽[1]。对此，霍华德感到非常懊恼，即便自己尝试将钦定版译成更符合当时用语习惯的版本，仍无法达到他的预期效果。[2]霍华德本以为能够以自己改译的《圣经》向别人传教，但毕竟形单力薄，无法动摇历史悠久且颇具权威的钦定版的地位。[3]因此他向教会牧师彼得·德容（Peter De Jong）提议重新翻译一本英文《圣经》[4]。彼得·德容也认同这一提议，并向教会理事（Church Council）提出此议案。[5]彼得·德容成功说服教会长老和执事将这议案带到势力更广泛的教派区域集会（教派的区域司法机构）（Classis）[6]。虽然此提案在教派区域集会当中因无法得到足够支持而被拒绝，但是西雅图教会议会却不甘受挫，将提案带到一年一度美国与加拿大联合举办的教派总议会（General Synod）会议上。[7]他们于1956年呈上的提案说明："教会有意愿与其他保守派教会协力赞助或促成一部忠实的《圣经》翻译，供现代美国读者阅读。"[8]

　　教派总议会委任了四位拥有高等学术学位的牧师、教会工作人员以及教育家组成的研究委员会，考察此议案的必要

[1] John H. Stek, "The New International Version：How It Came To Be," in Glen G. Scorgie, Mark L. Strauss and Steven M. Voth ed., *The Challenge of Bible Translation*, Michigan：Zondervan, 2003, p.235.

[2] John H. Stek, "The New International Version：How It Came to Be,", p.235.

[3] Ibid.

[4] Ibid，pp.235—236.

[5] Ibid，p.236.

[6] Ibid.

[7] Ibid.

[8] Christian Reformed Church, *Acts of Synod, 1956*, Michigan：Christian Reformed Publishing House, 1956, pp.539—540.

性[1]。经过两年考察，研究委员会得出以下结果：新英译《圣经》议案获得相当数量的教会与协会的支持，研究委员会十分肯定地认为钦定版与美国标准版中"过时"（antiquated）的语言需要更新，而且认定修订标准版存在不足。[2]教派总议会于1954年对修订标准版进行审核研究后认为，译本的翻译倾向非福音派的诠释，与美国基督归正教会所倡导的福音派教义有分歧，而且审核团也认为该译本在语言风格上的调整并没有达到"令人满意的进步"（have not as yet moved forward sufficiently to be entirely satisfactory），因此教派总议会不赞成在各教会分部使用修订标准版[3]。基于以上所述的原因，教派总议会对此议案"表示赞同"（express itself favorably）[4]。

除此之外，"福音神学协会"（Evangelical Theological Society）的秘书也曾向研究委员会致函，说明协会许多成员赞同大量修改1901年出版的美国标准版。[5]教派总议会将福音神学协会对美国标准版所发表的意见，解读为对新《圣经》翻译工作的支持和赞同。[6]

劳伦斯·韦努蒂（Lawrence Venuti）指出，大多数的出

---

[1]　Christian Reformed Church, *Acts of Synod, 1956*, Michigan：Christian Reformed Publishing House, 1956, p.61.

[2]　Christian Reformed Church, *Acts of Synod, 1958*, Michigan：Christian Reformed Publishing House, 1958, p.313.

[3]　Christian Reformed Church, *Acts of Synod, 1954*, Michigan：Christian Reformed Publishing House, 1954, pp.419—436.

[4]　Christian Reformed Church, *Acts of Synod*, 1958, Michigan：Christian Reformed Publishing House, p.102.

[5]　Christian Reformed Church, *Acts of Synod, 1957*, Michigan：Christian Reformed Publishing House, 1957）, p.348.

[6]　Ibid, p.350.

版商、评论者和读者对于一部翻译的接受，很大程度上取决于翻译的流畅性[1]。随着时代的变迁，语言也渐渐产生了变化。虽然现代读者依然能够理解钦定版的内容，但是对他们而言，钦定版的语言、风格却是陌生的。即使是进行修改和更新的美国标准版与修订标准版也无法达到读者渴望看到的流畅性。如此看来，出版一部以现代英文翻译的《圣经》是必然的。

此外，弥赛亚学院（Messiah College）助理教授约翰·叶芝（John R. Yeatts）与普渡大学（Purdue University）教授凯瑟琳·林登（Kathryn W. Linden）曾对五个受读者欢迎的现代英译《圣经》与钦定版做了比较研究。[2] 这五个《圣经》版本都是为了给读者提供更容易理解的英译《圣经》而出版的，因此《各〈圣经〉版本的可理解性》（*Text Comprehension of Various Versions of the Bible*）这项研究旨在对比分析五个《圣经》译本的可理解性（comprehensibility）。[3] 研究结果发现新国际版比钦定版更容易理解，而且研究对象也更能记住新国际版当中的章节。[4] 作品在被阅读、关注的过程当中才会拥有经典化的机会。因此，新国际版在其出现的时代提供给读者通俗易懂的翻译，成为此译本经典化的重要因素之一。

---

[1] Lawrence Venuti, *The Translator's Invisibility：A History of Translation*, New York：Routledge, 2008, p.1.

[2] John R. Yeatts and Kathryn W. Linden, "Text Comprehension of Various Versions of the Bible", pp.1—18. 研究当中分析的五个现代英译《圣经》分别为《修订标准版》（*Revised Standard Version*）、《新英文圣经》（*New English Bible*）、《现代英文译本》（*Today's English Version*）、《活泼真道》（*Living Bible*）和《新国际版》（*New International Version*）。

[3] Ibid, pp.1—2.

[4] Ibid, pp.1—18.

其次，特雷弗·罗斯（Trevor Ross）认为，读者能从经典中吸收观点、欣赏语言风格或体会美感，因此经典是真正有价值的作品。[1] 罗斯进一步说明，经典价值的延续在于作品需反复被不同读者阅读以领悟上述特质。[2] 查尔斯·阿尔提艾瑞（Charles Altieri）亦认为，经典是创新的库存，也是挑战我们在体裁和风格上的创新能力。[3] 如此看来，因经典不断被阅读与解读，不同读者会发现作品中新的见解或审美观，从而提供创新的可能。在此意义上，新国际版对上帝的称谓做出了相应的创新：钦定版将"万军之耶和华"（Yahweh Sabaoth）译为"the LORD of hosts"[4]，而新国际版则译为"the LORD Almighty"[5]。其他《圣经》译本也根据钦定版的翻译将"万军之耶和华"译为"the LORD of hosts"[6]。新国际版译者在翻译上帝的称谓"万军之耶和华"时则脱离了钦定版的传统，用意在于做到与时俱进。他们认为现代读者不一定能够把握"hosts"的意义，因此选择使用读者更能体会的"almighty"[7]。

---

[1] Trevor Ross, "Translation and the Canonical Text," *in Studies in the Literary Imagination*, 33, 2, 2000, pp.1—21.

[2] Ibid.

[3] Charles Altieri, "An Idea and Ideal of a Literary Canon", p.47.

[4] Alister McGrath, *In the Beginning*：*The Story of the King James Bible and How it Changed a Nation, a Language, and a Culture*, London：Anchor, 2002, p.235.

[5] Kenneth L. Barker, "YHWH Sabaoth：'The Lord Almighty'", in Richard P.Polcyn ed., *The NIV*：*The Making of a Contemporary Translation*, Colorado：International Bible Society, 1991, p.123.

[6] 《英语修订版》《修订标准版》《新美国标准版》《新修订标准版》与《以赛亚书》第1章第9节当中均使用"the LORD of hosts"。

[7] Zondervan, "Preface," in *The Holy Bible, New International Version*, Michigan：Zondervan, 1996.

现今，"the LORD of hosts"与"the LORD Almighty"两个翻译已获得普遍认可，《霍尔曼精简〈圣经〉词典》(*Holman Concise Bible Dictionary*)中也收录了这两个翻译。[1]

（二）原始文本的择取

除了语言的发展，促使《圣经》翻译与修订工作的因素也包括考据学的发展。在20世纪之前，大多数《圣经》翻译采用的《新约》源语文本是《公认文本》(*Textus Receptus*)，它由10世纪至13世纪间数量稀少的抄本构成，钦定版便是依据此文本翻译而成。[2] 随着考据学的发展，学者们集聚了《西奈抄本》(Sinaiticus manuscript)与《梵蒂冈抄本》(*Vaticanus manuscript*)等更多抄本，并用纸莎草对证其内容，来重塑最近似原始文本的源语文本。[3] 据此发展，19与20世纪产出了各种《新约》源语文本，最具代表性的则是尼斯勒（Eberhard Nestle）与奥伦德（Kurt Aland）所编的《希腊文新约》(*Nestle-Aland Greek New Testament*)。[4] 新国际版所使用的《新约》源语文本就是《希腊文新约》以及《联合〈圣经〉公会希

---

[1]　Holman Reference, *Holman Concise Bible Dictionary*, Nashville：B&H Publishing Group, 1997, p.44.

[2]　Stanley E. Porter, *Dictionary of Biblical Criticism and Interpretation*, Oxon：Routledge, 2007, p.353.

[3]　Ibid, pp.250—353。古埃及人用纸莎草记载事物，因此纸莎草的发现与研究有助于学者理解那时代的历史和文化背景。纸莎草也为《圣经》研究提供了更丰富的文献资源，让研究者以纸莎草内容为依据，断定《圣经》事件发生的时间点，或证实《圣经》记载是历史上真实发生的事件。

[4]　Ibid.

腊文新约》(*United Bible Societies' Greek New Testament*) [1]。
这两个文本被普遍公认为"标准文本"(standard text),因为
学术界认同这是"《新约》希腊文文本最好的重现"(the best
attempt at reconstructing the original text of the Greek New
Testament) [2]。

　　基督教界往往对《圣经》翻译要求语言的"美感"(beauty)
和"真理"(truth)——也就是正确无误地呈现上帝原先要传
授的话语。[3] 但《圣经》翻译要兼具"真理"和"美感"并非
易事,而在此意义上,基督教界则以"真理"为优先 [4]。然而,
若要"准确地"呈现"真理",那译者所使用的原文应当是"最
正确的"。既然学术界认同是《新约》希腊文文本"最好的重
现",那么新国际版以此作为源语文本进行翻译,即可确保《圣
经》译本给读者提供"最正确的"内容。《圣经》翻译工作最
关注的是译本的"准确性",而准确性也往往对于《圣经》译
本的权威有着至关重要的影响。一部作品取得权威地位时,也
意味着其作品更有可能被经典化。

---

[1]　Ralphe Earle, "The Rationale for an Eclectic New Testament Text," in Richard
P.Polcyn ed., *The NIV : The Making of a Contemporary Translation*, Colorado :
International Bible Society, 1991, p.54.

[2]　Philip Comfort, *Encountering the Manuscripts : An Introduction to New Testament
Paleography & Textual Criticism*, Nashville: Broadman & Holman Publishers, 2005, p.102.

[3]　Peter J. Thuesen, *In Disconcordance with the Scriptures : American Protestant
Battles over Translating the Bible*, Oxford : Oxford University Press, 1999, pp.43—57.

[4]　Ibid.

三、赞助人与意识形态

勒菲弗尔指出，"非分化型"（undifferentiated）赞助人是指意识形态、经济利益和地位三方面都由一个赞助人分配，而"分化型"（differentiated）则是这三方面由不同的赞助人分配。[1] 新国际版的赞助人属于"分化型"（differentiated），该《圣经》译本的意识形态影响与经济资助来自不同组织。勒菲弗尔还指出，比起诗学，赞助人一般更关注文学的意识形态。[2] 上文提及，不同社群可能存有不同的意识形态，而且社群建立的经典可用于巩固自己意识形态的合法性。因此，新国际版的经典化必然受某种意识形态的影响。新国际版的赞助人为翻译工作设置意识形态框架，牵引《圣经》翻译的走向；经济赞助人则推广作品，让新国际版广泛流传，影响译作经典化的形成。

（一）美国归正教会与美国福音派协会

出版新《圣经》译本的想法源自美国归正教会内部[3]。这一想法后来成为教派总议会会议上的议案，也成为整个教派机构推行的一项计划。美国归正教会的教派总议会接到议案时做了谨慎处理，专门成立了一个研究委员会，考察基督教界对新《圣经》译本的需求量以及其项目的可行性。[4] 鉴于其他《圣经》

---

[1] André Lefevere, *Translation, Rewriting and the Manipulation of Literary Fame*, p.24.

[2] Ibid，p.22.

[3] John H. Stek, The New International Version：How It Came To Be，pp.235—236.

[4] Christian Reformed Church, *Acts of Synod*, 1957，pp.348—349.

翻译经验，教派总议会格外关注基督教界各机构与教会对于新《圣经》翻译工作的看法与支持。[1] 教派总议会认为只有整个基督教界共同支持执行其《圣经》翻译项目，才能确保《圣经》译本的成功。[2] 因此，他们只有在得到其他基督教机构的支持，以及能让这些机构从新产生的《圣经》译本中受益的情况下，方才支持并通过此议案。[3]

在研究委员会的考察过程中，他们发现多数北美基督教会认为现有的《圣经》版本都使用古英语——这有碍于读者对《圣经》的理解，因此他们支持或对现有版本进行修订，或开展使用现代英语的新《圣经》翻译计划。[4] 以分发《圣经》为主要工作的"世界圣经联盟"（World Home Bible League）对新《圣经》翻译计划也表示支持。[5] 世界圣经联盟致函表示，他们一直以来即希望能出版一部新的《圣经》译本。[6] 其次，多数基督教会也认为修订标准版虽具备优点，但毕竟不适用于布道与私人阅读环境。[7] 教派总议会也曾于1954年反对使用修订标准版，原因是修订标准版由基督教自由派学者翻译，而且其《圣经》译本的一部分章节内容不符合美国基督归正教会所属的保守派信仰。[8]

除此之外，"美国福音神学协会"（National Association

---

[1] Christian Reformed Church, *Acts of Synod*, 1957，pp.350—351.

[2] Ibid.

[3] Ibid.

[4] Ibid，p.351.

[5] Christian Reformed Church, *Acts of Synod*, 1958，pp.306—307.

[6] Ibid，p.307.

[7] Christian Reformed Church, *Acts of Synod*, 1957，pp.351.

[8] Christian Reformed Church, *Acts of Synod*, 1954，pp.420—436.

of Evangelicals）也曾向研究委员会致函，表示对新《圣经》翻译项目的支持与赞同。[1] 随后，此协会也表示有意参与新《圣经》翻译工作。[2] 为了探讨新《圣经》翻译项目的可能性，美国福音派协会早在 1957 年就成立了一个《圣经》翻译委员会。[3] 1965 年，基督归正教会与美国福音派协会协力举办了一场《圣经》翻译会议，30 多位《圣经》研究者应邀出席。[4] 会议的研讨结果是成立一个独立的"《圣经》翻译委员会"（The Committee on Bible Translation），专门负责《圣经》翻译工作。[5] 该《圣经》翻译委员会由 15 位代表不同基督教派的《圣经》学者组成，而委员会也不受任何组织机构的赞助或影响。[6]

[1]　Christian Reformed Church, *Acts of Synod*, 1954，p.348.

[2]　Carolyn Johnson Youngblood, "The New International Version Translation Project: Its Conception and Implementation," in *Journal of the Evangelical Theological Society*, 21, 3, 1978, p.242.

[3]　National Association of Evangelicals, "History"（http：//www.nae.net/about-us/history），美国福音协会成立于 1942 年，成立宗旨是为了聚集美国所有传福音工作者，并且给予他们传福音工作的支持与援助。协会成立初期，即拥有约 1000 多名代表着 50 多个教派的成员。

[4]　John H. Stek, The New International Version：How it Came to Be，p.242.

[5]　Committee on Bible Translation, "Committee on Bible Translation Constitution"（http：//www.biblica.com/en-us/the-niv-bible/meet-the-translators/translator-constitution/）.

[6]　John H. Stek, The New International Version：How it Came to Be，p.245. 圣经翻译委员会的 15 位成员为：E. Leslie Carlson-Southwestern Baptist Theological Seminary, Edmund P.Clowney-Westminster Theological Seminary, Ralph Earle-Nazarene Theological Seminary, Burton L. Goddard-Gordon Divinity School, R. Laird Harris-Covenant Theological Seminary, Earl S. Kalland-Conservative Baptist Theological Seminary（Denver）, Kenneth S. Kantzer-Trinity Evangelical Divinity School, Robert Mounce-Bethel College（St. Paul）, Stephen W. Paine-Houghton College, Charles F. Pfeiffer-Central Michigan University, Charles C. Ryrie-Dallas Theological Seminary, Francis R. Steele-North Africa Mission, John H. Stek-Calvin Theological Seminary,

《圣经》翻译委员会当中有两位是基督归正教会的成员，另三位则是美国福音派协会的成员。[1]

（二）纽约《圣经》协会与佐德凡出版社

新国际版的经济赞助人分别是"纽约《圣经》协会"（New York Bible Society）与佐德凡出版社（Zondervan）。

《圣经》翻译委员会成立后便举办了一场《圣经》翻译会议，目的是让其他基督教机构了解《圣经》翻译的计划，并向这些机构争取援助。[2]80多位基督教机构代表与学者参与了会议，而其中有两位代表纽约《圣经》协会的成员，分别是协会秘书长金德贝格（Youngve R. Kindberg）与管理委员会成员汤森德（Morris M. Townsend）。[3]纽约《圣经》协会在这之前，已致力于寻找一本现代的英译《圣经》来进行协会工作，所以协会成员听闻《圣经》翻译计划后非常感兴趣，于是这两位协会代表便前往《圣经》翻译会议去探究这项计划。[4]在《圣经》翻译会议上，纽约《圣经》协会的代表发现《圣经》翻译委员会认同的保守派宣言与协会所推崇的不谋而合，而且协会也认可新《圣经》项目的翻译程序。[5]因此，纽约《圣经》协会最

John C. Wenger-Goshen Biblical Seminary, Marten H. Woudstra-Calvin Theological Seminary。

[1]　John H. Stek, The New International Version: How it Came to Be, p.245.

[2]　Ibid, p.246.

[3]　Ibid, p.247.

[4]　Ibid.

[5]　Ibid.

后决定赞助此项目，并于1968年与《圣经》翻译委员会签下一份协议，报销预计85万美金的费用。[1] 在《圣经》翻译委员会与纽约《圣经》协会的协议中，两方表示都愿接受对方开出的条件。《圣经》翻译委员会提出的要求之一是：委员会独自拥有编辑管制权利，并且不受任何组织机构，甚至是资助者的干预。[2] 纽约《圣经》协会关注的几点则是：《圣经》翻译委员会坚持原先制定的《宪章》，协会通过《圣经》销售赚回所投入的资金，协会持有新《圣经》译本的版权。[3]

纽约《圣经》协会于1809年成立，宗旨是翻译《圣经》或赞助《圣经》翻译工作，以及出版、宣传并分发《圣经》，让世界各地的人都信仰上帝。[4] 自成立之初，纽约《圣经》协会大量参与各项《圣经》翻译、赞助和宣传工作。[5] 其中包括法译《圣经》的翻译工作，以及在饭店房间内摆放《圣经》的传播工作。[6] 纽约《圣经》协会后改名"国际《圣经》协会"（International Bible Society），随后又改名为"圣经"（Biblica）。[7] 与《圣经》翻译委员会合作之前，纽约《圣经》协会已在美国基督教界颇具声望，而且已在世界各地分发超过4300万本《圣经》。[8]

---

[1] Biblica, "History of Biblica : Timeline"（http : //www.biblica.com/biblica-about-us/history/）.

[2] John H. Stek, The New International Version : How it Came to Be，p.247.

[3] Ibid，p.248.

[4] Biblica, *History of Biblica : Timeline*, 2013. Web.

[5] Ibid.

[6] Ibid.

[7] Ibid.

[8] Ibid.

因《圣经》翻译工作规模庞大、进度比预期缓慢，再加上通货膨胀等种种因素，导致《圣经》翻译委员会在工作期间面临财务问题。[1]《圣经》翻译委员会遂与佐德凡出版社会面，提前获得了约250万美金的版税，方使得翻译工作得以继续进行。[2] 于1931成立的佐德凡出版社是一家基督福音派出版社，专门支持基督书籍的创作、编辑，也为基督书籍作品做销售、市场营销等工作。[3]

纽约《圣经》协会与佐德凡出版社作为新国际版的经济赞助人凭借多年出版、分发、营销基督书籍与《圣经》的经验，成功地将新国际版推上美国销售量最好的英译《圣经》地位——新国际版首印的120万本《圣经》均提前售罄，成为美国销售量第一的《圣经》译本。[4]

（三）赞助人的意识形态影响

美国基督教界基本上分成保守派与自由派两大流派。保守派认为《圣经》的字句是上帝"默示"（verbally inspired）[5] 的，因此完全无错误（inerrant）[6]。自由派则主张结合自然科学、历史和考据学来理解《圣经》，并接受在新的社会语境中对《圣

---

[1] John H. Stek, The New International Version：How it Came to Be，p.255.

[2] Ibid.

[3] Zondervan, "History"（http：//zondervan.com/about/history）.

[4] Paul Gutjahr, "The Everlasting Bible From King James to 'Light Speed'，"：19.

[5] "默示"指的是上帝"感动人使之了解并传授［上帝］的知识"（卢龙光：《基督教圣经与神学词典》，香港：汉语圣经协会有限公司，2003年，第274页）。

[6] Garry Dorrien, Social Ethics in the Making：Interpreting an American Tradition, Chichester：Wiley-Blackwell, 2011, p.448.

经》所传授的道德知识制定新理解的可能性。[1] 保守派与自由派也分别有组织机构代表，并聚集思想主义相同的教会和基督教机构。美国福音派协会是保守派的代表，而 "美国教会协会"（National Council of Churches）则为自由派的代表。[2] 虽然这两个机构对于其附属的教会仅具有象征性的权威意义，并无监管权力；但对于众多基督教徒而言，只要一部《圣经》翻译是其中一个权威机构所认同的，那该《圣经》译本基本上是可信任的。[3] 若观察美国福音派协会与美国教会协会的信仰宣言，这两个机构对《圣经》的见解体现了保守派与自由派的观点：美国福音派协会在其信仰宣言中宣称，《圣经》是上帝默示的，毫无谬误地记载着上帝的言辞 [4]；而美国教会协会的信仰宣言当中却不包含类似有关《圣经》的声明。[5]

　　同样的，美国归正教会在其信仰宣言中认同《比利时信仰信条》（Belgic Confession）[6]。《比利时信仰信条》包括对《圣经》的宣言，即《圣经》是上帝的言辞，是上帝感动人们而书写出来，因此 "我们" 毫无疑问地相信《圣经》。[7] 以上所述体现了美国归正教会与美国福音派协会对《圣经》的观点不谋

---

[1] Mark D. Chapman, *The Future of Liberal Theology*, London：Routledge, 2017, p.50.

[2] Peter J. Thuesen, *In Disconcordance with the Scriptures*，p.11.

[3] Ibid，p.11.

[4] National Association of Evangelicals, "Statement of Faith"（http：//nae.net/statement-of-faith/）.

[5] National Council of Churches, "About Us"（http：//nationalcouncilofchurches.us/about-us/）.

[6] Christian Reformed Church, "Confessions"（https：//www.crcna.org/welcome/beliefs/confessions）.

[7] Christian Reformed Church, "Belgic Confession"（https：//www.crcna.org/welcome/beliefs/confessions/belgic-confession）.

而合，并在成立《圣经》翻译委员会之初已有了思想上的共识。

　　《圣经》翻译委员会成立之时立下一套《宪章》[1]。《宪章》中宣称《圣经》翻译委员会独立于其他宗教组织、教育机构、委员会和协会。[2] 故而《宪章》特别指出：委员会成员与译者都必须认同、肯定"唯《圣经》一书的完整内容是上帝言辞的记载，《圣经》字句'准确无误'地记载着上帝的言辞"；只有认同《威斯敏斯特信仰信条》(*Westminster Confession*)、《比利时信仰信条》、《新罕布什尔州信仰信条》(*New Hampshire Confession*)、美国福音派协会的教义宣言或类似的宣言，才可加入委员会或成为新国际版译者。[3]《威斯敏斯特信仰信条》是美国长老教会普遍认同的信条[4]，《比利时信仰信条》则是美国归正教会信奉的信条[5]，《新罕布什尔州信仰信条》则是浸信教会普遍认同的信条[6]。这些信仰信条虽是不同教派的信仰基础，但共同点在于：信条都宣称《圣经》为上帝言辞的记载，因此《圣经》字句"准确无误"。

　　由此可见保守派与自由派信仰基础的差异，同时这一差异也反映了《圣经》翻译工作中的意识形态影响。毋庸置疑，美国福音派协会与各保守派教会推行的新国际版贯穿着保守派的

---

[1]　Committee on Bible Translation, "Committee on Bible Translation Constitution," n.d. Web.

[2]　Ibid.

[3]　Ibid.

[4]　Presbyterian Church in America, "Westminster Confession of Faith" (http : // www.pcaac.org/resources/wcf/) .

[5]　Christian Reformed Church, "Belgic Confession".

[6]　Samuel S. Hill, Charles H. Lippy and Charles Reagan Wilson, *Encyclopedia of Religion in the South*, Georgia : Mercer University Press, 2005, pp.560—561.

意识形态。从成立之初《圣经》翻译委员会就设定入门门槛，凡加入《圣经》翻译工作的委员会成员或译者都得认同保守派对《圣经》的信仰宣言。这为所有参与《圣经》翻译工作的成员设置了意识形态上的框架与约束，并影响译者所使用的翻译策略。[1] 译者必须在翻译当中宣扬保守派思想，因此措辞与翻译需依据保守派教义，反映保守派的价值观。

保守派与自由派价值观上的差异，就体现于《以赛亚书》的翻译。由美国教会协会赞助，并于1952年出版的修订标准版在一些词语的翻译上引起了轰动和争议。[2] 最引人注目的即是《以赛亚书》第7章第14节的 "almah"[3]：这个词传统上被译为 "virgin"（处女），而修订标准版则翻译为 "young woman"（年轻女子）[4]。修订标准版的译者声称并非蓄意篡改《圣经》原文，而是希望 "更精准地" 带出这一词的意思。[5] 在希伯来语当中，"bethulah" 是指涉 "处女" 的特定词语。[6] "almah" 一词在《旧约》中仅出现七次，而且这一词出现的章节语境不足以让学者断定词汇的真正意义，因此这一词的意思仍存争议。[7] "almah" 可能指涉年轻女子、某个年龄层的女性，或者也可能指处女。[8]

---

[1] André Lefevere, *Translation, Rewriting and The Manipulation of Literary Fame*, p.41.

[2] Peter J. Thuesen, *In Disconcordance with the Scriptures*, p.4.

[3] Ibid, pp.94—96.

[4] Ibid.

[5] Ibid.

[6] Ibid.

[7] Geoffrey W. Bromiley, *The International Standard Bible Encyclopedia*, Grand Rapids：William B. Eerdmans Publishing Company, 1956, p.989.

[8] Ibid.

故而修订标准版译者只将"bethulah"翻译成"virgin";而为了区分希伯来语"almah"与"bethulah",他们则将"almah"翻译成"young woman"[1]。然而,在基督教界保守派教会以及多数读者的认知当中,《以赛亚书》这一章节正确的解读应当是"virgin"[2]。据此,保守派教会认为修订标准版的译者否认了耶稣超自然的诞生,从而使人们对修订标准版的教义基础与可信度产生怀疑。[3]

紧接着争议重重的修订标准版,新国际版随即问世。新国际版将"almah"翻译成"virgin",有效地迎合了保守派教义。[4]新国际版一出版就获得普遍认同,在某种程度上可说是基于修订标准版曾引发的翻译争议。经典的塑造是保留价值观的过程,其中包括保留什么样的价值观和以什么原则选择该保留的价值观。[5]《以赛亚书》第7章第14节的传统翻译"virgin",在许多基督教徒的理念当中已成为不可更改的、根深蒂固的价值观——这是由多年来的布道与阅读建立起的意识形态。因此,不同翻译的出现就会被视为对神圣书籍的亵渎,而这也是导致读者对修订标准版失去信心的原因。新国际版在此时出现,将有争议的章节还原至人们所熟悉的翻译,成功地使人们对新国际版产生信心,从而促使该译本经典化。

值得一提的是,纽约《圣经》协会的信仰宣言与保守派教义思想如出一辙,同样认为《圣经》准确无误地记载着上帝的

[1] Geoffrey W. Bromiley, *The International Standard Bible Encyclopedia*, p.989.

[2] Peter J. Thuesen, *In Disconcordance with the Scriptures*, pp.94—96.

[3] Ibid.

[4] Ibid, pp.147—152.

[5] Charles Altieri, "An Idea and Ideal of a Literary Canon,", p.47.

言辞。[1] 另外，佐德凡出版社所属的基督福音派系也持有相似的信念。[2] 由此可见，新国际版从构思阶段直至发行成品，都由秉持着相似信仰教义的机构与人士负责。新《圣经》翻译项目始于美国归正教会，这是一个拥护保守派主义的教会。项目的发展过程中，美国保守派代表——美国福音派协会也加入了进来。这两个组织扮演了新国际版赞助人的角色，从意识形态层面影响翻译项目，引致《圣经》翻译委员会以保守派信仰为前提招收委员会成员与译者。再者，代表自由派的美国教会协会赞助修订标准版的翻译与出版，并以此译本作为其认同的《圣经》。[3] 这显然是基督教界两大派别的意识形态斗争。修订标准版刚出版时，译本当中的措辞曾引起争议。保守派代表和组织——美国福音派协会与美国归正教会，通过新国际版"揭露"并修正修订标准版的"矛盾"与"不足"[4]，来确立符合自身意识形态的经典。除此之外，新国际版的经济赞助人美国《圣经》协会与佐德凡出版社也都秉持保守派思想。毋庸置疑，新国际版自始至终贯穿着保守派的意识形态，让教会与信徒接受此《圣经》成为保守派教义的代表，从中确立了新国际版作为保守派经典的形象。

---

[1] Biblica, *Biblica's statement of faith*, 2016. Web.

[2] Gerald R. Mcdermott, *The Oxford Handbook of Evangelical Theology*, Oxford : Oxford University Press, 2010, p.29.

[3] Peter J. Thuesen, *In Disconcordance with the Scriptures*, p.100.

[4] Charles Altieri, "An Idea and Ideal of a Literary Canon", p.39.

四、翻译过程

20世纪下半叶出版的《圣经》翻译大多是集体项目，新国际版也不例外。[1] 新国际版的《圣经》翻译委员会与翻译团队中，拥有持美国、加拿大、英国、新西兰等不同国籍的代表，也有来自圣公会、浸信、基督归正、福音派、路德会、门诺派、卫理公会、长老派等不同教派的代表。[2] 各教派可能倾向于不同的《圣经》诠释与神学理论。[3] 因此，争取不同教派的广泛参与是为了避免在翻译过程中出现向某教派倾斜的现象，而且此举亦能融入并调和不同教派对《圣经》的诠释。[4] 虽说新国际版的翻译项目集合了不同教派的参与，但是《圣经》翻译委员会在成立之初，已设定了参与《圣经》翻译工作的意识形态框架。如此一来，如若《圣经》翻译工作当中出现需调和的意见，包括译者在内的翻译工作者都会以保守派思想为优先。

《圣经》由不同的圣书卷构成，《圣经》翻译委员会遂将不同的圣书卷分配给不同的翻译团队。[5] 每一个翻译团队由两位译者、两位担任翻译顾问的《圣经》学者，以及一位担任语言顾问的学者组成。[6] 翻译委员会对翻译活动的监督慎之又慎，不仅拟定了一份翻译手册要求译者根据手册翻译，而且还准备

---

[1] Herbert M. Wolf, "Translation as a Communal Task," in Glen G. Scorgie, Mark L. Strauss and Steven M. Voth ed., *The Challenge of Bible Translation*, Michigan, Zondervan, 2003, p.143.

[2] Ibid.

[3] Ibid, p.145.

[4] Ibid.

[5] John H. Stek, "The New International Version：How it Came to Be,", p.249.

[6] Ibid.

了翻译样板，让译者参考、遵循其翻译风格。[1] 翻译团队将译文草稿先交给由五位"圣学"学者组成的中级编辑委员会审查和修订，以确保译本遵照翻译手册提出的翻译风格要求。[2] 随后，译文又被呈交给总编辑委员会进行阅读审查，总编辑委员会成员包括了《圣经》翻译委员会成员、语言风格学专家以及神学学者，神学学者的主要职责是充分代表各教派对《圣经》的诠释，提供神学理论观点。[3] 最后，译文由翻译委员会进行编辑复审工作。[4] 复审工作主要包括：以投票表决方式受理有歧义的翻译；修改语言风格，确保《圣经》呈现的风格一致；以朗读章节的方式确保语言节奏顺畅、通俗易懂。[5] 新国际版《新约》于1973年出版后，翻译委员会获得了修改建议。[6] 这些建议主要集中在语言风格层面，以及对误译的"指控"上，因此翻译委员会针对收到的建议进行讨论，并在1978年出版完整的《圣经》时融入了修改的《新约》。[7]

从翻译程序看，翻译委员会非常注重新国际版的质量。翻译过程中译文经过多层次的修改和复审：一方面致力于展现并调和各教派所关注的神学诠释，另一方面则是确保翻译质量。新国际版出版时，宗教学副教授彼得·凯基（Peter C.

---

[1] John H. Stek, "The New International Version：How it Came to Be,"，p.249.

[2] Ibid，pp.249—250.

[3] Ibid.

[4] Ibid，p.250.

[5] Ibid.

[6] Ibid，pp.254—257.

[7] D. A. Carson, "The Limits of Functional Equivalence in Bible Translation-and Other Limits, Too," in Glen G. Scorgie, Mark L. Strauss and Steven M. Voth ed., *The Challenge of Bible Translation*, Michigan：Zondervan, 2003, pp.110—111.

Craigie）评价此译本"没有明显地倾向于任何神学诠释"[1]。除此之外，翻译委员会通过先推出《新约》，测试读者是否能接受新国际版；同时又能从读者对《圣经》翻译的反应，认证《圣经》译本的质量。推出了《新约》后，翻译委员会不但收到修改建议，还获得神学教授的好评。大卫·舍勒（David M. Scholer）评价新国际版的《新约》适用于教学和私人阅读，也会成为教会礼拜中人们常用的《圣经》。[2]

代表美国1000多所教会的美国基督归正教会总议会，于1980年将新国际版列为适用于教会布道的《圣经》译本。[3] 在美国路德会教徒总人数排行第三名的"威斯康星州福音路德会总议会"（Wisconsin Evangelical Lutheran Synod）于1977年通过一项决议，准许各教会与教派总议会刊物中使用新国际版经文。[4] 虽然"南方浸信会"（Southern Baptist Convention）并没有发表决议推荐其旗下的45000个教会网络使用新国际版，但南方浸信会亦承认许多牧师与教徒都信赖新国际版。[5] 不仅如此，威斯康星州路德神学学院（Wisconsin Lutheran

---

[1] Peter C. Craigie, "The New International Version : A Review Article," in *Journal of The Evangelical Theological Society*, 21, 3, 1978, pp.251—254.

[2] David M. Scholer, "The Holy Bible (New International Version) The New Testament; The Translator's New Testament," in *Journal of Biblical Literature*, 93, 4, 1974, pp.591—594.

[3] Christian Reformed Church, *Acts of Synod, 1980*, Michigan : Christian Reformed Publishing House, 1980, p.71.

[4] Wisconsin Evangelical Lutheran Synod, "Choosing a Bible Translation for WELS Publications"（http : //www.wels.net/about-wels/synod-reports/bible-translation/choosing-best-bible-translation-wels-publications）.

[5] Southern Baptist Convention, "On Today's New International Version"（http : //www.sbc.net/resolutions/amResolution.asp？ID=1118）.

Seminary）也曾评价新国际版无论是作为个人阅读、神学教育或布道等用途，都是"最好的当代《圣经》译本"。[1]

新国际版在基督教界广受好评，并且也获得各总议会、教会与神学学院的认可——这是新国际版经典化形成的重要因素。新国际版成功代表了不同教派的立场，并获得各教会的认同，成为教会推荐给会众使用的《圣经》译本，从而在众多基督教徒心目中树立其权威地位。各教派对新国际版的拥护，加上基督教徒对该英译《圣经》的信任，使之取得经典化地位。

五、结语

本文从诗学、赞助人及意识形态的理论视角，探讨了新国际版《圣经》译本形成的背景、成型阶段所受到的影响以及翻译过程等问题，并从中分析该译本的经典化过程。巴斯奈特（Susan Bassnett）曾指出，译入语体系当中必须有一个特定的需要，译作才能在译入语体系中产生影响。[2] 首先，在诗学方面，新国际版满足了当时语言的演变对《圣经》翻译造成的需要。当时的基督教界正经历一股《圣经》翻译热潮，旨在为现代读者提供通俗易懂且符合现代英语表述的《圣经》译本。新国际版除了成功地成为读者能容易理解的英译《圣经》之外，还在上帝的称谓翻译上进行了创新，让读者更能把握此称谓的

---

[1]　John C. Jeske, "Faculty Review of the Revised NIV," *Wisconsin Lutheran Quarterly* 85, no.2（1988）, pp.106—109.

[2]　Susan Bassnett and André Lefevere, *Constructing Cultures：Essays on Literary Translation*, Shanghai：Shanghai Foreign Language Education Press, 2001, p.60.

含义。其次，此《圣经》翻译项目也跟随考据学的发展，采用学术界认为最好的希腊文文本作为该项目的源语文本，以便让读者从《圣经》翻译中阅读上帝要传授的话语，即基督教界所追求的"真理"。由于这些因素，新国际版不断地被阅读，而这不断被阅读与关注的过程也显现出此译本的价值，从而促使新国际版的经典化。

再者，在赞助人与意识形态方面，新国际版从草创至出版过程，都贯穿并体现了明确的基督教保守派意识形态。作为新《圣经》翻译项目的赞助人，美国归正教会与美国福音派协会扮演了重要角色。这两个组织推崇的保守派思想，充分影响了主持新国际版翻译工作的《圣经》翻译委员会。翻译委员会不仅将保守派的信仰基础纳入《宪章》中，并以此信仰基础为招收委员会成员和译者的前提。此举为所有参与《圣经》翻译工作者和译者设定了意识形态框架，确保了翻译的每个环节都宣扬保守派的教义。新国际版的经济赞助人——纽约《圣经》协会与佐德凡出版社，也都是秉持保守派思想的组织。在此翻译项目出现之前，这两个组织已在基督教界颇有声望；在他们的推广之下，新国际版遂成为美国销量第一的《圣经》译本。赞助人的意识形态影响有效地将新国际版推向代表保守派教义思想的经典，使之揭露出代表自由派的修订标准版在思想上的不足，并通过此举巩固保守派意识形态的合法性。

新国际版严谨的翻译程序，不仅有效地确保了翻译质量，而且调和了各教派的教义思想。早在成立《圣经》翻译委会之时，美国归正教会与美国福音派协会煞费苦心举办一场《圣经》翻译会议，希望在此会议上招募各教派学者。后来，《圣经》翻译委员会也萃集了个各教派的译者参与翻译工作。此举意义深远，有效地向基督教界各教会与机构传达了一个重要信息，即：新国际版不会趋附于任何一个教会的教义思想，它将成为一部极力迎合各教派教义信仰的《圣经》译本。由此，新国际版在基督教界获得各教派与教会广泛的支持与认同，使之成为教会推荐给会众的《圣经》译本，并确立了其经典化地位。

参考文献

Alister McGrath. *In the Beginning：The Story of the King James Bible*, London：Hodder & Stoughton, 2001.

André Lefevere. *Translation, Rewriting and The Manipulation of Literary Fame*, Shanghai：Shanghai Foreign Language Education Press, 1992.

Biblica. "History of Biblica：Timeline." 2013. Web. 8 June 2013. http：//www.biblica.com/biblica-about-us/history/.

Bruce M. Metzger. *The Bible in Translation：Ancient and English Versions*, Michigan：Baker Academic, 2001.

Carolyn Johnson Youngblood. "The New International Version Translation Project：Its Conception and Implementation." *Journal of the Evangelical Theological Society*（1978）, pp.239—249.

Charles Altieri. "An Idea and Ideal of a Literary Canon," *Critical Inquiry*（1983）, pp.37—60.

Christian Reformed Church. *Acts of Synod, 1954*, Michigan：Christian Reformed Publishing House, 1954.

Christian Reformed Church. *Acts of Synod, 1956*, Michigan：Christian Reformed Publishing House, 1956.

Christian Reformed Church. *Acts of Synod, 1957*, Michigan：Christian Reformed Publishing House, 1957.

Christian Reformed Church. *Acts of Synod, 1958*. Michigan：Christian Reformed Publishing House, 1958.

Christian Reformed Church. *Acts of Synod, 1980*, Michigan : Christian Reformed Publishing House, 1980.

Christian Reformed Church. "Belgic Confession." 2020. Web. 19 July 2020. https : //www.crcna.org/welcome/beliefs/ confessions/belgic-confession.

Christian Reformed Church. "Christian Reformed Church Governance." 2020. Web. 5 June 2013.

http : //www.crcna.org/welcome/christian-reformed-church-governance.

Christian Reformed Church. "Confessions." 2020. Web. 19 July 2020. https : //www.crcna.org/welcome/beliefs/confessions.

Committee on Bible Translation. "Committee on Bible Translation Constitution." n.d. Web. 7 June 2013. http : //www.biblica.com/en-us/the-niv-bible/meet-the-translators/ translator-constitution/.

D. A. Carson. "The Limits of Functional Equivalence in Bible Translation-and Other Limits, Too." *In The Challenge of Bible Translation*, edited by Glen G. Scorgie, Mark L. Strauss and Steven M. Voth, pp.65—113, Michigan : Zondervan, 2003.

David M. Scholer. "The Holy Bible (New International Version) The New Testament; The Translator's New Testament." Journal of Biblical Literature (December 1974), pp.591—594.

Garry Dorrien. *Social Ethics in the Making* : *Interpreting an American Tradition*, Chichester : Wiley-Blackwell, 2011.

Geoffrey W. Bromiley. *The International Standard Bible Encyclopedia*, Grand Rapids : William B. Eerdmans

Publishing Company, 1956.

George Aichele, Fred W. Burnett, Elizabeth A. Castelli, Robert M. Fowler, David Jobling, Stephen D. Moore, Gary A. Phillips, Tina Pippin, Regina M. Schwartz, and Wilhelm Wellner. *The Postmodern Bible*, New Haven: Yale University Press, 1995.

George Kam Wah Mak. "'Laissez-faire' or Active Intervention? The Nature of the British and Foreign Bible Society's Patronage of the Translation of the Chinese Union Versions." *Journal of the Royal Asiatic Society* 20, no. 2 (April 2010), pp.167—190.

Gerald R. Mcdermott. *The Oxford Handbook of Evangelical Theology*, Oxford: Oxford University Press, 2010.

Herbert M. Wolf. "Translation as a Communal Task." In *The Challenge of Bible Translation*, edited by Glen G. Scorgie, Mark L. Strauss and Steven M. Voth, pp.143—157, Michigan: Zondervan, 2003.

Holman Reference. *Holman Concise Bible Dictionary*, Nashville: B&H Publishing Group, 1997.

Itamar Even—Zohar. "Polysystem Studies." *International Journal for Theory and Analysis of Literature and Communication* (1990), pp.1—268.

John Barton. *The Bible: The Basics*, New York: Routledge, 2010.

John C. Jeske. "Faculty Review of the Revised NIV." *Wisconsin Lutheran Quarterly* 85, no. 2 (1988), pp.106—109.

John Guillory. "Canon." In *Critical Terms for Literary Study, Second Edition*, edited by Frank Lentricchia and Thomas

McLaughlin, pp.233—249, Chicago: University of Chicago Press, 1995.

John H. Stek. "The New International Version: How It Came To Be." In *The Challenge of Bible Translation*, edited by Glen G. Scorgie, Mark L. Strauss and Steven M. Voth, pp.235—263, Michigan: Zondervan, 2003.

John R. Yeatts and Kathryn W. Linden. "Text Comprehension of Various Versions of the Bible." *Journal for the Scientific Study of Religion* 23, no. 1 (Mar 1984), pp.1—18.

Kenneth L. Barker. "YHWH Sabaoth: 'The Lord Almighty'." In *The NIV: The Making of A Contemporary Translation*, edited by Richard P. Polcyn, pp.120—125, Colorado: International Bible Society, 1991.

Lawrence Venuti. *The Translator's Invisibility: A History of Translation*, New York: Routledge, 2008.

Mark D. Chapman. *The Future of Liberal Theology*, London: Routledge, 2017.

Mona Baker. *Routledge Encyclopedia of Translation Studies*, New York: Routledge, 2001.

National Association of Evangelicals. "History." 2012. Web. 7 June 2013. http://www.nae.net/about-us/history.

National Association of Evangelicals. "Statement of Faith." n.d. Web. 7 June 2016. http://nae.net/statement-of-faith/.

National Council of Churches. "About Us." 2016. Web. 7 June 2016. http://nationalcouncilofchurches.us/about-us/.

Paul C. Gutjahr. "Sacred Texts in the United States." *Book History* (2001), pp.335—370.

Paul Gutjahr. "The Everlasting Bible From King James to 'Light

Speed'."Humanities（2011）, pp.18—21.

Peter C. Craigie. *"The New International Version : A Review Article." Journal of The Evangelical Theological Society* （September 1978）, pp.251—254.

Peter J. Thuesen. *In Disconcordance with the Scriptures : American Protestant Battles over Translating the Bible*, Oxford : Oxford University Press, 1999.

Philip Comfort. *Encountering the Manuscripts : An Introduction to New Testament Paleography & Textual Criticism*, Nashville : Broadman & Holman Publishers, 2005.

Philip Goff, Arthur E. Farnsley II, and Peter J. Thuesen. *The Bible in American Life*, New York : Oxford University Press, 2017.

Presbyterian Church in America. "Westminster Confession of Faith." 2012. Web. 10 June 2013. http : //www.pcaac. org/resources/wcf/.

Ralphe Earle. "The Rationale for an Eclectic New Testament Text." In *The NIV : The Making of A Contemporary Translation*, edited by Richard P. Polcyn, pp.54—59, Colorado : International Bible Society, 1991.

Richard N. Soulen and R Kendall Soulen. *Handbook of Biblical Criticism*, Louisville : Westminster John Know Press, 2002.

Samuel S. Hill, Charles H. Lippy and Charles Reagan Wilson. *Encyclopedia of Religion in the South*, Georgia : Mercer University Press, 2005.

Southern Baptist Convention. "On Today's New International Version." SBC Resolutions, June 2002. Web. 7 July 2013. http : //www.sbc.net/resolutions/amResolution.asp ?

ID=1118.

Stanley E. Porter. *Dictionary of Biblical Criticism and Interpretation*, Oxon: Routledge, 2007.

Susan Bassnett and André Lefevere. *Constructing Cultures: Essays on Literary Translation*, Shanghai: Shanghai Foreign Language Education Press, 2001.

Trevor Ross. "Translation and the Canonical Text." *Studies in the Literary Imagination* 33, no. 2 (2000), pp.1—21.

Vern S. Poythress. "Gender Neutral Issues in The New International Version of 2011." *Westminster Theological Journal* (2011), pp.79—96.

Wisconsin Evangelical Lutheran Synod. "Choosing a Bible Translation for WELS Publications." *Synod Reports*, 2013. Web. 7 July 2013. http://www.wels.net/about-wels/synod-reports/bible-translation/choosing-best-bible-translation-wels-publications.

Zondervan. "History." n.d. Web. 8 June 2013. http://zondervan.com/about/history.

Zondervan. "Preface." In *The Holy Bible, New International Version*, Michigan: Zondervan, 1996.

安德烈·勒费弗尔:《翻译、改写以及对文学名声的制控》,上海:上海外语教育出版社,2010年。

卢龙光:《基督教圣经与神学词典》,香港:汉语圣经协会有限公司,2003年。

翻译实践探索

商务印书馆馆歌《千丈之松》英译解析

——兼谈诗歌翻译中文学性价值与意义再现的处理策略

许景城 *

前　言

　　《千丈之松》是国家一级出版社商务印书馆的馆歌，全文主体共三阕，最后以副歌结尾。歌词内容集合了商务印书馆前掌门人张元济，著名作家、文学评论家茅盾，以及著名文学家、教育家、文学出版家叶圣陶等几位大师的诗句。笔者有幸受《英语世界》主编之邀，英译此馆歌，并从译者实践经验视角出发，对馆歌英译进行剖析。解析文在对馆歌进行文本分析解读的基础上，同时还探讨了诗歌翻译中文化负载词、时态、人称、视角、音韵、叠词、叹词、互文性等方面的处理方法与策略，以期使馆歌中文原文与英文译本实现多元交流互动，再现作品的文学性价值与意义。

* 许景城，诗人、译者、学者，广东外语外贸大学英语语言文化学院教师，阐释学研究院兼职研究员，硕士生导师，获英国威尔士班戈大学文学批评博士学位。擅长中英文诗词写作和英汉互译，诸多作品散见于《英语世界》《外国文艺》《世界汉学》等刊物，以及流传于网络。出版译著有《〈弟子规〉（汉英对照）：基于人类世生态诗学视角》（北京：知识产权出版社，2020）等。

商务印书馆馆歌《千丈之松》（中英对照）[1]

千丈之松

A Lofty Pine

昌明教育平生愿，

To advance education, which has been our lifetime goal,

故向书林努力来；

we thus turn to books where our hard efforts will well pay off.

此是良田好耕植，

There are good fields that we should offer and plough heart and soul.

有秋收获仗群才。

The hope for good harvest, we deem, rests on talents' leadoff.

世事白云苍狗，

White clouds turn in a trice into grey dogs aglow.

风涛荡激，

Waves surge and wind bellows.

顺潮流左右应付，

Brave, we've been going with the flow and dealing with the blow;

稳度过，滩险浪急。

Safely we have been sailing over shallows and billows.

---

[1] 此馆歌汉英对照版首刊于《英语世界》2021年第2期，第51—52页。

论传天演，木铎启路。

You spread *Evolution'n Ethics* like an enlightening bronze bell.

日新无已，望如朝曙。

The sun always rises bright'n new when you lead us to strive'n excel.

敢云有志竟成，

"Where there is a will, there is a way," you've always believed.

总算楼台平地。

How towering the business started from scratch we've achieved !

从今以后更艰难，

The road ahead will be longer and harder you foresee.

努力还需再试。

Stronger in will to strive, to quest'n not to yield we should be !

（副歌）

（Refrain）

森森兮千丈之松，

Thriving and thick, ah, you stand like a lofty pine.

矫矫兮云中之龙。

Sturdy and strong, ah, you lead like a dragon in clouds divine.

言满天下兮，百龄之躬！

With leaves spreading wide and deep, ah, you boast your
centenary fine.

许景城 / 译

英译时间：2020.02.13—2020.02.14

一、馆歌第一阕：语义与语用交融英译处理

商务印书馆馆歌原文第一节，直接选用了商务印书馆前掌门人张元济先生于1952年所作的绝句，题为《留别商务印书馆同仁》。当时86岁的张先生因中风已卧床多年，然而他依旧念念不忘自己毕生所耕耘的商务印书馆及其宏伟事业和使命。在病榻上，他用颤抖的手写下这首振奋人心的七言绝句，表达了毕生夙愿和对同人、后辈的勉励，成为商务印书馆百年历史中一笔宝贵的精神财富。

第一行"昌明教育"中"昌明"二字，据《现代汉语词典》（第7版）所示意为"（政治、文化）兴盛发达"，可作动词用。"昌明教育，开启民智"百余年来也一直是商务印书馆的馆训和使命，广为传知。馆歌以"昌明教育"四字开头，无疑有让"商务人"不忘初心、牢记使命的意思。在英译中，笔者将其译为"to advance"。该英语动词据《牛津高阶英汉双解词典》（第9版）所示意为"（知识、技术等）发展，进步""促进；推动"。依据常识，我们知道"兴盛发达"强调行为结果，而"发展、促进、推动"则强调行为过程。在商务印书馆汉语

老编辑马志伟先生的《〈商务印书馆馆歌〉解读》[1]（下称《解读》）一文中，"昌明"被理解为"发扬光大"，此解读其实也更加强调行为过程。从这一层面上讲，"to advance"非常符合馆歌"昌明"之意，因为教育"兴盛发达"的前提是：必须让教育（包括教育理念、教育手段、教育技术、教育事业等一系列同类概念）处于不断更新发展、助力推动、保持先进的过程中，如此才能确保教育"发扬光大"、繁荣昌盛的结果。这种强调行为动作过程的理解，也正好符合张先生原诗后半句"平生愿"的激勉：发展和推动教育，让教育发扬光大，这一宏图伟业既要靠一代人甚至世世代代出版人的毕生努力，也要成为他们一生追求和奋斗的目标。故此，基于这种理解，按照"信"与"达"的翻译原则，笔者将"平生愿"译成"which has been our lifetime goal"。像翻译如上的概念词，译者应对原语词汇和译入语词汇进行溯源与考据，把握其语义内涵并有效结合概念语用场域，即话语使用者的思想理念和所处环境。唯有如此，方能译好原作和译出原语作者之意。

　　既然要毕生去"昌明教育"，张先生接着在诗的第二行建议作为出版人的我们（包括张先生本人）应该勇于投身图书事业，不断努力发挥自己的专长，因为努力终究会有回报。故此，笔者将"故向书林努力来"一句译为"we thus turn to books where our hard efforts will well pay off"，套用了英语中的固定表达式"hard work/efforts pay（s）off"。考虑到"向书林"

---

[1] 据《英语世界》杂志主编邢三洲先生告知，马志伟先生《〈商务印书馆馆歌〉解读》一文并未正式公开刊登或出版发行，而是在商务印书馆内部官方公邮分享。邢先生于2020年2月14日向马先生征求此文，后者欣然答应并在微信上与前者分享。之后当天，邢主编在微信上与笔者分享此《解读》。

是一种经常性、习惯性的动作，译文主句便采用一般现在时。结合张先生当时的时空，即勉励后继者，强调一种"向书林"的努力行为动作会为今后带来美好结果，并且考虑到世世代代商务印书馆出版人也会投身出版事业，不辞辛劳，不断奋斗，其回报也终将会有美好的结果，故此拙译从句选用一般将来时。从此翻译实践中，我们可以得知对于时态的把握，译者不能简单地搞"一刀切"，而应考虑或站在作者所处的时空与视角来衡量诠释时态问题。

紧接着第三句"此是良田好耕植"。据马志伟先生解读，"此"指商务印书馆。按此理解，整句话可理解为：商务印书馆是一块"良田"，每位出版人都应该好好耕耘。此解读甚好。然而在英译中，笔者对"此"采用了转移转译策略，将其纳入后面要好好耕耘的出版人"we"中，突出物、人合一，主客体相互交融，进而强调通过出版人和出版社的共同努力和全心全意的耕耘（plough heart and soul），为世界提供"良田"（good fields）。译文中"fields"一词和原文一样语意双关，既指出版社事业本身这块"良田"需要出版人的精心"耕植"，亦指出版社和出版人为"昌明"教育事业必须尽心尽力提供和"耕植"诸多学科。

首节末句"有秋收获仗群才"，既是张老先生为如何"昌明"教育的献言献策，亦是商务印书馆历代出版人的共识，即：想要所"耕耘"的出版事业像"秋收"一样有成果，必须仰仗各种人才（群才）。故此，英译中，"we deem"忠实地传达了历代"商务人"（包括张老）的主张和坚定信念；"The hope for good harvest"对等原文的"有秋收获"，而这种希望须仰仗（rests on）群贤的"先行"和"领导"（leadoff）。因此，拙译在充分把握原词语义和语用效度的基础上，忠实地传达了张先生在出版事业中的精英主义思想。

二、馆歌第二阕：时态与音韵英译处理

馆歌第二节源自茅盾先生1977年为商务印书馆诞辰80周年所写的题词。据马志伟先生解读，此题词重在反映商务印书馆在"文化大革命"之后涅槃重生和重新振作的顽强不息的精神。

英译此节时，因前两句重在突出沧海桑田、世事多变之普世真理，在时态上笔者便采用一般现在时。"世事白云苍狗"一句中的"白云苍狗"是一个成语，据马先生溯源，出自杜甫长诗《可叹诗》的开头两句："天上浮云如白衣，斯须改变如苍狗。"而茅盾先生的句子，依马先生考据，或许直接引自鲁迅《华盖集后记》的诗句："真是世事白云苍狗，不禁感慨系之矣！"笔者通过检索《钦定四库全书》，发现集部中收录了宋末元初诗人艾性夫的《剩语》（卷下），其中《郡中逢桐庐方冰鉴相士》一诗亦提及相关诗句（人间一瞬白驹日，世事几番苍狗云）[1]。总而言之，历代不少文人墨客皆以"白云苍狗"来表达沧海桑田之意。在英译时，笔者采用了直译策略，译成"White clouds turn into grey dogs aglow"，呼应和化用了《新汉英大辞典》中"白云苍狗"的译文"White clouds change

---

[1] 《四库全书》（在线检索，http：//skqs.guoxuedashi.com/wen_2355z/51582.html），访问于2020年2月16日。

into grey dogs"。拙译之所以添加"aglow",不单是出于押尾韵的考虑,还意在强调"grey dogs"是由"white clouds"不断变幻云朵形状和光亮演变而成的。译文中并未译出馆歌中"世事"二字,原因有二:其一,"白云苍狗"和"风涛荡激"本身便已足够表达出沧海桑田、瞬息万变之意;其二,如果在英译中加入"the world changes""the world is full of ups and downs"或"vicissitude"等类似说明性的词句,不仅使译文显得冗余,而且在传达诗意诗境上也略显逊色,甚至怪异。当然,如果非要译出"世事",可采用变译策略:为了避免画蛇添足、语义重复,可以像拙译在句中添加"in a trice"(意为"转眼之间,顷刻")来修饰"白云"变成"苍狗"的动作,以体现世事无常、瞬息万变之感。然而其不足之处便体现在:诗行音节的增加势必导致其他诗行相应进行音节调整,由于句子音节过长势必加大今后将此英译文进行谱曲传唱的难度。故此,正所谓"两害相权取其轻,两利相权取其重"。

第二节后两句重在强调"商务人"面对各种浩劫和艰难,展示出了不屈不挠、实事求是、与时俱进、游刃有余、顽强拼搏等精神;而这种精神不单是茅盾先生所处时代的"商务人"所具备的,而且是历代甚至当代"商务人"也具备的。故此,为了突出这一脉相承、永续不止的精神,后两句译文在时态上采用了现在完成进行时。"顺潮流左右应付"的译文前半句套用了英美人士面对困境时经常用到的短语"go with the flow";后半句顺着这种句式结构,用仿造短语"deal with the blow"来对应"左右对应",不仅增强行间韵效果,而且非常自然地传达了商务印书馆及"商务人"面对突如其来的灾难打击(blow)时展示出的勇于担当、迎难而上、永不屈服、灵活专业处理和解决（deal）问题的那份自信和从容。

如果细读馆歌这一节，我们会发现茅盾先生使用隐喻、象征、拟人等修辞手法，将商务印书馆比喻为一艘航行在大海上的船，在"商务人"的共同努力下才安稳地（safely）驶过（sailing over）各种危险的浅滩（shallows）和急浪（billows）。为了忠实传达原文中的这些修辞手法，拙译采用了诸多与航海相关的意象词汇（如前括号中所列），同时还使用了行间韵 / 音（/əʊ/、/ɪŋ/、/eɪ/）、尾韵（/əʊ/、/əʊs/）和押头韵（/ w/、/t/、/s/），在音效上模拟了外部环境的艰苦恶劣之声和"商务人"奋勇拼搏、顽强不息的辛劳之声；通过隔行交互押韵的形式，象征一问一答、有问必答、有难必抗，奏响了一首反映"商务人"犹如船舰水手一样，遇事不慌、沉着冷静、迎难而上，并带着整齐划一、充满正能量的"嘿吼"声来进行"左右应付"的颂歌。从此实践可以看出，音韵翻译是随主题表现同步进行的，对译者的文学和诗歌素养要求极高：译者须充分理解和把握原文的物境、象境和意境，通过合理的想象力和陌生化手段，在译文中再现原文的音景美学，以便更好地传达原文的艺术性。

三、馆歌第三阕：人称视角与互文性英译处理

馆歌第三节由两部分组成。

第一部分是前两句，源自叶圣陶先生为商务印书馆80华诞所写的题词。上句主要通过"天演"与"木铎"两个主要意象，以及"论传"与"启路"两个行为动作，将商务印书馆

的丰功伟绩和历史定位勾勒出来。正如马先生所解读的："商务印书馆曾与历史先行者们共同吹起过革新的号角。""论传"自然而然理解为著书立说、传扬知识，而该行为是世界上任何一家合格的出版社所应具备的最基本的业务能力。然而，当该行为后添加"天演"二字，商务印书馆便在所有出版社中脱颖而出。这主要是因为该馆于1905年出版了由严复汉译的英国著名学者托马斯·亨利·赫胥黎（Thomas Henry Huxley）的著作《天演论》（最初由湖北沔阳卢氏印行）。《天演论》英文原名为 *Evolution and Ethics and other Essays*，如今西方各大媒体和学术著作在涉及此书时通常直接将其简称为 *Evolution and Ethics*。故此，依循惯例，拙译选用其简称。考虑译文诗行节奏，故将"and"缩写为"'n"，因"天演"二字馆歌中亦未添加书名号，既可以指天演论，亦可指因此书或达尔文"进化论"而广为流传的一种西方先进思想，故译文用或不用斜体皆可。商务印书馆当时顺势出版该部西方著作的行为，有力助推了"物竞天择"的思想理论在当时落后的中国的传播，起到了开启民智、警醒国人的作用，故此犹如"木铎"一样启明前方的道路。据《现代汉语词典》（第7版）所示，"铎"意为"古代宣布政教法令时或有战事时用的大铃"。初看"木铎"，想必诸多读者或许会以为其为木质，然而实为铜质，以木为舌。古代在宣布政令时，官员通常巡行鸣铃以告教世人；如今该词成为一种隐喻，暗含政通人和、民意顺畅、世风淳朴。拙译"an enlightening bronze bell"符合原文之意，突出了"铎"的实际材质及其启明前方道路和启迪民众的功用。从此实践可以看出，要想译好文化负载词，译者必须深入了解相关背景文化知识，在理解的基础上，采用等效的表达策略来展示原文所传达的文化价值。

第三节第一部分下句"日新无已，望如朝曙"，除了传达叶先生对自己的自勉外，更是对当时商务印书馆同人以及后辈的激励和殷切希望。根据马先生《解读》一文，该句意为"（商务后来人）要像早晨初升的太阳那样，朝气蓬勃，努力发现和迎接天天出现的新鲜事物"。马先生的理解固然正确，然而笔者在英译过程中发现为了更好顺承馆歌前几节的意思，此句的翻译应该要突出前辈对后辈的引领和影响。基于这种理解，笔者将此句译为"The sun always rises bright 'n new when you lead us to strive 'n excel"。拙译采用第一、第二人称，突出了前辈对晚辈的引领和影响作用，暗含晚辈对前辈的感恩之情。或许读者初读拙译，会觉得"无已""朝曙""望"并未译出。其实不然。虽然马先生的《解读》将"无已"理解为"不倦怠；无停歇；没了时"，然而拙译"always"一词便足以体现；"朝曙"和"望"亦可在"rises bright 'n new"和"when"中得到深刻体会。此外，熟知海明威长篇小说《太阳照常升起》（*The Sun always Rises*）的读者，自然亦会觉得拙译的妙处所在。总而言之，拙译采用功能对等翻译策略，深层次地传达了原文句意：每天日出东方，太阳照常升起，象征着新的开始、新的征程、新的挑战和新的希望。商务人在前辈们（包括其精神）的指引和带领下，不断发奋图强，不断提升能力，走向优秀。

带着这种突出"商务精神传承"的翻译理念，笔者在英译馆歌第三节第二部分时继续延续第一、第二人称的使用，不仅突出了商务印书馆前辈与晚辈跨越时空的对话性和交融性，让商务印书馆独有的艰难创业传奇和励志精神在这种循环往复的交流中得以永续，同时也暗含了晚辈对前辈的感恩和赞美。馆歌这部分内容还是摘自张元济先生的词句。"敢云有志竟成，总算楼台平地"一句，总结了商务印书馆前辈艰难创业的传奇色彩。据马先生《解读》一文，可知这种创业艰难体现在商务印书馆在日本侵华期间所经历的磨难：1932年，侵华日军在上海"一·二八"战火中，蓄意炸毁商务印书馆在上海的工厂和东方图书馆，其目的在于阻断中国文化血脉。面对一片废墟，张先生曾痛心疾首，写下"廿年心血成铢寸，一霎书林换劫灰"等悲痛诗句。然而张先生和他的商务同事们并未一蹶不振，而是鼓足精神，励志重建商务辉煌。在不到一年的时间里，他们的愿望实现了，商务印书馆得以重建，恢复了往日的光彩。"敢云有志竟成"，正是像张先生那样的老一辈"商务人"在面对困境而发出的始终信守的理念。该句"有志竟成"化用了《后汉书·耿弇传》中的成语"有志者，事竟成"。英译时，笔者直接套用了现成的英语谚语"Where there is a will, there is a way"。拙译将"敢云"译成"you've always believed"，传达了商务前辈"you"以及商务出版人一如既往的执着理念。接着下半句"总算楼台平地"，马先生将此句理解为"告诫同仁守成的不易"。笔者译为："How towering the business started from scratch we've achieved！"拙译使用第一人称视角，是对前半句第二人称的回应，以"how"引导的感叹句以及"towering"与"started from scratch"对照词的使用，忠实传达了商务印书馆艰苦创业的信息，突出了前辈创业的传奇性和晚辈的惊讶与敬佩之情；另外，使用现在完成时，重在强调商务出版人始终懂得守成之不易和始终如一地珍惜商务印书馆目前所拥有的一切成就。

第三节最后一句"从今以后更艰难，努力还需再试"，体现了张先生的高瞻远瞩，预见到同人守成不易并且今后还会面临更多的困难，同时勉励后辈应该更加努力奋斗，再接再厉。笔者将此句译成："The road ahead will be longer and harder you foresee./ Stronger in will to strive, to quest 'n not to yield we should be！"拙译前半句主句使用了一般现在时和第二人称，不仅是站在张先生所处的时空做出的预测，同时也适合具有高瞻远瞩的历代甚至当代"商务人"所处的时空出发而做出的预判；而从句相应地使用了一般将来时。这种一般时的使用强调了一种经常性、习惯性的动作，重在反映商务印书馆能人志士知守成不易，时时刻刻提醒自己前方道阻且长，经常鞭策自己。后半句使用第一人称复数形式和"should"一词，意在突出商务印书馆出版人的集体责任心。同时拙译还使用了典故，化用英国维多利亚时期桂冠诗人阿尔弗雷德·丁尼生（Alfred Tennyson）《尤利西斯》（*Ulysses*）中的名句"strong in will/ To strive, to seek, to find, and not to yield"[1]。熟知"007"系列电影的读者，看到拙译，亦会联想到电影《007：大破天幕杀机》（*Skyfall*）中 M 夫人（朱迪·丹奇饰演）在大英帝国面临困境时通过引用和朗读丁尼生的著名诗句来提振士气。可见，拙译通过互文性作为"厚翻译"的一种策略，不仅忠实传达而且更加强化了馆歌原句所要强调的勇往直前、自强不息等励志精神：即使前方道路充满荆棘，越来越艰辛，犹如尤利西斯、M 夫人和詹姆斯·邦德所面临的一样，但是商务印书馆出版人定会永不言弃，加倍努力奋斗，去追寻目标和

---

[1] Alfred Lord Tennyson, *Selected Poems*, London：Penguin Classics, 2007, p.50.

实现理想，守护好商务印书馆。

从此实践中可以看出，诗歌翻译有时候可以直接在文内通过典故修辞手法化用词汇、词组和短句，形成内在互文性，实现"厚翻译"效果。"厚翻译"亦称"深度翻译"，其英文为"thick translation"，最先由哈佛大学非洲文化研究中心著名翻译学者夸梅·安东尼·阿皮亚（Kwame Anthony Appiah）提出，后经香港著名翻译家、学者张佩瑶进行理论深化。[1] 翻译学术界通常将翻译注释、评注作为深度翻译的一种方法。笔者在翻译商务印书馆馆歌时，使用了典故修辞手法，在诗行中直接引用或化用名句，这翻译实践无形中强调了互文性可作为深度翻译的一种方法。当然，笔者的英译解析文本身亦可视为馆歌深度翻译的一部分，希冀等效或超效地再现了馆歌的文学价值和意义。

四、馆歌副歌：叠词、叹词、文化负载词英译处理

馆歌最后以副歌结尾。据马先生《解读》一文所言，此节内容源自张元济先生为中国著名教育家、爱国人士、复旦大学创始人兼首任校长马相伯先生百岁华诞所写的颂歌。将此节内容作为副歌再合适不过。该副歌前两句通过"千丈之松""云中之龙"这两个象征长寿、福气、祥瑞的美好意象作为喻体，祝愿本体商务印书馆在出版人共同努力下，经历风雨彩虹走过

---

[1] 欲知更多"深度翻译""厚翻译"相关内容，参见：Kwame Anthony Appiah, "Thick Translation", *Callaloo*, 1993（4），pp.808—813；刘泽权、朱利利：《张佩瑶中国翻译话语的体系构建与成果》，《中国翻译》2019年第5期，第103—111页。

百年，犹如一位百岁老人，能依旧健康长在，为中国教育和出版事业继续造福天下。正如马先生《解读》所言："我们用此祝愿商务印书馆像千丈之松那样不衰不老，像云中之龙那样造福人间。"据《现代汉语词典》（第7版）所示，前两句中叠词"森森"意为"（形容树木）茂盛繁密"；而"矫"则是"强壮；勇武"，如"矫健；矫若游龙"。英译文用"Thriving and thick"和"Sturdy and strong"，不仅在意思上做到忠实，而且通过押头韵也巧妙地转达了叠词的叠音叠声效果。

感叹词翻译着实不易。副歌中使用了典型的《楚辞》感叹词"兮"。据笔者检索，许渊冲先生在《楚辞》英译中将"兮"译成"oh"；而阿瑟·韦利（Arthur Waley）则有不同译法，略显逊色。许氏译法和韦氏译法优劣，正如笔者在编著《中国典籍英译选读》相关章节评论时所言：

> 在英译骚体特征词"兮"时，韦利不像许渊冲那样译成"oh"，而是直接用冒号"："来指代。这也是一种译法，但是在语流方面和情感抒发方面，符号不如使用"oh"直接和爽快。此外，冒号的作用在于为前词、前句进行引入、说明、例证；而"兮"是助词，相当于现代汉语里的"啊""哦""哎"等，用以表达丰富的情感。因此，用冒号来对等"兮"不是特别的恰当。[1]

---

[1] 李芝、朱红梅、卢晓敏、许景城主编：《中国典籍英译选读》，北京：知识产权出版社，2017年，第193页。

在馆歌英译中，笔者有别于此两位译者，使用了同样具有丰富意味的英语感叹词"ah"来对应。该感叹词的中文对应词是"啊"，在此馆歌英译文中，相对于"哦"（Oh）和冒号（：）更易于颂扬之情的抒发。从此案例可知，文学翻译实践中，译者不能陷入诉诸权威之逻辑谬误；而应该不断反思和斟酌已有的译法，然后结合自己实践对象的语境和用途，勇于创新，找到更佳的表达方式与表现策略，来提高相关文学艺术审美性。

副歌中的"千丈之松"亦是此馆歌歌名。"千丈"强调了不老松的高度，而这种高度既指物质上也指精神上。据《牛津高阶英汉双解词典》（第9版）所示，"lofty"一词意为"巍峨的；高耸的""崇高的；高尚的"。该词完美诠释了原文所要强调的那种双重高度，而"towering"一词虽有类似语义，然考虑到其音节相对较多，影响节奏；且前文已使用过，却不适合出现此处与标题中。故此，按照翻译忠实与简洁二者统一性原则，以及遵循英语语言修辞学中"求雅替换"（elegant variation）原则，笔者最终选用"lofty"一词。

关于"龙"一词，诸多学者曾就到底是用"dragon"来对应还是创造新词，有过激烈的争论。曾泰元先生2013年2月22日在上海《东方早报》上曾发表《小龙年说"龙"该怎么英译》一文。文中他对此争论提出了自己的看法，认为此喋喋不休的争论可休矣，原因有二：（1）创造新词（比如"lung""long""long"或"liong"）难以奏效，因为这些新词的形式显得诡异，发音易发生混淆，语义易产生歧义，不易为西人所接受；（2）行之有效的方法便是保留"dragon"语言符号，丰富其含义。为了论证此观点，他列举了两部西方权威的英语词典，即《牛津英语词典》（第三版）、《韦氏第三版新国际英语词典》。按其溯源，这两部词典将"dragon"词条语义进行适当的扩充，加入了东方龙善意的象征意义。基于以上两个原因，曾文结论认为将"龙"译为"Chinese dragon"最为可取。[1] 笔者赞成曾先生"旧瓶装新酒"的看法，因为"dragon"一词在西方文化中并非都是邪恶的化身。比如威尔士龙在文化内涵上便是一个为数不多与中国龙一样象征美好的西方龙，威尔士当地民众和各大当地媒体皆是用"dragon"或"Welsh dragon"来指代他们引以为豪、富有威尔士民族建国传奇色彩的威尔士龙。[2] 此外，笔者在 Merriam-Webster 在线字典（美国最值得信赖的在线词典）、Bing 词典中也发现了"dragon"一词的词条语义除了众所周知的贬义之外，亦是一个褒义词，专指一些亚洲国家友善祥瑞的龙。然而，对于是否每次在翻译中如曾先生所建议一样须将"龙"都译成"Chinese dragon"，笔者认为应视文体而论。就此馆歌而言，因是诗歌体裁，要考虑音节节奏和语言凝练度等问题，拙译直接用"dragon"来指代，前不加"Chinese"。一方面避免了画蛇添足之嫌，因为如果将"Chinese dragon"按照反向翻译原则，在原馆歌中文上加上"中国"二字，即"云中之（中国）龙"，是否显得冗余、怪异？另一方面也考虑到馆歌所涉及内容皆是中国语境，细心的西方读者阅读时，一般会设身处境地考虑背后的中国文化；

---

[1] 曾泰元:《小龙年说说"龙"该怎么英译》,《东方早报》, A23, 2013 年 2 月 22 日。

[2] 更多关于威尔士龙富有建国色彩的传奇，参见：Thomas Peter Ellis and John Lloyd, trans., *The Mabinogion : A New Translation* (Vol I), Oxford : Clarendon Press, 1929, pp.156—158 ; "Dragon spirit : the legend of the Welsh dragon", Visit Wales by Welsh Government [https : //www.visitwales.com/info/history-heritage-and-traditions/dragon-spirit-legend-welsh-dragon], 访问于 2020 年 3 月 6 日。

就像我们细心的中国读者阅读西方英语诗歌时，亦会发现作品里面涉及丰富的西方文化负载词，而作者也不可能在诗行中进行一一说明，而是预设了我们读者在解读时会设身处境地进行文本背后的文化考据。当然，为了消除因只用"dragon"而引起"邪恶"联想的顾虑，拙译在句尾添加了"divine"一词，这样既突出了尾韵的音乐效果，同时也对"clouds"和"dragon"进行了有效的补充说明，使相关意象更加丰满，让读者看到的"dragon"其实是脚踩祥云、身裹祥瑞的神圣荣耀之龙。

馆歌末句中"言满天下"，据马先生考究，源自《孝经·卿大夫》一章中的"言满天下无口过"，马先生将其解读为"好的建议、好的主张天下传扬"。作为一家中国第一家现代出版机构，商务印书馆通过出版书籍哺育教育，献身教育事业，将知识传给天下每位读者——这既是历代商务人的美好愿望与雄心壮志，也是印书馆本身实力的体现。然而，结合歌名和歌词末节首句，我们知道商务印书馆被形象地比喻为一棵参天大树，树与书之间的渊源便跃然纸上。按此逻辑推理，"言满天下"便具有双层意思。除了马先生解读的那层意思之外，另一层意思便是象征出版社这棵松树在出版人一百多年的悉心培育、浇灌、呵护下不断茁壮成长，如今已到百岁之龄，并且还会继续不断发展，其树枝树叶随之不断向广处和深处延伸。在笔者看来，唯有此双关语的解读，才更加符合馆歌对商务印书馆的定位和赞誉。那么，英语中是否有同样的双关语来对应呢？答案显然是肯定的。在深思熟虑后拙译选用"leaf"一词，因为据《牛津高阶英汉双解词典》（第9版）所示，该名词既指树叶又指书页。基于以上分析，故此，笔者将"言满天下"译为"With leaves spreading wide and deep"，译文便巧妙地传达了原文的双关语意味。

　　馆歌末句后半部分"百龄之躬"中"躬"字，马先生解读为"身体；引申指生命"。初看拙译，读者或许会觉得"躬"字并未译出。其实不然。拙译"you boast your centenary fine"处处暗含了与"身体，生命"相关的信息。拙译用第二人称"you"来指代"商务印书馆"，将之拟人化，本身暗含生命之意。用"boast"进一步强化拟人效果，突出被拟人化的出版社对自身所拥有的（身体、财产、人才等）应感到骄傲自豪这一与身体感官密切相关的情感情绪行为（"躬"作为代词，意为"自身，本身"；作为动词，意为"本身具有"[1]）。拙译用"centenary"一词对应"百龄"，因为据《牛津高阶英汉双解词典》（第9版）所示，该英文词作为名词，意为"100周年"；据《牛津英语字典》（OED在线版）所示，亦可作为形容词，表示与"100周年"相关之物。商务印书馆经历风风雨雨走过百年，这当中值得自豪、骄傲、庆祝的东西不胜枚举，其中自然包括商务印书馆百岁"身体"本身（"躬"原意）和百年功劳（"躬"与"功"同音）。最后拙译选用英语中小词多义的常见词"fine"，除了达到押韵效果之外，更为重要的目的是让这个意蕴丰富的词传达出多重美好的祝福，既祝商务印书馆"身体"康健，亦祝其出版事业、出版人顺风顺水，万事如意。故此，从以上分析可以看出，拙译虽另辟蹊径，却淋漓尽致地传达了原文"百龄之躬"的多重含义。

---

[1] 《汉语大词典＆康熙字典》（知网版）"躬"释义，http：//hd.cnki.net/kxhd/Search/ResultDetailDispatchEx？code=R2011070420103452，访问于2020年2月23日。

五、结语

　　2020年2月11日是商务印书馆123周年华诞，其官方微信公众号推出《日新无已，望如朝曙：商务印书馆123岁生日》一文。商务印书馆主办的《英语世界》杂志主编邢三洲先生将此文转发至朋友圈，见笔者点赞后即盛情邀请英译随文刊发的馆歌。两日后，即13日深夜，笔者将完成的初稿发给邢先生审阅，第二日收到谬赞和反馈。同时，邢先生还建议笔者撰写相关译文解析，方便读者赏析。笔者在撰写馆歌英译解析文的过程中，亦有幸得到邢先生全心全意的帮助：他积极与笔者进行深入交流和探讨，并分享相关背景资料；此外还就所写内容进行认真专业的审订，及时给予建设性的意见与建议。邢先生分享给笔者的翻译参考资料中就包括马志伟先生写的《〈商务印书馆馆歌〉解读》一文，之前邢先生已专此向马先生征得该文并说明将其用作翻译馆歌的参考，马先生欣然应允。《解读》对笔者正确理解馆歌原文帮助很大，在此对马志伟先生表示衷心感谢。《英语世界》杂志社编辑赵岭女士也给予笔者诸多支持。正是由于得到他们的鼎力相助和鼓励，拙译和解析文才能不断充实和完善，最终以较为出色的面貌展示在读者面前。此外，笔者邀请了安徽广播电视台播音指导、安徽之声《今夜最经典》主持人闻罡先生和安徽广播电视台双语主播杜宇峰先生，分别深情朗读了馆歌中文原词和英语译文，以飨读者。对以上所有给予支持和帮助的好友和同人，笔者深表感激。由于笔者知识水平和能力有限，拙译和解析文难免有挂一漏万、有失偏颇之嫌，故此，笔者衷心希望读者和同人能不吝赐教。

书评·随笔

中国翻译史研究的学术史审视和"学术之光"的薪火相传

——读邹振环《20世纪中国翻译史学史》

叶隽[*]

翻译的重要性，自然是怎么高估都不过分；而翻译研究也同样很重要，因为它涉及如何理解并促进这一知识创造性的过程；至于具体到翻译史的研究，比较而言虽相对会被忽视，实则极为重要，因为它更能体现历史演进维度的重要性——诚如克罗齐所言："一切历史都是当代史。"应该说，几乎每一个国家、每一种语言，都有自身的翻译史历程值得认真对待，因为其牵涉到的绝不仅仅是绍介另一种语言文学进入本国这么简单，而牵涉到背后远为复杂的语言传输、文学交流、文化转移等阔大空间和命题。所以邹振环这部《20世纪中国翻译史学史》的主要贡献在于：首次从学术史角度系统梳理了"中国翻译史"这个并非体制内学科的学科史，披荆斩棘，确立范式，功莫大焉。我曾说过，对于发展过程中的中国现代学术而言，恰恰是那些不在学术制度之内的"学科"或"潜学科"，

---

* 叶隽，同济大学特聘教授，人文学院文化史与文化哲学博士生导师。主要研究方向为：德语诗学、比较文学、中西文化关系史、思想史、侨易学。

很可能具有自由成长的空间；一旦进入体制，反而可能束手束脚、瞻前顾后，难以尽情发挥。这一点，对翻译史研究而言，或许也同样适用。就像作者自谓，做此研究的一大优势或在于"不在译界，亦无门户派系"[1]，所以才能力求学术史撰作之公正客观。我以为此书贡献当在以下几端：

首先，作者有一个通而观之的学术史观。尤其是将台湾、香港的翻译史研究纳入考察，不仅给汉语学界提供了一个相对完整的翻译史研究的中国学术谱系，而且体现出学术史的整体观。诚如作者所见：

> 无论从政治史，还是学术文化史来看，1949年都是中国历史上一个极为重要的年份，这个时间节点的重要性随着时间的推移，会越来越显示出特别的意义。1949年不仅诞生了新中国，也为台湾和香港赋予了崭新的意义。20世纪50年代至70年代末，中国大陆、台湾和香港两岸三地受冷战体制的影响，各自的历史自行结构化，在形塑了结构化的政治空间和文化空间下，制度与意识形态的差别，也造成了学术的分途发展。[2]

而这种学术分途，不但表现在历史学上，也具体到翻译史研究这个具体学域。不仅如此，作者还敏锐地发掘出香港的学术史意义：

---

[1]　邹振环：《20世纪中国翻译史学史》"后记"，上海：中西书局，2017年，第432页。

[2]　同上，第58页。

香港学者将近代翻译史重新作为一个专门论题提出，并以单行本或单篇论文的规模对中国近代文学翻译史、香港区域翻译史、中日书籍交流史和《圣经》中文翻译史，展开了较为系统的讨论，其意义实在非同一般。香港是一个文化杂体，韩迪厚、罗香林、曾锦漳、谭汝谦、赵维本、庄柔玉等为代表的这些研究者，在香港既延绵了中国的学术传统，也开发了新的西方现代学术传统。董桥有关翻译史的学术散文，虽然从学术上看显得浮泛，但给学界耳目一新之感。可以说这一时期香港翻译史研究的成果，为中国翻译史研究借鉴以英国学术为核心的西方翻译理论做了重要的勾连，不仅推进了香港地区翻译史研究的繁荣，也为20世纪80年代以来中国翻译史研究的全面复兴，提供了重要的知识资源和学术支持。[1]

　　应该说，这段论述不但很有学术洞察力，而且也是公允到位的；尤其是其中对香港学术在中西（尤其是英国学术）之间的桥梁作用做出了明确的定位，以及对中国学术的资源意义进行了揭示。我这里还要补充的是，如果将这一观察的历史时间下延，香港学界在翻译史研究方面可以说给中国的整体学域做出了示范：1983年香港中文大学的翻译中心改名为"翻译研究中心"，1990年代以后致力推动翻译史研究，其标志是一系列高水平著作的出版。譬如1999年由北京大学出版社推出的"翻译研究论丛"，由该中心负责人孔慧怡（1955— ）策划，

---

[1]　邹振环:《20世纪中国翻译史学史》，上海：中西书局，2017年，第200页。

分别是王宏志编《翻译与创作：中国近代翻译小说论》，孔慧怡著《翻译·文学·文化》，孔慧怡、杨承淑合编《亚洲翻译传统与现代动向》。"这套书无论是在外语界还是在翻译界都具有较大的影响力，并成为会聚两岸三地翻译学研究者学术共同体的一个标志。"[1] 这套丛书还有一个启示，就是学术终究是以高质量为标志，而未必以数量多而取胜，保证精品才是学术的王道。因为作者以20世纪划界，所以未能讨论延续的话题，其实这里应该补充的是：该中心的持续努力一直没有停止。在王宏志教授主持中心工作后，创办了《翻译史研究》学术集刊（复旦大学出版社刊行），持之以恒，具有示范意义。具体而言，其贡献有三：其一，以高质量的学术标准树立了一个尺度，让有心的后来者知道翻译史研究作为一门学问应当遵循的规则；其二，由香港中文大学主办，在内地出版，表现出试图沟通中国学术的努力以及汉语学术圈的自然形成；其三，不求一时之轰动效应，而立足于长期坚持，表现出学者对学术规律的尊重。

其次，作者能坚持学术立场，严守学术伦理，对相关著作做出了客观、公正而不乏严厉的学术批评。譬如对陈玉刚主编的《中国翻译文学史稿》，"缺乏有关前人研究的综述，全书的注释过于简略且非常不规范"，甚至"不难断定，该书在写作过程中，一定是参考过尚未出版的《中国翻译文学简史》"，但"全书无一处表明曾经参阅过"，所以"这种读了前人或他人的著作，故意加以隐瞒的不规范做法，应为翻译史界的前车

---

[1] 邹振环：《20世纪中国翻译史学史》，上海：中西书局，2017年，第338页。

之鉴"[1]。应该说，这正是学术史应当起到的作用：既要树立典范，也要批评劣作。作者还点出了名家名作的问题。譬如批评孙康宜、宇文所安主编的《剑桥中国文学史》对首部汉译小说的论述错误，指出"一些没有有效利用翻译史研究成果的权威著作，也不免留下了不少难以抹去的硬伤"[2]，凸显了翻译史研究的重要功用。作者对颇受学界好评的顾正祥编的《歌德汉译与研究总目（1878—2008）》也做出了批评[3]，认为其认定台湾在1967年之前有《少年维特之烦恼》10种译本是未加考订的，事实上均为改换译者或经过编辑的大陆重印本[4]。这种只编书目而不进行辨析的编纂方法确实有其问题，这里也可见作者涉猎面之广与辨析力之敏断。

其三，在学术史层面对中国翻译史研究的情况给予了客观的评价。譬如这段议论就很到位：

> 20世纪初以来的中国翻译史研究，无论在理论上，还是方法论上，仍然没有形成自己的一套比较完整的话语，基本上还是在政治史分期、文化史编纂和比较文学理论的阴影下，至今并未成为一门独立的学科。翻译的内部史和外部史研究，仍未有确切的区分，

---

[1] 邹振环：《20世纪中国翻译史学史》，上海：中西书局，2017年，第242页。

[2] 同上，第379页。

[3] 顾正祥编：《歌德汉译与研究总目（1878—2008）》，北京：中央编译出版社，2009年。

[4] 主要依据赖慈芸《台湾文学翻译作品中的伪译本问题初探》，《图书馆学与信息科学》第38卷第2期，2012年10月，第4—23页（邹振环：《20世纪中国翻译史学史》，上海：中西书局，2017年，第92—93页）。

翻译史尚未建构起属于自己学科的独特的文献学。[1]

这种缺乏话语体系的批评可谓切中肯綮。这当然不是翻译史研究一个学域的问题，也反映出中国当代学术的普遍情况，所谓"失语症"并非完全没有道理；而史料基础或文献学问题，也同样是一个学科得以立定的根基所在。至于是否成为一门独立的学科，大概指的是在学术制度框架内的学科建制，我倒以为未必。在当代资本驱动的大学制度结构中，一旦成为凝固化的"学科"，虽有好处，但也可能反而会杀伤了其本来活活泼泼的学术生命力。

其四，对学术史上的大家人物予以表彰和重点评述，树立典范。学术史的一个重要功用就在于"辨章学术，考镜源流"，就是要设定原则、追溯故往、明确褒贬。设若如此，则敢于立论，尤其是评定那些所谓的大家就非常必要。因为这样可以给后来者确立规则和典范，明确可以效仿的榜样。譬如论定早期翻译史研究的三大家为郑振铎、贺麟、阿英，就很有见地。因为这批学者往往是身兼多职、眼光敏锐、涉猎广泛，确实很有价值。郑振铎不但是文学史家与出版人，而且也是翻译史学者，他不仅研究中国翻译史的代表人物如林纾，还对俄国翻译史有研究，并且很有见解：

> 翻译家的功绩的伟大决不下于创作家。他是全人类的最高精神与情绪的交通者。现在的人类被国界与种族界间隔得支离破碎；各国有各国自己的语言。同

---

[1] 邹振环：《20世纪中国翻译史学史》，上海：中西书局，2017年，第383页。

是两个人，如果是异国的，他们就当面也不能叙谈了。
你不知道他的心理他也不知道你的情绪，误会以生，
而战争以起了；惟有文学是满含着人类的最高的精神
与情绪的。由文学的交通，也许可以把人类的误会除
掉了不少；所以在世界没有共同的语言以前，翻译家
的使命是非常重大的，就文学的本身讲，翻译家的责
任也是非常重要的，无论在那一国的文学史上，没有
不显出受别国文学的影响的痕迹的，而负这种介绍的
责任的，却是翻译家。[1]

这种见解无疑很有自家特色而不乏高明，也只有像郑氏这
样身兼多元文化背景的学者，同时致力于具体层面的翻译史研
究，才能形成自己的翻译观。这是特别值得肯定的。

当然，因为翻译史研究表面看似乎局限于"翻译一隅"，
但实际上涉及的内容则极为广泛，举凡各类知识、各种学科、
中外语言都在包含之列，其实对研究者的要求极高。所以，真
能深入堂奥者实为不易；而能如此通而观之者，则非通达宏
识者不能为之。作者是史家，自然不仅有着扎实的史料功夫和
严格的学术训练，而且有着明确的治史理念乃至史观，所以论
述之间有所趋避，肯定有他自己的考量。尽管如此，我仍想从
自己的角度出发，芹献几点意见：

首先，关于20世纪中国翻译史研究的前后断代节点而引
发的一些问题。对作者将起点放在1902年，我以为是合适的，

---

[1] 郑振铎：《俄国文学史中的翻译家（节选）》，王克非编著：《翻译文化史论》，上海：上海外语教育出版社，1997年，第300—301页。

因为以标志性事件作为节点是可行也是可靠的；但对于终点，作者似乎并未明言——从全书来看，应该是觉得自然以20世纪结束的2000年为终。可我觉得这种划分或略显模糊，似可更加明确，因为这是个大问题，不宜模糊。当然进一步说，我觉得未能将近二十年的翻译史进程纳入考察视域，也是有些遗憾；因为从学术惯性的角度来看，它应是一个持续的过程，而不是简单地就可以自然时间一断了之的。另对于澳门的翻译史研究，似乎也应略做涉及和解释，以体现作为中国学术史的完整性。这里仅取笔者感兴趣的文学翻译史略作考察。作者在"20世纪最后20年中国翻译史研究多元格局的形成"章节中列出了14个专题翻译史的研究，其中首当其冲的就是"文学翻译史和翻译文学史"。这个思路显然借鉴了谢天振的概念，谢天振与查明建区分了"翻译文学史"与"文学翻译史"的概念：

> 翻译文学史研究，具体说来，就是深入考察外国文学翻译情况，分析各个时期文学翻译选择的特点，探讨翻译文学发展形态与时代文化的关系；在此基础上，从翻译角度揭示中外文学、文化关系的特质，阐述翻译文学的文化功能和时代文化意义。[1]

而"文学翻译史，顾名思义，其重点是描述和分析不同时期的翻译状况、翻译选择特点等。它以翻译事件为核心，关注的是翻译事件和文学翻译的历时性发展线索，阐释各个时期文

---

[1] 查明建、谢天振：《中国20世纪外国文学翻译史》上卷，武汉：湖北教育出版社，2007年，第13页。

学翻译的不同特征及其文化、文学原因"。[1] 所以先后合作主编《中国现代翻译文学史（1898—1949）》[2]《中国20世纪外国文学翻译史》[3]。对于研究者来说，适当区分这些不同的学术概念是有必要的，但过于刻意区分则有可能遮蔽历史的原像。实际上，无论是"翻译文学"还是"文学翻译"，不管是"译介学"还是"译文学"，都是必要的学术概念和理论；但在真正进入学术现场的时候，我们会发觉虽然各有侧重，但其实无法完全割裂材料之间的千丝万缕的关系。作为研究者还是要顺着问题走，尽可能还原历史现场，寻找解决问题的可能。

也许同样是因为时间节点的问题，像具体的各语种文学翻译史未能纳入本书的考察视野，而这一点对理解外国文学汉译史是非常重要的，因为仅仅从通论层面很难把握周全。作者在"断代翻译史"中讨论了孙致礼的《1949—1966：我国英美文学翻译概论》，其实这也不仅是第一部断代翻译史，也可能是首部国别（语种）翻译史。这种出于简单的时间上的限定，就使得一些必要的著作不能纳入讨论框架，这其中既包括王建开的《五四以来我国英美文学作品译介史（1919—1949）》，也包括其他相对弱势一些的外语语种（但在学术上可能非常重要）。如日语、德语文学翻译史上，王向远的《二十世纪中国的日本翻译文学史》、卫茂平的《德语文学汉译史考辨：晚清

---

[1] 查明建、谢天振：《中国20世纪外国文学翻译史》上卷，武汉：湖北教育出版社，2007年，第14页。

[2] 谢天振、查明建主编：《中国现代翻译文学史（1898—1949）》，上海：上海外语教育出版社，2004年。

[3] 查明建、谢天振：《中国20世纪外国文学翻译史》上下卷，武汉：湖北教育出版社，2007年。

和民国时期》就都未能纳入考察了。[1] 其实，我觉得它们还是可以被纳入 20 世纪学术史叙述的，因为其主要研究的过程都应在 20 世纪框架之内。但作者也不是完全没有提及 21 世纪的著述，譬如就批评了 2009 年出版的孙致礼主编的《中国的英美文学翻译：1949—2008》。[2]

其次，关于翻译史研究的内容和侧重点。作者认为"中国翻译史可以分为外译中和中译外两个方面"[3]，这自然大致不错；但若将中国翻译史研究也局限在这两个方面则不可取，因为作为中国学术组成部分的中国翻译史研究理应以世界翻译为学域，关注各国进程中关系重要的翻译史进程。譬如我就颇关注作为翻译家的歌德、席勒及其翻译观等，可惜一篇文章做了很久至今也未完成，一方面固然是心有旁骛，另一方面则可见此题之费力。虽然这做起来可能有难度，但这正是我们走向"世界学术"的题中必有之义，不可不察。诚如作者意识到的"世界翻译史"问题一样[4]，这个"世界翻译史"的书写不仅是我们"中国翻译史"应该参与贡献的事业，而且也理应成为中国翻译史研究的必要内容。或许正是从这样的考虑出发，作者对中国的外国翻译史研究似乎未能纳入考察，譬如就未提及颇

---

[1] 王建开：《五四以来我国英美文学作品译介史（1919—1949）》，上海：上海外语教育出版社，2003 年；孙致礼：《1949—1966：我国英美文学翻译概论》，南京：译林出版社，1996 年；王向远：《二十世纪中国的日本翻译文学史》，北京：北京师范大学出版社，2001 年；卫茂平：《德语文学汉译史考辨：晚清和民国时期》，上海：上海外语教育出版社，2004 年。

[2] 邹振环：《20 世纪中国翻译史学史》，上海：中西书局，2017 年，第 281 页。

[3] 同上，第 379 页。

[4] 同上，第 380 页。

有影响力的谭载喜著《西方翻译简史》[1]。此外，对汉籍外译史似乎重视尚不够，这可能与其时的研究状态有关。相比外籍汉译史，汉籍外译史不仅是一个有待开拓的学术领域，而且背后具有很重大的文化史和思想史意义，对我们理解外部世界以及整合新的世界观具有重要价值。譬如就我熟悉的汉籍德译史而言，则基本处于待开垦状态；而因为"中国文化走出去"的缘故已似乎蔚为热潮，颇有一拥而上的态势，但不少外语出身者实则对翻译史研究尚未入得门径，则研究成果之质量可以想象。再进一步深入，则双边关系史应是一双向道，而非仅单向；如何打通之，让双边翻译史成为一种可能的学术模式，这也是文化交流史、思想史的重要环节，不可不察。

最后，此书也偶有疏误。譬如称杨武能著有《歌德精品集》，这显然不可能是著作，乃是翻译作品。[2] 至于"辨章学术，考镜源流"，则或许是印刷错误 [3]。还有关于叶水夫的简介，漏掉了一些重要信息 [4]，譬如他曾担任中国社会科学院外国文学研究所所长、中国外国文学学会副会长、中国翻译协会会长等，编著有《苏联文学史》，参与主持翻译"马克思主义文艺理论丛书""外国文艺理论丛书""外国文学名著丛书"等，是外国文学学术界和翻译界的重要领导人之一。他之所以撰写《大陆改革开放时期的外国文学翻译工作》的文章，和他所处的学术地位有关，类似于职务工作。冯至也曾做过类似的工作。我觉得其实在学术史研究中最困难的就是要能"知人论

---

[1]　谭载喜：《西方翻译简史》，北京：商务印书馆，1991年。

[2]　邹振环：《20世纪中国翻译史学史》，上海：中西书局，2017年，第238页注释1。

[3]　《20世纪中国翻译史学史》第9页是"辨"，第429页是"辩"。

[4]　邹振环：《20世纪中国翻译史学史》，第284页注释2。

世", 这说起来容易, 但做来其实非常不易; 对于自己比较熟悉的话题这不难, 但很多领域和人物其实是很难都深入了解的。所以我自己在治学科史时一般比较小心, 不敢轻易越出学科之外; 但这绝不意味着划地为牢, 不敢出线, 其实跨界有时不但必要而且必须, 当然努力防止可能产生的陷阱也是题中应有之意。

任何著述都不免疏漏, 这些小小瑕疵丝毫无损于此书的学术质量。我相信作为一部学术史, 这是日后治中国翻译史研究者的必备参考书。而最让我感叹并心生敬意的, 是作者作为学术史撰作者的那种自觉的学术史承担意识。他自称:

> 近十年来, 我不安本分, 见异思迁, 在自己熟悉或不熟悉的领域内不断转换论题, 其间有一个重要因素, 即一直在寻找一种初生牛犊的心态。不记得哪位学者讲过: 拥有初学者的心态是件了不起的事情。我希望自己在研究中一直如同初学者一般, 葆有对研究对象浓厚的好奇心和新鲜感, 这是保持学术敏锐度的重要因素。[1]

这正表现了学术发展的自由探索之可贵。自21世纪以来, 中国大学受权力、资本与技术三重驱动, 主要以西方 (美国为主导) 价值指标为归依, 日益成为学术资本主义的简单工厂; 而这其中表现出对纯正学术 (尤其是人文学术) 的压抑和杀伤是极大的, 或许表面上会取得亮丽的成绩单, 但后遗症会随着

---

[1] 邹振环:《20世纪中国翻译史学史》"后记", 上海: 中西书局, 2017年, 第431页。

时间的演变逐步显现出来。中国现代学术自蔡元培、王国维、陈寅恪等先贤开启纯正学脉，虽历经坎坷，但仍会按照其自身规律发展下去；而其中之关键，仍端赖纯粹学人自觉的学术伦理意识，如此才能继往开来，"为天地立心，为生民立命，为往圣继绝学"！像他这样已过花甲之年的学者，仍能保持着这样一种不断开拓学术疆域的心态和姿态，坚守在学术前沿，这正是中国学术薪火世代不绝的象征之光！这还让我想起作者在另一部书中表达的思路：

> 我一直坚信在学术上只有起点，没有终点。瑞典诗人特朗斯特罗姆（Tomas Transtromer, 1931— ）的一句诗曾令我震撼："我受雇于伟大的记忆。"如果把"伟大的记忆"理解为历史学的话，从20世纪80年代起的20多年来，我似乎就像一个被这一"伟大的记忆"所雇佣的终日摸爬滚打的矿工，一个勤于耕作的麦田守望者。随着时间的推移，功利性的内容渐渐开始远去，冥冥之中上苍对于我脆弱生命的维系，就是为了让我继续去完成自己给予这一"伟大记忆"的承诺。如何善待先辈的学脉，是作为学者所无法推辞的职责和使命。每一代学者都应该义不容辞地为学界留下属于自己这一代人的点滴贡献。[1]

这不仅是学人的职业伦理要求，更是学者的使命承担。我

---

[1] 邹振环：《晚明汉文西学经典：编译、诠释、流传与影响》"后记"，上海：复旦大学出版社，2011年，第423页。

们的生存和工作在浩瀚的历史时空中终究有其价值。作者在后记中说：

> 人的主体意识是与历史记忆联系在一起的，个体是如此，群体亦是如此。捷克小说家米兰·昆德拉（Milan Kundera）在《笑忘录》中说过："人与强权的争斗，实是一场记忆与遗忘的缠斗。"这一文学的表达却深含着历史与哲学的意义，思想的奴役与精神的解放是与历史记忆紧密相连的。记忆能力一旦被剥夺，不管是个体还是群体，人都将无力面对任何一种思想强权的宰割和意识浅薄的踩躏。[1]

这话说得真好。无论是文学写作，还是学术写作，都是一种保存"文化记忆"的努力和坚持，是一种对强权的无声抵抗；这种强权来自权力，也来自资本和技术，甚至就来自我们身处的知识场域。作为葆有独立精神和自由意志的知识人，我们无法逃避，我们只能选择自己的方式来坚守，守住自己的位置，就是守住了那世代延绵、薪火不绝的"学术之光"！

---

[1] 邹振环：《20世纪中国翻译史学史》"后记"，上海：中西书局，2017年，第432页。

时光如酒香，拂过缪斯的鼻尖

> 而你，一位四度登顶的旧金山市桂冠诗人
> 走进泸州百年老窖池的腹地
> 一条曲曲折折的酒巷，蔓延了444年
> 酒好不怕巷子深，抵达出典的城南营沟头
> 时光如酒香拂过鼻尖，挂满杯沿
> 青石板路，青瓦白墙，香樟树影
> 不见小桥，但见流水人家
> 长江边的老酒窖，一家又一家
> 散发出醇厚沉醉的窖香
>
> ——海岸《杰克·赫希曼的诗歌之路》（2017）

　　虽然早已过了"诗酒趁年华"的岁月，2017年笔者也写了一首致意耄耋老人的《杰克·赫希曼的诗歌之路》，结识一

* 海岸，诗人、翻译家，现供职于复旦大学外文学院。2016年上海翻译家协会"STA翻译成就奖"获得者。

位来自美国旧金山的"后垮掉派"诗人杰克·赫希曼（Jack Hirschman，1933— ）；去年夏天又应约在"青海湖国际诗歌节"前翻译出版《前线——杰克·赫希曼诗选》[1]，见证他在诗歌节上荣获2019年度"1573金藏羚羊国际诗歌奖"。古往今来，"诗酒"不分家，诗和酒真是一对孪生兄弟：一杯酒，柔如清水，烈如火焰，足以慰风尘。酒意昂然的诗兴，足以激发诗人创作的灵感——倒不必酩酊大醉，酒至微醺乃是最好的状态。浅尝轻饮，饮而不醉，醉而神清。正如半开半合的花，朦胧之美别有一番风味，最是宜人。一切都那么流畅、自然、愉悦，那些内心深处的孤寂、那些出自肺腑的感动、那些令人动情的记忆，皆融入于酒中。

2018年深秋，上海翻译家协会第27届"金秋诗会"前夕，笔者曾写过一篇《外国诗歌中的中国元素》[2]，文中提及奥地利音乐大师古斯塔夫·马勒（Gustav Mahler，1860—1911）为中国唐诗德译本《中国笛子》（*Die Chinesische Flöte*，1907）所激发，谱就一部六乐章的交响声乐套曲《大地之歌》（*Das Lied von der Erde*，1908），却未展开细说作曲家马勒选用汉斯·贝特格（Hans Bethge，1876—1946）德译本《中国笛子》中的7首唐诗作为歌词，其中有几首诗就是与"酒"相关，终究成就中西文化交往的一段佳话。1998年5月，德国一个交响乐团来华首次演出《大地之歌》，掀起一场不小的波澜：因无法确认7首唐诗出处，引发一场词曲作家、翻译家协力《大地

---

[1] 杰克·赫希曼著，海岸译：《前线——杰克·赫希曼诗选》，成都：四川民族出版社，2019年。

[2] 海岸：《外国诗歌中的中国元素》，同济大学诗学研究中心编：《原诗》第3辑，2019年。

之歌》"认祖归宗"的事件。1999年10月，时任国务院副总理的李岚清曾致函中国驻法国大使馆，要求对《大地之歌》进行查证。1999年11月，李岚清在收到大使馆的回复后，又致信中央音乐学院请求破解。经过两年多的追溯寻源，谜团渐渐解开：汉斯·贝特格的德译本《中国笛子》并非直接译自中文，而是"仿"汉斯·海尔曼（Hans Heilman）的德译本《中国抒情诗》（*Chinesische Lyrik*，1905），后者转译自两大法译本——德理文（Le Marquis d'Hervey de Saint-Denys）的《唐诗》（*Poésies de l'époque des Thang*，1863）和俞第德（Judith Gautier）的《白玉诗书》（*Le Livre de Jade*，1867）。

早在19世纪60年代，法国先后有两部中国古诗集问世。一部是法国汉学家德理文翻译的《唐诗》，另一部就是法国诗人俞第德翻译的《白玉诗书》。德理文的译诗十分忠实于原文，几乎译出原诗的每个字，并加了大量注释，以解释原诗所涉及的各种典故、隐喻、历史故事；而《白玉诗书》的译者则是法国著名诗人泰奥菲勒·戈蒂耶（Théophile Gautier）的女儿俞第德，18岁就在父亲的安排下跟随一位名叫丁敦龄的家庭教师学习汉语。1867年，22岁的她以笔名"Judith Walter"出版极富个性的中国古诗集《白玉诗书》，分列"月""秋""酒""战争""宫廷""旅人""诗人""情人"八大母题。显而易见，译诗集包含大量中国古诗所独有的意象或元素，既传递了中国诗歌独特的韵味，又在诗艺上迎合法国人的欣赏口味，大受欢迎；1902年的修订版法译名依旧，但封面删去初版汉译名《白玉诗书》，现一般回译为《玉书》，署本名"Judith Gautier"。《玉书》因以优美的法文改写中国古诗，成为中法文化交流史上的经典，更对欧美文化界产生巨大的冲击。

当年，初版《白玉诗书》一经推出，旋即被转译成德文、丹麦文、意大利文、葡萄牙文、西班牙文和英文出版。奥地利浪漫派音乐大师马勒就是采用德译的7首唐诗为歌词，谱成六乐章的《大地之歌》，试图借助东方文学讲述人生的轮回。他在谱写这部交响声乐套曲前被医生诊断出患有严重的心脏病，和妻子一道来到阿尔卑斯山下的一处僻静乡村，日复一日地冥想，思考生死的意义以及死后的归宿。那时他恰逢获赠一本《中国笛子》，尽管这本由唐诗译写的古诗集与唐诗原文出入很大，但其营造的意境却与他的心境十分契合。他手不释卷地阅读，并从中选出7首诗作为歌词，谱写出这部音乐杰作，表达他的人生哲学——无限向往人世间平和的生活，并最终接受不可抗拒的终极死亡。中国唐诗经层层转译润色，依稀可辨认《大地之歌》第一乐章《尘世苦难的饮酒歌》源自李白的《悲歌行》前半部分：

悲来乎，悲来乎。

主人有酒且莫斟，听我一曲悲来吟。

悲来不吟还不笑，天下无人知我心。

君有数斗酒，我有三尺琴。

琴鸣酒乐两相得，一杯不啻千钧金。

悲来乎，悲来乎。

天虽长，地虽久，金玉满堂应不守。

富贵百年能几何，死生一度人皆有。

孤猿坐啼坟上月，且须一尽杯中酒。

悲来乎，悲来乎！

凤鸟不至河无图，微子去之箕子奴。

汉帝不忆李将军，楚王放却屈大夫。

悲来乎，悲来乎，

秦家李斯早追悔，虚名拨向身之外，

范子何曾爱五湖？功成名遂身自退。

剑是一夫用，书能知姓名，

惠施不肯干万乘，卜式未必穷一经。

还须黑头取方伯，莫谩白首为儒生。

——李白《悲歌行》

第一乐章《尘世苦难的饮酒歌》，以圆号的齐奏及小号的助奏，引导大乐队以一种亢奋的状态呈现乐曲的主部；随之是高亢的男高音唱出下面这首悲凉的饮酒歌，简单对比即可发现两者之间的差异。诗人李白借《悲歌行》抒发悲愤之余不忘讴歌理想，虽以不世之才自居，且一生追求"济苍生，安社稷"的理想；然而现实却是那么的绝望，怀才不遇屡遭打击，即便到了最后的岁月，他依然不曾放弃理想。这也许就是中国文人始于屈原就一直延续下来的伟大传统。《尘世苦难的饮酒歌》改"愤世嫉俗的主题思想"为"绝望的厌世思想"，虽契合音乐家马勒陷入死亡的绝望心境，但原诗的叠句"悲来乎，悲来乎！"被改成"生和死一样的黑暗，一片黑暗！"，悲哀地视生命为一片黑暗，汉斯·贝特格的译诗添加了李白原诗中没有的诗行，实为译者从原诗中凭借片段意象，演绎成自己的一首诗，体现"生是迷妄，死亦迷妄"的思想：

Schon winkt der Wein im goldnen Pokale,

Doch trinkt noch nicht, erst sang ich euch ein
Lied !

Das Lied vom Kummer soll auflachend in die Seele

euch klingen. Wenn der Kummer naht,

liegen wüst die Gärten der Seele,

welkt hin und sirbt die Freude, der Gesang.

Dunkel ist das Leben, ist der Tod.

Herr dieses Hauses !

Dein Keller birgt die Fülle des goldenen Weins !

Hier diese Laute nenn' ich mein !

Die Laute schlagen und die Gläser leeren,

das sind die Dinge, die zusammenpassen !

Ein voller Becher Wein zur rechten Zeiten

ist mehr wert als alle Reiche dieser Erde !

Dunkel ist das Leben, ist der Tod.

Das Firmament blaut ewig, und die Erde

wird lange feststehn und aufblühen im Lenz.

Du aber, Mensch, wie lang lebst denn du ?

Nicht hundert Jahre darfst du dich ergötzen

an all dem morschen Tande dieser Erde !

Seht dort hinab ! Im Mondschein auf den Gräbern

hockt eine wild-gespenstische Gestalt.

Ein Aff; ist's ! Hört ihr, wie sein Heulen

hinausgellt in den süßen Duft des Lebens !

Jetzt nehmt den Wein ! Jetzt ist es Zeit, Genossen !

Leert eure goldnen Becher zu Grund !

Dunkel ist das Leben, ist der Tod !

——Satz Das Trinklied von Jammer der Erde

金樽美酒在向你招手，

且慢饮！待我为你们唱支歌。

一支带给灵魂欢乐的愁世歌。

忧愁近了，灵魂的花园一片凋零，

欢乐，枯萎了！

歌声，沉寂了！

生和死一样的黑暗，一片黑暗！

这家的主人啊！

你的地窖藏满金色的酒浆。

在此我怀抱着我的琉特琴，

弹拨琴弦，痛饮美酒，

这样的两件事如此相配相称！

斟满酒杯及时痛饮，

价值远超世上所有的王国。

生和死一样的黑暗，一片黑暗！

苍穹永现蔚蓝，大地必将

时光如酒香，拂过缪斯的鼻尖

漫漫长存，春来鲜花烂漫。

可是，人啊，你能活多久？

你享受世间的浮华与虚荣

就连一百年的时间都没有！

请往那边看！月下的坟地里

蹲着一个面目狰狞的鬼影。

那是只啼猿！你们听听它的哀鸣！

它冲破生活的甜蜜，刺耳又锥心。

此刻举起你们的酒杯！同志们！

时候到了，饮尽杯中的美酒！

生和死一样的黑暗，一片黑暗！

——《尘世苦难的饮酒歌》（严宝瑜 译）

第二乐章《寒秋孤影》源自钱起的《效古秋夜长》。原诗感叹一位年轻妇女，在寒冷的秋夜，看着窗外的月光和飞过的雁群，思念起自己的亲人；而译诗却目睹寒风四起、寒霜盖地的秋景，颇感凄凉和寂寞，希冀借睡眠忘却忧愁。只因汉斯·贝特格译诗的内容与原诗相去甚远，研究者一时找不出这首译诗的出处；后来据丹尼斯（Denis C. Mair）的译本从《唐诗合解笺注》辨认出原诗。

第三乐章《青春》的破译依然存在分歧，原诗的出处尚无定论。《青春》乃马勒修改的标题，在《中国笛子》里德译为《琉璃亭》，源自俞第德最初的译写。诗里所说的"饮酒畅叙，赋诗作乐"，与"诗酒"的母题相关，成为查找的前提；一说此乐章出自李白的《客中作》，又一说出自李白的《宴陶家亭子》，另一说出自李白的《夏日陪司马武公与群贤宴姑熟亭序》。

第四乐章《美人》的诗题为马勒谱曲时修改，汉斯·贝特格在《中国笛子》里题为《在岸边》，源自李白的《采莲曲》；第五乐章《春天的醉汉》源自李白的《春日醉起言志》；第六乐章《告别》前半部源自孟浩然的《宿业师山房待丁大不至》，后半部源自王维的《送别》。笔者在此比较李白的诗歌《春日醉起言志》和第五乐章的歌词《春天的醉汉》：

> 处世若大梦，胡为劳其生？所以终日醉，颓然卧前楹。觉来眄庭前，一鸟花间鸣。借问此何时？春风语流莺。感之欲叹息，对酒还自倾。浩歌待明月，曲尽已忘情。

> ——李白《春日醉起言志》

《春天里的醉汉》（*Satz Der Trunkene im Frühling*）为马勒谱曲时修改的标题，汉斯·贝特格原译为《春天里的饮酒人》。与李白原诗《春日醉起言志》相比，译诗主题与原意出入也较大。李白饮酒出于对庸俗生活的鄙视和超脱，他一生胸中拥有抱负和济世之志；而译诗表达出的是一种醉生梦死的人生态度——一个溢满鸟语花香的明媚春天，一位歌者姿态微酡：我再次斟满一杯酒，一饮而尽，引吭高歌直至日出东方，在空中放射光芒。当我再不能歌唱时，重新堕入了梦乡，春天与我有何相干？且让我沉醉不醒吧！

Wenn nur ein Traum das Leben ist,

Warum denn Müh und Plag？

Ich trinke, bis ich nicht mehr kann,

den ganzen lieben Tag！

Und wenn ich nicht mehr trinken kann,

Weil Leib und Kehle voll,

So tauml ich hin vor meiner Tür

Und schlafe wundervoll！

Was hör' ich beim Erwachen？

Horch！ Ein Vogel singt im Baum.

Ich frage ihn, ob schon Frühling sei,

Mir ist wie im Traum.

Der Vogel zwitschert：Ja！ Der Lenz

ist da, sei kommen über Nacht！

Aus tiefstem Schauern lausch ich auf,'

der Vogel singt und lacht.

Ich fülle mir den Becher neu

und leer ihn bis zum Grund

und singe, bis der Mond erglänzt

am schwarzen Firmament！

Und wenn ich nicht mehr singen kann,

so schlaf ich wieder ein.

Was geht mir der Frühling an？

Laßt mich betrunken sein！

——Satz Der Trunkene im Frühling

既然人生不过是一场梦，

那又何必为它辛劳操心？

我整日地喝个不停，

直到喝不下去为止。

假如我喝不下去了，

那是我的喉咙、我的灵魂已满，

我摇摇晃晃地走到大门口，

倒头便睡，睡得香又沉！

待我醒来时，我又听到些什么？

听！一只小鸟在枝头欢叫。

我问它，春天是否已来到？

似乎一切都还在梦里。

小鸟说：是啊！春天已来到。

一夜间，春天就已来到！

我打了个寒噤仔细听，

小鸟儿在唱，在笑。

我再次斟满一杯酒，
一口气就喝干了它，
我唱得那月亮闪亮，
升到了乌黑的天顶。

当我再也唱不动时，
我一倒头就睡着了，
春天与我又有何干？
还是让我沉醉着吧！

——《春天里的醉汉》（严宝瑜 译）

第六乐章《告别》篇幅较长，演奏的时间要占整个交响声乐套曲的一半，是作曲家马勒在《大地之歌》中所要表达的重点。歌词拼合汉斯·贝特格德译本《中国笛子》中的《期待朋友》(*In Erwartung des Freundes*)和《告别友人》(*Der Abschied des Freundes*)，对应于孟浩然的《宿业师山房待丁公不至》和王维的《送别》。原诗对仕途的超脱、遁世和珍视友情的意蕴，被"误译"为诗人对人生失望而至空虚、厌世乃至弃世的态度：

下马饮君酒，问君何所之？

——王维《送别》

Er stieg vom Pferd und reichte ihm den Trunk

des Abschieds dar. Er fragte ihn, wohin

er führe und auch warum es müßte sein.

——Der Abschied des Freundes

他下马，献上一杯浊酒告别。

且问他将去何方，

又为何一定要走。

——《告别友人》（严宝瑜 译）

幸运的是，音乐家马勒给《大地之歌》绝望的结局留下"光明的尾巴"。那时已皈依基督教的马勒不信死亡之后是虚无，花开花落终有序，生命终须一别，也终将迎来灵魂升入天国的那一天。至此，从中国秀才丁敦龄流落他乡巴黎，成为戈蒂耶家称职的家庭教师；从俞第德《白玉诗书》的出版——到汉斯·贝特格《中国笛子》随古诗"中国风"在欧洲蔓延，再到马勒音乐作品《大地之歌》的问世：中西方文化元素、诗酒与音乐的邂逅，既是巧合，又仿佛是缪斯早已预设的命运。

附 录

标题与摘要

Titles and Abstracts

Special Column: Studies in Chinese Translation History

‖ Beijing as a Missionary Translation Center in the Eighteenth Century （Eugenio MENEGON / trans. SHUAI Siyang）

This paper aims to briefly reconstruct the "materiality" of a broadly conceived 'missionary translation project' in Qing Beijing, as part of the daily activities and the long-term goals of Beijing's Europeans, including examination of lesser known actors and their networks, types of raw materials used, location of activities, transportation and circulation of written materials, and economic factors aiding or hindering the enterprise. It contextualizes historically the development of this transnational initiative, bridging the Qing court, native scholarly circles, and European counterparts in Rome, Paris, London, Lisbon, St. Petersburg and

Berlin, and explain in a preliminary fashion the multiple reasons that motivated it. A survey of the role of the missionaries in Beijing will be given, examining how they logistically sustained their enterprise there. It considers what the necessary material elements were to support translation in the phase of the nascent "sinology" in Qing Beijing, through books and libraries within the missionary residences (the "Four Churches"), and acquisition via the local book market and acquaintances. Relying on recent scholarship on the French Jesuits at the Northern Church (Beitang), the present paper will briefly examine the intellectual elements necessary for translation, and consider the linguistic competence of the translators, their intellectual interests, and the interests of the goal readership for their translations in Europe. In the final part, there will be a case study based on the translation work of a Propaganda missionary in Beijing, whose work was never published, but nevertheless circulated in unexpected ways.

‖ "By the Grace of Heaven, the Emperor Instructs the King of England": On Some Facts and the Translations of the Edicts Sent by Emperor Qianlong to King George III of England
(Lawrence Wang-chi WONG)

Aimed at securing better trading conditions in China, Britain sent the first embassy, led by Lord Macartney, to the Qing court in 1793. Generally, the mission is considered a failure because none of the requests made by the British was granted. Emperor Qianlong, before the mission left Beijing, issued two edicts to King

George III to explain why the requests were unacceptable. Despite the fact that the edicts were translated into English and sent back to Britain even when Lord Macartney was still in China, it was not until 1914 when only the first one aroused some sensations among the British public after a re-translation was published. By consulting primary sources, the present paper examines some key issues concerning the edicts, including the dates of issuing as well as the procedures of how the English versions were prepared. Detailed comparisons between the Chinese, Latin and the several English versions are made to illustrate how the translators altered the original messages and how such changes brought about very different understanding of Qianlong's attitude towards Britain. The paper also discusses the third edict sent by Qianlong to George III after the mission had returned home. This third edict, though very important because it was sent in response to the reply of George III to Qianlong's first two edicts, has not been studied by almost all works on the Macartney Mission.

‖ Classical Chinese and Sinology in the Translations of Rangaku during the Edo Period in Japan（XU Kewei）

Kaitai shinsho（解體新書, literally *New Book on Anatomy*）, the first full-blown translation work by Japanese scholars via the language of Dutch, was released to the public in 1774. It became widespread across the whole country and caused an academic movement of western studies named Rangaku, or Dutch studies.

However, this book and other important Ragaku works that were translated into Kanbun, or classical Chinese, made use of plenty of Sinological references. Why did the translation of Western studies consequentially connect to the Sinology in Tokugawa Japan? What did the latter have effects or influences on the former? Such questions are still needed much deeper theory and empirical research to clarify Rangaku scholars' linguistic and cultural facts, and then rethink the effects and limitations of Sinology and other traditional Chinese knowledge.

Literary Translation and Cross-cultural Studies

‖ Eileen Chang, Bertold Brecht, and Lu Xun on Traditional Chinese Opera（CHEN Dandan）

This paper examines Eileen Chang, Bertolt Brecht, and Lu Xun's works on tradition Chinese opera（*xiqu*）, especially Peking Opera（*jingju*）in 1920s—40s China. Placing their discussions of traditional Chinese opera in the discursive context of early twentieth-century China, the paper revisits a critical moment of the rise of Chinese aesthetic modernity. Through a close reading and comparison of their writings related to *xiqu*, the paper explores how Lu Xun, Brecht and Chang approach the key issues of traditional Chinese opera such as content, form, style, and aesthetics. Their treatments of traditional Chinese opera are also related to their reflections on the nature and new directions of drama/theatre/opera in the modern era. Although all of the three writers investigate various aspects of traditional Chinese opera with modernist perspectives, their attitudes toward tradition and modernity are different. While Brecht and Chang appreciate the symbolic elements and alienation effects in Peking Opera, Lu Xun completely deny the relationship between Peking Opera and Symbolism. While Lu Xun criticizes the "National Character" reflected by Peking Opera, Eileen Chang recovers a type of true Chineseness from the world of traditional Chinese opera. The experience of watching *xiqu* not only helps Brecht construct his theory of "alienation," but also allows Eileen Chang to develop her "feminine philosophy" and her reflections on nationality, modernity, and human civilization. As a part of the global modernist movement, the three modernists' treatments of traditional Chinese opera provide excellent examples of the growth of aesthetic modernity in the twentieth century.

‖ A Study on the Register Features of Literary Translations of *Lunyun* in the English World with Corpus-based Statistics (QIANG Xiao)

This paper divides the overseas English translations of *Lunyu* into literary translations and non-literary ones according to their different ways of approaching and interpreting the original text. It studies the register features of the literary translations in contrast to their control group with examples as well as corpus-based statistics. It concludes that these translations are more visual than their non-literary counterparts, with more use of concrete words rich in images and a better characterization of Confucius as a human being. These features could help the readers feel the human presence of Confucius, see him as a companion and a model, and therefore better put his words into practice.

‖ The Canonisation of Translated Text: Using the *New International Version Bible* as an Example （Shermaine Dawn Jia Ying YEO, Feng CUI）

Among the myriad of English Bible translations that were published in the late twentieth century, the *New International Version* emerged as the best-selling Bible version in America. Surpassing the venerated *King James Version*, the *New International Version* gained mainstream popularity and received recognition in Christian circles. Many Christian denominations, churches and organisations adopted the *New International Version* as the Bible of choice for pulpit preaching and quoting scriptures in publications. The widespread endorsement of this Bible translation led to the canonisation of the *New International Version*. This thesis seeks to address the topic of canon formation of translated texts through a study of the canonisation of the *New*

International Version Bible. With reference to André Lefevere's concept of poetics, ideology and patronage, this paper will discuss how the development of the English language, selection of source language texts, translation procedures, and the significant ideological influences from the conservative Christian community propelled the canonisation of the *New International Version* Bible.

Exploration in Translation Practice

‖ A Close Scrutiny on the English Translation of the Anthem "Qianzhang zhisong" ("A Lofty Pine") of the Commercial Press: Exploring the Strategies of Representing Literary Values and Meanings in Poetic Translation (Peter Jingcheng XU)

"Qianzhang zhisong" ("A Lofty Pine") is the anthem of the Commercial Press, one of the first-class national publishing houses in China. The song lyric, which consists of three stanzas (two quatrains and one sestet) and a tercet refrain, is a collection of poems respectively by Zhang Yuanji, former chairman of the board of the Commercial Press, Mao Dun, a prestigious writer and literary critic, and Ye Shengtao, a famous writer, educator, and literary publisher. The author of the present article was fortunate enough to be invited by the editor-in-chief of *The World of English* to translate this anthem into English, and unravel the English translation from the perspectives deep-seated in the translator's practical experience. This essay pivots around the textual securitization and interpretation of the anthem, and furthermore discusses the methods and strategies involved in poetic translation in terms of culture-loaded word, tense, person, viewpoint, scansion, rhyme scheme, repetition, interjection, and intertextuality. It is hoped to render the original Chinese text and the English translation accomplished in multiple interactions, and the literary value and meaning of the work in faithful representation.

Reviews and Causeries

‖ A Study on the History of Chinese Translation from the Perspective of Academic History and the Inheritance of "Academic Light"-a Review on *History of Chinese Translation History in the 20th Century* by Zou Zhenhuan （YE Jun）

‖ Time as a Bouquet, Brushes the End of the Muse's Nose（HAI An）

征稿简则

《复旦谈译录》依托"复旦大学文学翻译研究中心",创刊于2017年。作为一本刚刚起步的学术刊物,我们热切盼望与作者一起成长。本刊登载与翻译研究相关的学术成果,鼓励打破学科界限;既欢迎资深学者和翻译家,也欢迎高校青年教师和研究生投稿,以稿件质量为唯一用稿标准。

本刊投稿邮箱为 fudantranslation@fudan.edu.cn。来稿请在邮件标题中注明"作者姓名(所属机构)",并以附件形式发送论文,同时注明作者姓名、所属机构、职称、学位、研究方向、联系方式。中文稿件1—2万字为宜,英文稿件0.6—1.2万词为宜,质量高者可不受此限。初审稿不对体例做统一要求,但须包含标题、摘要、关键词、正文。作者应严格遵守学术规范,所有引文务必详细注明出处。

来稿收到后,编辑部将在两周内通知作者是否送交匿名外审。外审周期为两个月,无论是否通过都将及时向来稿者反馈评审结果。

本刊不收版面费,来稿一经刊用即付薄酬,并奉赠当期样刊两册。

Call for Papers

Founded at Fudan University on December 6th 2013, **Fudan Center for Literary Translation and Studies** is an integral part of Fudan's long established endeavor to encourage translation and translation studies. In 2017, the Center inaugurated *Translogopoiea*: *A Fudan Journal of Translation Studies*, with a mission to bring translation scholars, translators and researchers in other relevant fields together to illuminate new paths for a vibrant discipline that needs to be further defined and explored in an age of (anti) globalization.

Translogopoiea welcomes submissions from both established and emerging scholars and translators. It publishes articles on translation theory, translation history, translation in interdisciplinary perspectives and case studies of translation in intercultural communication. All the submissions should better be in either **Chinese (10,000—20,000 characters) or English (6,000—12,000 words)**. If you wish to submit an article in another language, contact the editors before the submission. The receipt of your article depends on the availability of the reviewer and the translator.

All the submissions are first internally reviewed by the editors. The submitters are notified within **2 weeks** upon their submission of their articles' eligibility for blind review. If an article is sent for blind review, an anonymous reviewer's feedback and the editors' decision will be emailed to the author in another **2 months**.

A submission should include an anonymous article in Word or pdf and an abstract headed with the title of the essay, the author's name, institutional affiliation and contact information. All the submissions and enquiries should be sent to fudantranslation@ fudan.edu.cn.

图书在版编目（CIP）数据

复旦谈译录. 第三辑 / 陶磊主编. —上海：上海三联书店，2021.6
ISBN 978-7-5426-7378-7

Ⅰ. ①复… Ⅱ. ①陶… Ⅲ. ①翻译-研究 Ⅳ. ①H059

中国版本图书馆CIP数据核字（2021）第057333号

复旦谈译录（第三辑）

主　　编 / 陶　磊
副 主 编 / 范若恩　戴从容

责任编辑 / 朱静蔚
特约编辑 / 李志卿　齐英豪
装帧设计 / 微言视觉｜苗庆东
监　　制 / 姚　军
责任校对 / 齐英豪

出版发行 / 上海三联书店
　　　　　（200030）中国上海市徐汇区漕溪北路331号中金国际广场A座6楼
邮购电话 / 021-22895540
印　　刷 / 河北鹏润印刷有限公司

版　　次 / 2021年6月第1版
印　　次 / 2021年6月第1次印刷
开　　本 / 889×1194　1/32
字　　数 / 288千字
印　　张 / 11.25
书　　号 / ISBN 978-7-5426-7378-7 / H·104
定　　价 / 88.00元

敬启读者，如发现本书有印装质量问题，请与印刷厂联系010—60278722。